Dawn Baumann Brunke

Ich schlüpfe in deine Haut

Shapeshifting – Reisen in das Bewusstsein von anderen Lebensformen

übersetzt von Johanna Ellsworth

Reichel Verlag

published by Arrangement with

Inner Traditions International LTD., Rochester, VT, USA.

Titel Shapeshifting with our Animal Companions

Dieses Werk wurde vermittelt durch die Literarische Agentur
Thomas Schlück GmbH, 30827 Garbsen

91365 Weilersbach, Reifenberg 85

Tel: 0049(0)9194-8900, Fax 0049(0)9194-4262

E-Mail: info@reichel-verlag.de

www.reichel-verlag.de

ISBN 978-3-941435-02-5

Ich schlüpfe in deine Haut

»Dawn Brunke nimmt uns mit auf eine magische und geheimnisvolle Reise durch die grenzenlosen Formen des Bewusstseins. Ich schlüpfe in deine Haut *enthüllt faszinierende und frische Perspektiven. Das Buch erforscht das Unermessliche von Leben und Tod aus der Sicht vieler Tiere, mit der fein entwickelten Spiritualität und der klaren Ausdrucksweise der Autorin. Bereiten Sie sich darauf vor, in ein Meer aus multidimensionalen Möglichkeiten einzutauchen.«*

Penelope Smith, *Autorin von »Gespräche mit Tieren«, »Tiere erzählen vom Tod«*

»Dieses tiefsinnige, kluge und visionäre Buch ist eine wahre Schatzkiste voller praktischer Ratschläge für alle, die ihr Wissen darüber vertiefen wollen, dass das Tierreich ein Land der leidenschaftlichen Lehrer und Mentoren ist, die uns die Schlüssel zu den wichtigen Reisen des menschlichen Lebens liefern können. Ein spannender Schatz von Weltklasse.«

Simon Buxton, *Autor von »Der Weg des Bienenschamanen«, Edition Spuren*

»Von den ersten Seiten an bringt die Autorin uns an jenen Ort im menschlichen Bewusstsein, an dem wir die Sprache aller Lebewesen teilen. Sie bietet die Erneuerung der Weisheit aller Lebensformen, die Eingeborene seit Zehntausenden von Jahren kennen. Unverzichtbare Lektüre für jeden, der das gemeinsame spirituelle Band spürt, das alle Lebensformen auf unserem Planeten verbindet.«

Hal Zina Bennett, *Autorin von »Spirit Animals and the Wheel of Life: Earth-Centered Practices for Daily Living«*

»Dieses Buch wird Ihre Sicht über das erweitern, was möglich ist und wer Sie sind, erweitern. Die Tiere sprechen zwischen den Zeilen, um uns Dinge beizubringen, ihre Weisheit und Anleitung anzubieten, während sie uns sanft durch unsere Ängste hindurch in ein erhöhtes Bewusstsein dessen, wer wir wirklich sind und wie wir im Innersten unseres Wesens alle miteinander verbinden sind, führen.«

Tera Thomas, *Autorin von »Opening My Wings to Fly: What Animals Have Taught Me«*

Inhalt

Dank

Allen Wesen aus so vielfältigen Formen und Spezies, die ihre Gedanken, Einsichten, ihr Bewusstsein, ihre Abenteuer und ihre einzigartige Gegenwart mit mir geteilt haben, um mir bei der Umsetzung dieses Buchprojekts zu helfen, bin ich zutiefst dankbar.

Danke auch an meine Mutter Carol Baumann und meinen guten Freund Phil Kotofski für ihre ausgezeichneten Vorschläge und ihre beharrlichen Ermutigungen, als an dem Manuskript noch gefeilt werden musste.

Mein Dank gilt auch all den tollen Mitarbeitern von Inner Traditions Bear & Company, die keine Angst haben, über das Übliche hinauszugehen und Bücher herauszubringen, die uns inspirieren, die außergewöhnlichen Wesen zu werden, die wir eigentlich sind. Ich danke Jon Graham für seine Begeisterung über dieses Projekt und Virginia Scott Bowman für das ansprechende Textdesign und Layout. Mein Dank geht außerdem an Jeanie Levitan, Rob Meadows und Ehud Sperling für ihre unermüdliche Arbeit hinter den Kulissen. Auch bin ich der Lektorin Jamaica Burns und der Korrekturleserin Vickie Trihy für ihre Einfühlsamkeit, Aufmerksamkeit bei den Details und den feinen letzten Schliff des Buchs dankbar.

Ich danke Hal Zina Bennett, Simon Buxton, John Perkins, Rita Reynolds, Penelope Smith und Tera Thomas für ihre freundlichen und unterstützenden Worte.

Und ich danke meinem Mann Bob und meiner Tochter Alyeska – ihr seid beide eine so kostbare Quelle aus Liebe, Freude und Gelächter in meinem Leben! Mein Dank geht auch an Max und Riza, Tau und die Gruppe für ihre reiche Bandbreite an Erfahrungen. Und mein ganz besonderer Dank gilt Barney und Zak, meinen beiden engen Freunden – Lehrern und Kumpels, Vertrauten und Anspornern, klugen Anführern und unerschrockenen Erforscher des Bewusstseins. Ohne euch gäbe es dieses Buch heute nicht.

Teil 1

Lehrling des Übergangs

1

Lektionen des bewussten Sterbens

Es war Hochsommer in Alaska und ich hatte schon seit Monaten keinen sternenklaren Nachthimmel mehr gesehen. Die Sonnenstrahlen blitzten weiß von den verschneiten Spitzen des Gebirges in der Ferne und spiegelten sich in Form eines silbrigen Glanzes auf der lebhaften Wasseroberfläche des Knik Arm, der unten vorbeifloss. In der Nähe flogen die Hummeln summend um den Fliederbusch herum, dessen oberste, grün beblätterte Zweige sich an das Geländer unseres Balkons drückten.

Ich suchte meinen Hund Barney im Garten. Am frühen Morgen hatte ich ihn hinausgelassen, aber er war nicht zurückgekommen, auch wenn es schon fast Abend war.

Ich stieg die Terrassenstufen herunter, ging um den Flieder herum zum wuchernden Weidenröschenbusch am hinteren Ende des Zauns, der jeden Tag ein Stückchen höher stand. Wenn die leuchtend lila Blüten die Spitze des Stamms erreicht haben, ist der Sommer bald vorbei, sagt eine Bauernregel.

»Barney!«, rief ich. »Barney!« Ich zwängte mich am Drahtzaun des Gemüsegartens vorbei und betrat das Gelände voller wild wachsender Bäume und Hecken. Es ist der Auslauf für unsere Hunde. Dort fand ich ihn – auf einer kleinen Lichtung hinter dem mit Ziegeln bedeckten Räucherofen für Fische, den wir im letzten Jahr gebaut hatten. Er lag auf der Seite, mit eingezogenem Kopf und angewinkelten Beinen. Er ruhte friedlich im kühlen Schatten des Räucherofens.

»Steh auf, Barn«, bat ich ihn und stupste mit der Zehenspitze seine Pfote an. Er war so dünn und zerbrechlich geworden. Mir war klar, dass er sich zum Sterben dort verkrochen hatte. Es war typisch für ihn, sich ganz still und ruhig wieder der Erde zu übergeben. Ohne großes Drama und ohne starkes Trauma. Einfach den letzten Atemzug in die Erde zu machen und befreit der Sonne entgegenzuschweben.

Heute ist das leicht zu erkennen – und zu verstehen, wie friedlich ein solcher Tod sein könnte –, doch damals geriet ich in Panik. Trotz aller Gespräche, die wir miteinander geführt hatten, aller Erlebnisse, die wir geteilt hatten, war ich nicht darauf vorbereitet. Daher rannte ich ins Haus und rief meinen Mann. Ich überredete ihn, Barney ins Haus zu tragen.

Als Bob den schlaffen Körper meines guten alten Freunds aufhob und ihn zur Terrassentür brachte, drehte Barney mir den Kopf zu. Seine seelenvollen braunen Augen sahen mich durch sein zotteliges weißes Fell hindurch an und sein Blick drang tief in mein Innerstes, um mit der Stelle in Kontakt zu treten, an der kein Platz für Lügen ist. *Ach,* bemerkte er, während er an mir vorbeigetragen wurde, *wir erledigen das also auf deine Weise, wie?*

Wie alles anfing

Barney war elf Jahre lang Teil meines Lebens. Ich hatte ihn als zweijährigen Cockerspaniel-Pudel-Terrier-Mischling aus einem Tierasyl in Maryland geholt. Er wurde damals gerade in einen Käfig gesteckt, als ich zur Tür hineinkam. Gebell und Gefiepse und Gewinsel hallte von den nackten grauen Wänden und den Eisengittern. Es war kein friedlicher Ort, doch der mittelgroße weiße Hund mit den Schlappohren saß still da und wartete geduldig. Schon auf den ersten Blick – noch bevor ich die Energie spürte, die zwischen uns floss und mich zu ihm hinzog – wusste ich es. Ich hockte mich neben seinen Käfig, und als er sich umdrehte und mich ansah, war alles klar. Er war der Hund, den ich gesucht hatte.

Barney machte viel mit mir durch. Er stand mir bei mehreren Beziehungen zur Seite und erwies sich auf einer einmonatigen Rundreise durch die raue, wunderschöne Landschaft von Nova Scotia als mein bester Freund. Er lag unter dem Massagetisch, auf dem ich zu Hause in Maryland meine Klienten massierte. Wenn ich nach dem Unterricht, den ich in Anatomie und Kinesiologie gab, spät abends nach Hause kam, wurde ich von seinem freundlichen Gesicht an der Haustür begrüßt, während er stürmisch mit dem kleinen Stummelschwanz wedelte.

Barney

Fast jeder mochte Barney gern, und das Adjektiv, mit dem er am häufigsten beschrieben wurde, war *cool*. »Das ist aber ein cooler Hund«, sagten die Leute, auch wenn sie ihn kaum kannten. Tatsächlich hatte Barney eine ruhige, doch freundliche Ausstrahlung. Er wusste so vieles, und die Art, wie er seine Weisheit zum Ausdruck brachte, war zweifellos cool. Er war es, der sich einen Menschen aussuchte, neben den er sich auf einer Party hinsetzte. Es dauerte nicht lange, bevor sein

Lieblingsgast ihm das Fell streichelte, sich entspannte und seine Mitte fand, und das auf eine Art, dass man sehen konnte, wie tief in seiner Seele etwas ins Gleichgewicht kam.

Als ich zurück in meine Heimat zog, reiste Barney mit mir von Maryland nach Wisconsin. Ein paar Jahre später, nachdem ich geheiratet hatte, zog er mit mir in den hohen Norden des Bundesstaats. Er liebte unser Häuschen im Wald und wanderte oft ans Seeufer in der Nähe, um »fischen« zu gehen. Dort suchte Barney nach dem perfekten Plätzchen und stellte sich so ruhig wie ein versierter Angler hin. Ruhig und konzentriert stand er mit allen vier Beinen im eiskalten Seewasser des Nordens und beobachtete stundenlang die kleinen Fische, die vorbeiplätscherten. Von Zeit zu Zeit tauchte er plötzlich mit dem ganzen Kopf unter Wasser, um einen Fisch zu fangen – doch meistens ohne Erfolg.

Das einzige Mal, als Barney und ich uns stritten, war an dem Tag, an dem er meine Gegenwart verleugnete. Eines Samstagvormittags traten ich und mein Mann Bob aus dem Supermarkt heraus. Wir kamen an zwei jungen Mädchen vorbei, die auf dem Parkplatz ein großes Pappschild hüteten. »Hundebabys!«, jauchzte ich und verwandelte mich wieder in ein sechsjähriges Kind, während ich einen der Welpen auf den Arm nahm, die die Mädchen auf dem Parkplatz verkauften. Es war ein winziger, sich windender, rotbrauner Rüde – eine Mischung aus Cockerspaniel, Golden Retriever und australische Samoyans. Sobald ich ihn auf dem Arm hielt, war die Sache gelaufen. Diesen warmen, sich sträubenden Welpen würde ich nicht mehr hergeben. Es geschah so schnell und ohne bewusst nachzudenken, und trotzdem fühlte es sich absolut richtig an …

Das heißt, bis wir in unseren Kleinlaster eingestiegen waren. Barney warf einen Blick auf den Welpen und wandte sich von mir ab. Er hielt sich an Bob (der ihm nie besonders nahegestanden hat) und weigerte sich für den Rest des Tages, mir oder dem Neuankömmling auch nur einen Funken Beachtung zu schenken. Doch der Welpe, den wir Zak tauften, hatte ganz andere Pläne. Er jonglierte wie ein kleines Kind, das einen mürrischen Opa zum Spielen verleiten will, mit seinen Spielsachen vor Barneys Nase. Als das nicht fruchtete, sprang Zak hoch, packte Barney am Halsband und versuchte, so mit ihm durch den Garten zu spazieren. Es dauerte nicht lange, bevor Barney Zak und mir nachgab. Innerhalb weniger Tage waren wir wieder gute Freunde.

Barney und Zak halfen uns dabei, unsere Tochter Alyeska auf der Welt willkommen zu heißen. Beide Hunde waren dem neuen Baby gegenüber sanft und rücksichtsvoll. Sie wurden Alyeskas erste Spielkameraden und gehörten zwei Jahre später zu unserer Familienkarawane, als wir unseren Suburban vollpackten und quer durchs Land in Richtung Nordwesten nach Alaska zogen.

Trotz Umzug und Unsicherheiten (keine Jobs, kein Zuhause) waren Barney und Zak zuverlässige Beschützer und Freunde. Als wir uns schließlich niedergelassen hatten, lernten sie die Hunde aus der Nachbarschaft kennen und legten ihre eigenen Aufgaben in unserem neuen Zuhause fest. Danach fingen sie ihre tiefer schürfende Arbeit gemeinsam mit mir an.

Ich wurde die Herausgeberin einer Zeitschrift für Gesundheit, Wellness und Spiritualität. Eines Tages fiel mir der Artikel einer Autorin aus Anchorage in die Hände, die mit Tieren sprach. Die Vorstellung gefiel mir, und so interviewte ich die Frau und fand heraus, dass es noch mehr dieser »Tierkommunikatoren« gibt, die ihre eigenen Gedanken beiseitelegen und sich dadurch in die Gedanken, Gefühle und das Bewusstsein anderer Lebewesen hineinversetzen und wie bei einer normalen Unterhaltung mit ihnen kommunizieren können.

Verschiedene Wege, die Welt zu sehen und vor allem herauszufinden, wie unterschiedliche Kulturen Sprache, Kunst und Religion nutzen, um über Spirituelles zu reden und es zu verstehen, haben mich schon immer interessiert. Der Gedanke, die Welt aus der Sicht eines Tiers zu sehen, war daher für mich eine faszinierende Vorstellung. Ich nahm Kontakt zu anderen Kommunikatoren auf und schrieb ein paar Artikel darüber, während ich immer wieder Fragen stellte: Über welche Dinge reden Tiere? Welches besondere Wissen oder Weisheiten besitzen sie? Was halten sie von uns Menschen? Wenn sie uns mitteilen könnten, was sie uns wissen lassen wollen, was wäre es?

Einige der Tierkommunikatoren ließen mich durch sie Tiere interviewen. Ich stellte Pferden und Lamas, Hunden und Katzen, Delfinen und Walen Fragen. Auch wenn ich überzeugt war, dass die meisten der Kommunikatoren echt waren und ihre Gespräche aufrichtig führten, fragte ich mich, wie »real« diese Vorstellung, mit Tieren zu sprechen, wohl sein konnte.

Als ich anfing, ein Buch darüber zu schreiben, wurde ich von der Journalistin zur Forscherin, von der Zweiflerin zur faszinierten Reisenden in eine neue Welt. Ich wechselte von Ungläubigkeit zu Staunen zu plötzlicher Erleuchtung – und fiel wieder in die Unsicherheit zurück. Allmählich machte ich bei der Kontaktaufnahme mit Tieren meine eigenen Erfahrungen. Ich konnte nachvollziehen, was die Kommunikatoren mir sagten: Es war, wie wenn man einen inneren Schalter umlegt, und es erinnerte mich an eine andere Lebensweise. Ich fand heraus, dass ich, wenn ich die Augen schloss, oberflächliches Geschnatter im Kopf losließ und mich sanft und mit offenem Herzen konzentrierte, Tiere auf eine Weise kennenlernen konnte, bei der wir unsere Gefühle, Gedanken und Vorstellungen teilten. Es überraschte mich oft, wie verschiedenartig und ungewöhnlich ihre Sichtweisen waren, vor allem im Vergleich zu meinen Erwartungen. Es war ein Prozess, der entspannte und Spaß machte, bei dem ich mich genügend öffnete, um die Welt auf eine neue und andere – und oft auf eine viel lebendigere – Art zu sehen.

Auch hatte ich die Fähigkeit entwickelt, die Gefühle, Bilder und Sinneswahrnehmungen in Worte zu fassen, die durch mein Bewusstsein strömten, während ich auf tieferen Ebenen mit Tieren Verbindung aufnahm. Verstehen Sie mich nicht falsch – manchmal wurde es eine ziemlich mühsame Angelegenheit. Dann kämpfte ich mit Selbstzweifeln, redete mir ein, ich hätte eine blühende Fantasie oder würde Dinge projizieren. Auch wenn die meisten Tierkommunikatoren vor allem in den Anfangsphasen, wenn die Erinnerung an diese Fähigkeit zurückkehrt, die wir alle besitzen, ähnliche Selbstzweifel hegen, fiel es mir schwer, manche der erstaunlichen Informationen zu glauben, die ich in den Gesprächen erhielt.

Zum Glück halfen Barney und Zak mir gern. Meistens griffen sie dann ein, wenn ich es am wenigsten erwartete – ein guter Plan, um die Fesseln meiner überholten und einengenden Überzeugungen zu sprengen und mich hinaus aufs freie Feld des erweiterten Bewusstseins zu zerren. Heimliche Zweiflerin, die ich immer noch war, bat ich sie um Beweise dafür, dass das, was ich von den Tieren hörte, »wahr« war. Mir wurden immer wieder Dinge erzählt, die ich nicht von mir aus wissen konnte, Details, die die Besitzer der Tiere hinterher bestätigten. Es ist schon ein merkwürdiges Spielchen, was wir Menschen treiben – wir trauen unseren eigenen Erfahrungen erst dann, wenn andere sie uns bestätigt haben.

Allmählich lernte ich jedoch, den Vorgang zu akzeptieren. Es war Barney, der mein größter Lehrer und Führer wurde, mein Freund, der mir Mut machte, und mein Vertrauter, der mich unterstützte. Er drängte mich oft – so sanft, wie nur ein liebevoller, kluger, unvoreingenommener Hund es kann –, die selbst auferlegten Überzeugungen und gesellschaftlichen Muster abzulegen, die mir von der Sprache, Kultur, Erziehung, Familie und Freunden aufgezwungen worden waren. Barney forderte mich auf, in der Tiefe zu graben und nach Verknotungen zu suchen, die mich fesselten oder für bestimmte Dinge blind machten. Und er wies mich immer wieder an, mich »für Erfahrungen – den großen Lehrer – offen zu sein«, wie er es gern ausdrückte.

Barney zeigte mir auch meine Ängste auf. Er forderte mich auf, bewusst in der Gegenwart zu leben und die tieferen Wurzeln der Ursachen, warum ich so gern vor bestimmten Vorstellungen oder Erlebnissen davonlief, zu ergründen. Ich habe Barney nie als scheues oder ausweichendes Wesen erlebt. Stattdessen legte er die Karten auf den Tisch und ermutigte andere, sich auf dieselbe Weise kennenzulernen – mit klarem Blick, wachem Geist, offenem Herzen – mutig und liebevoll im Spiegel ihres Selbst.

Die erstaunlichste Reise von allen

Lass uns mit einer kurzen Einführung in das Thema Sterben anfangen, sagte Barney eines frühen Morgens, während er sich unter meinen Schreibtisch legte und mit der Schnauze meinen Fuß wegschob. Barney und ich hatten eine Abmachung getroffen: Wenn er sich unter meinem Schreibtisch niederließ, war das das Zeichen für eine Unterhaltung.

Am besten wäre es, sich dieses Thema als einen Übergang oder eine Reise vorzustellen, statt als etwas Endgültiges oder ein Ende, fuhr er fort. *Die Reise ist wie ein Schütteln, wie wenn ein nasser Hund sich schüttelt, um das Wasser aus dem Fell zu entfernen.*

Es gibt viele Wege, die wir nehmen können. Ich möchte von Anfang an betonen, dass es eine Hauptstraße zum Tod – oder Umwandlung der körperlichen Gestalt – gibt, aber auch zahlreiche Nebenstraßen, die man stattdessen nehmen kann.

Ich bereite mich nun auf mein Ende im irdischen Körper des Hundes Barney vor. Es ist, wie wenn ich eine Seite umblättere, ein Buch schließe, von einem Zimmer ins andere gehe, meine Aufmerksamkeit kurz von Barney dem Hund abwende, um mich auf einen anderen Aspekt des Seins zu konzentrieren.

Ach, es gibt so viel darüber zu sagen! Deswegen würde ich dich jetzt gern mit dem Bild einer Straße, die zum Tod führt, allein lassen. Das ist der Hauptweg ans Ziel dieser bestimmten Konstellation von Raum/Zeit/Sein. Aber während wir uns auf dieser Straße befinden, nehmen wir zahlreiche Nebenstraßen, um diese erstaunlichste Reise von allen vollständiger zu besprechen und zu würdigen.

An jenem Morgen beendeten wir das Gespräch an diesem Punkt. Es waren nur sechs Wochen, bevor ich ihn hinter dem Räucherofen fand, wo er sich zum Sterben hingelegt hatte, nur wenige Tage vor seinem Tod. Auch wenn Barney und ich über die Jahre viele tiefsinnige Unterhaltungen geführt hatten (und ich in dieser Zeit herausfand, dass Tiere nicht nur Gefühle haben, sondern sogar weise, humorvolle und talentierte Wesen mit einzigartigen Aufgaben auf dem Planeten Erde sind), waren diese Gespräche, die ich mit der Zeit Todesgespräche taufte, etwas Besonderes. An den folgenden Tagen unterhielten wir uns fast jeden Vormittag über viele verschiedene Themen: den Übergang vom Leben zum Tod, Reinkarnation, karmische Projektionen und Illusionen und – eins von Barneys Lieblingsthemen – den Wert und das Wunder des Shapeshiftings.

Es war nicht einfach, in so vielen Bereichen so tief zu schürfen, obwohl uns nur noch so wenig kostbare Zeit blieb. Barneys Augen wurden schwächer, er nahm immer mehr ab, und er entwickelte eine beunruhigende Angewohnheit, gelegentlich mehrere Sekunden lang in die Ferne zu starren und dabei zu zittern. Doch ansonsten wirkte er so fröhlich und gesund wie immer. Er rannte immer noch wie ein Welpe umher, wenn ich ihn mit in die Berge nahm, und verschmähte nie sein Futter.

Unsere erste Aufgabe war also, an der Stelle, an der wir uns befanden, tief hinunter zu tauchen. Und wie Barney mir sagte, war das der Tod, dem wir ins Auge blicken sollten.

Was ist am Tod so schlimm?

Das Wort *Tod* hat uralte Wurzeln. Soweit die ältesten Anteile unseres Selbst sich zurückerinnern können, sind wir mit dem Tod längst vertraut. Meistens wird das Wort mit der dauerhaften Einstellung sämtlicher Körperfunktionen gleichgesetzt. Unser Herz hört auf zu schlagen, unsere Lunge hört auf zu atmen, unser Gehirn hört auf zu denken: Wir sterben. Kurz gesagt, der Tod ist das Ende des Lebens, wie wir es kennen. Eine beängstigende Vorstellung für uns Menschen, die alles planen und wissen wollen und die jedes kleinste Detail unter Kontrolle haben möchten.

Manche Menschen verwenden das Wort *Tod* nur ungern. Sie sagen lieber *von uns gehen, hinübergehen, Abschied nehmen.* Auch wenn diese Formulierungen ihre Berechtigung haben, ist es merkwürdig menschlich, Euphemismen zu schaffen, als würde uns das irgendwie helfen, den Vorgang zu umgehen. Dennoch verrät gerade das Erschaffen und Verwenden von Euphemismen, wie stark dieses Thema für so viele Menschen mit einem Tabu behaftet ist – und ihnen daher Angst einjagt.

Manche mögen sagen, der Tod klinge so endgültig, als würden wir vollkommen aufhören zu existieren, wenn wir sterben. Was aber ist mit der Seele? Was ist mit der Essenz unseres Lebens? Wir hören mit dem Tod doch nicht wirklich auf zu existieren, oder?

Teile von uns – die Zellen unseres Bluts, der Haut und des ganzen Körpers – befinden sich in einem ständigen Sterbeprozess, genauso wie andere Zellen ständig neu erschaffen werden. In diesem Sinne ist der Tod ein natürlicher Teil des Lebensprozesses. Selbst wenn wir nach dem Tod in eine andere Welt übergehen – ein anderes Universum, einen Himmel, eine Hölle, ein ständiges Kontinuum des Bewusstseins –, so bleibt der physische Tod dennoch ein Teil unseres Lebenszyklus auf dieser Erde. Wir können ihm zwar andere Namen geben, doch der Tod ist in unsere jetzige Version des Lebens genauso integriert wie die Geburt. Was ist am Tod also so schlimm?

Ich möchte für den Anfang über meinen eigenen Tod sprechen, über meinen persönlichen Weg, fing Barney am nächsten Morgen an.

Andere haben es kommen gesehen und dir mitgeteilt, aber du willst es immer noch nicht sehen. Das verstehe ich. So geht es sehr vielen Lebewesen. Den Tod aus dem

Bewusstsein zu verdrängen ist ein eingebauter Schutzmechanismus, der ein gewisses Maß an Barmherzigkeit oder Trost bietet. Aus diesem Grund bleibt der Tod für viele Lebewesen etwas Geheimnisvolles. Er ist zwar da, aber man kann ihn nicht sehen, da er im Bewusstsein tief verborgen liegt.

Mein eigener Tod ist nicht mehr weit weg, auch wenn ich noch ein wenig Zeit habe. Ich habe meinen Tod schon vor vielen Lebenszeiten angenommen, und er hat nichts Traumatisches mehr für mich. Ich will diesem Thema etwas Zeit widmen, weil es dich interessiert und weil ich bereit bin, dieses Wissen mit anderen zu teilen, da es auch sie interessieren und ihnen helfen könnte.

Eines der ersten Dinge, die dabei zu beachten sind, ist dein Verhältnis zum Tod. Wie denkst du über den Tod und wie fühlst du den Gedanken an ihn in deinem Körper? Hältst du dabei vor Angst den Atem an oder lachst du, um ihn nicht an dich heranzulassen? Hältst du ihn voller Anspannung oder liebevoll an der Hand?

Wie du über den Tod denkst, fühlst, beeinflusst stark die Art und Weise, wie der Tod auftreten wird, auch wenn ich nicht sagen will, dass es immer so ist. Das ist das Problem bei euch Menschen – euer Verstand lässt sich so entwickeln, dass er eure Emotionen überdeckt. Manchmal funktioniert das zu euren Gunsten, manchmal aber auch nicht. Ich will von Anfang an klarstellen, dass, während ich später Informationen offenbare, es wichtig ist, sich bewusst zu sein, dass diese aus meiner eigenen Perspektive und meinen vielen Lebenszeiten des Lernens, der Erfahrungen und meiner Lehren über den Tod stammen. Ich möchte nicht, dass irgendein Satz als feste Regel angesehen wird. Es ist besser, wenn euer inneres Ohr zuhört, um die Ganzheit dessen, was ich sage, zu begreifen und das zu nutzen, was für euch zu diesem Zeitpunkt gerade am besten passt.

Vielleicht willst du wissen, was ich sehe oder fühle, wenn ich dem Tod ins Auge sehe?

Für meinen Teil ist es nur ein Übergang in eine andere Lebensform. Das haben schon viele vor mir gesagt. Es könnte dir guttun, wenn du das in die tiefste Ebene deines Bewusstseins dringen lässt: Der Tod ist bloß die Bewegung hin zu einer anderen Wesensform – ähnlich wie man sich zu Hause von einem Zimmer in ein anderes Zimmer bewegt oder von einem Land ins nächste umzieht. Mehr als ein Umzug ist es eigentlich nicht.

Diese ganze Angst, die mit dem Tod verbunden ist, macht mir das Herz schwer. Ich bin längst vertraut mit dem Tod und den Wesen, die den Übergang in viele Leben vollzogen haben, und deswegen kenne ich das Syndrom der ›schweren Tür‹ nur allzu gut. Spürst du es in deinem Herzen, Dawn?

»Ja«, gab ich zu. »Ich kann die Schwere fühlen. Und ich spüre auch, dass ich die Tür nicht aufmachen will. Ich weiß nicht einmal warum.«

Das ist, weil du Angst vor dem Unbekannten hast. Das ist nichts Ungewöhnliches. Es ist ganz normal – und wird in eurer Gesellschaft sogar noch ermutigt –, sich vor allem Ungewohnten zu fürchten. In gewisser Weise ist es sogar gesund. Es schützt dich davor, Plätze aufzusuchen, vor denen du dich fernhalten solltest. Manchmal ist es jedoch eher eine große Hürde. Du weißt, dass Zak oft von Türen spricht – seine bevorzugte Metapher ist die Schiebetür aus Glas. Der Grund dafür ist, dass er einen erweiterten Blickwinkel hat und immer schon den nächsten Raum sieht. Für ihn hat ein Umzug nichts Geheimnisvolles, und deswegen hat er auch eine ziemlich furchtlose Persönlichkeit, nicht wahr?

Ja, unser intelligenter Zak war tatsächlich ein furchtloser Abenteurer und Forscher. »Er ist in dieser Hinsicht witzig«, musste ich zugeben, dankbar über den Humor.

Was passiert eigentlich?

Also, wie sollen wir fortfahren?, fragte Barney nach einer Pause.

»Warum fangen wir nicht mit dem an, was du uns unbedingt vermitteln willst?«

Hmm. Manchmal verwendest du diese Frage als ein Schutzschild. Ist dir das eigentlich klar?

Ich spürte, dass ich rot wurde. Wie konnte der Hund mich so leicht durchschauen? »Ja, ich weiß, was du meinst«, gab ich schließlich zu. »Manchmal habe ich das Gefühl, es ist leichter, Informationen zu bekommen, als sie mir selbst zusammenzusuchen.«

Also lass uns bei dir anfangen. Was ist das Wichtigste, was du über den Tod erfahren möchtest?

»Das ist eine gute Frage.« Jetzt war meine Neugier geweckt. »Ich glaube, am meisten Angst habe ich davor, die Leute zurückzulassen, die ich liebe. Ich frage mich auch, ob es im sogenannten Jenseits schöner sein wird als auf dieser Welt oder ob ich sie dann wirklich vermissen werde. Aber hauptsächlich sind es die emotionalen Bande zu meiner Familie, die an meinem Herzen reißen und mich dazu bringen, nicht gehen zu wollen.«

Und wie lautet deine Frage?

Ich musste lachen. Barney schaffte es immer wieder, mich aus meinen Träumereien zu reißen, indem er mich dazu brachte, über die tieferen Fragen von Leben und Tod nachzudenken.

»Was passiert eigentlich? Das ist wohl die Frage, die jeder hat, oder? Wohin gehen wir, wenn wir diese Welt verlassen? Haben wir dann immer noch ein Bewusstsein? Vergessen wir die anderen auf der Erde oder sind wir ihnen immer noch verbunden? Was passiert nach dem Tod?«

Die meisten wissen in ihrem Herzen und in ihrer Seele die Antworten auf diese Fragen. Die meisten Wesen haben schon viele Male die Reise in den Tod gemacht.

Lass uns zu dem Bild des Übergangs von einem Zimmer ins nächste zurückkehren. Nur weil man ein Zimmer verlässt, bedeutet das noch lange nicht, dass man es vergisst. Man ist bloß mit dem beschäftigt, was man jetzt gerade sieht und fühlt, auch wenn die Realität des verlassenen Raums und die Erinnerung daran weiter bestehen. So ist es in gewisser Weise auch mit dem Tod, zumindest in bestimmten Phasen.

Es gibt Menschen, die den Raum der Lebenden nicht verlassen wollen. Ihre emotionalen Bande sind zu stark, und sie haben das Gefühl – was meistens auf falschen Vorstellungen beruht –, dass sie nicht gehen können oder sollten. Das führt zu einem langsamen Übergang und ist oft nicht sehr produktiv. Die meisten Wesen verlassen ihren Körper jedoch relativ schnell und gehen weiter.

Es gibt viele außerkörperliche Wunder, viele verschiedene Dimensionen zu erforschen. Man könnte es mit einem Umzug ins Ausland vergleichen – sobald man dort ist, findet man das Neue und die Andersartigkeit der Menschen, ihre Marktplätze, ihre Kunst, Sprache und Kultur aufregend. Der Tod ist eine Reise in ein anderes Land – und dort gibt es vieles zu entdecken!

Es gibt ›Schulen‹, die man besuchen kann. Manche Wesen lernen dort, wie sie emotionale Verstrickungen heilen und alte Eigenschaften loslassen können. Andere schließen sich persönlichen Führern an – fast so wie bei einer Stadtbesichtigung oder Bergtour. In Wahrheit gibt es so viele Varianten der Erfahrung, wie es Wesen gibt – das heißt, eine unendliche Vielzahl. Deswegen will ich dir klarmachen, dass deine Beziehung zum Tod überaus wichtig ist. Schließlich ist es dein Film des Lebens!

Ich lächelte, während ich Barneys Worte aufschrieb. Seine Gedanken glitten durch mich hindurch, wie Wildvögel über einen wolkenfreien blauen Himmel schweben.

Hilft dir das, deine Frage zu beantworten?, erkundigte sich Barney.

»Ja, es passt zu dem, was ich selbst spüre.«

Du brauchst keine Angst zu haben, dass es sich nur um eine ›Projektion‹ von dir handelt. Du hattest schon viele Leben, in denen du anderen beim Sterbeprozess beigestanden hast, und deswegen ist es recht leicht, diese Informationen durch dich zu übermitteln. Wir werden aber nochmals auf Projektionen zu sprechen kommen und darauf, welche Rolle sie nicht nur in diesem Leben, sondern auch im Sterben spielen.

Am Ende unseres Gesprächs an diesem Vormittag kamen Barney und ich auf seine körperliche Gestalt zu sprechen, die weitere Symptome von Abbau aufwies. Seine Sehkraft wurde immer schwächer und seine Gelenke wurden gebrechlich, auch wenn er mir versicherte, dass er immer noch sehen konnte und die Massagen und Kräuteressenzen, mit denen ich sein Futter anreicherte, zu schätzen wusste.

Unter der Oberfläche spürte ich, dass wir in einen heiligen Ort des Lernens vordrangen. Ich konnte ihn fühlen. Unser Gedankenaustausch hatte eine tiefere Dimension erreicht, ein deutliches Gefühl, dass *das hier* der Hauptgrund dafür war, warum Barney und ich in diesem Leben zusammengefunden hatten – damit ich seine Worte hörte, diese Gefühle spürte und für diese Erfahrungen offen wurde. Und so fragte ich mich wieder einmal: »Wer ist dieses erstaunliche Geschöpf, das im flauschigen weißen Fell meines Hunds Barney steckt?«

2

Der Angst ins Auge sehen

Als ich für die Vorstellung, mit Tieren zu sprechen, offen wurde, tat ich dies angstfrei. Schließlich machten andere Leute es auch – ich war nur eine Zuschauerin, eine Reporterin. Doch als ich immer mehr Fragen stellte und mir Gedanken darüber machte, wie dieses Ding mit der Tierkommunikation eigentlich funktioniert, spürte ich, wie mein Inneres darauf reagierte. Etwas in mir geriet in Bewegung und ich wurde nervös und zugleich aufgeregt. Irgendwas ganz tief in meiner Seele wurde angesprochen – eine uralte Erinnerung? Eine verschüttete Fähigkeit? – und dieses Etwas rief leise, doch beharrlich und verlockend nach mir. Na ja, das überrascht nicht weiter: Genauso beginnt meistens ein tieferes Erwachen. Denn wenn wir erkennen – und allmählich akzeptieren –, dass unsere Gedanken und Gefühle, Träume und unser Bewusstsein sich auf tieferen Ebenen abspielen, fängt unser oberflächliches Bewusstsein an aufzuwachen und sich für etwas zu öffnen, das wir zwar schon immer wussten, das uns jedoch irgendwie aus dem Gedächtnis verschwunden ist.

Das allererste Mal, als ich ein Tier in Gedanken reden hörte, lief ein Schauer durch meinen Körper. In einem seltsamen und ganz stillen, zeitlosen Moment spürte ich ein Kribbeln im Körper – eine Beschleunigung der Energie, die Auflösung meiner Gedanken. Draußen vor meinem Fenster versammelten sich Vögel auf einem Busch. Fenster, Vogel, Busch – es sind nicht so sehr die Dinge an der Oberfläche, die uns rufen, sondern die tiefere Energie der Lebenskraft, der tiefere Ruf der Verbundenheit. Es ist, als hätte man endlich die Einladung entdeckt, die schon immer da war. Und die man eines Tages annimmt.

An jenem Tag spürte ich, wie sich mir die tiefere Präsenz der Vögel erschloss.[1] Und ich mich ihnen. Es war ganz einfach und erstaunlich offensichtlich: Das Zusammentreffen von Welten, die nie wirklich getrennt gewesen waren – die plötzliche klare Erkenntnis, dass wir nicht nur eine Frau und ein Schwarm Vögel waren, sondern Wesen, die in der Tiefe miteinander verbunden sind. Ein leiser Schauer lief durch meinen Körper, als ein Selbst, das zu lange zum Schweigen gebracht worden war, an die Oberfläche meines Bewusstseins tauchte. Ein Teil von mir war wieder da.

Erst der Gedanke an das Experiment machte mir Angst. Mein Verstand fing an, Widerspruch einzulegen, Zweifel zu erheben, sich Sorgen zu machen und Misstrauen zu schüren. Meine Gedanken wollten das ursprüngliche Gefühl der Einheit, der Verbindung, die mir das Herz aufgehen ließ, verdrängen. Eine Seite von mir versuchte, es wieder unwirklich zu machen. Aber warum? *(Weil das sicherer ist.)* Und wer war für die beunruhigten Gedanken zuständig? *(Das schlaue Ich!).*

Wie ich mit der Zeit feststellte, war eine meiner Lieblingsangewohnheiten, mich mit Äußerlichkeiten zu beschäftigen, um mich davon abzuhalten, für neue Vorstellungen und tiefere Schichten des Verstehens offen zu werden. Für viele von uns scheint das leichter zu sein: Es ist viel weniger anstrengend, Vorkommnisse und Begegnungen wegzuerklären, die nicht in die Wirklichkeit passen, wie wir sie kennen. Fast können wir nicht anders, denn wir sind dazu erzogen, uns auf logische, lineare Gedanken und Erklärungen zu verlassen, statt das Mysterium des Lebens hinter den Grenzen des Alltäglichen in seinem ganzen Reichtum zu erleben. Die Gesellschaft unterstützt dies sogar noch und drängt uns zum »Machen« (und zwar schnell!), statt uns die Zeit zum »Sein« zu lassen. Durch meine Gespräche mit Tieren (die eher Experten im Sein sind), fing ich an, immer klarer zu erkennen, dass der gesellschaftliche Druck zum Schnell-Schnell nichts als der überall verbreitete Zwang ist, der uns davon abhalten soll, tief in uns selbst hineinzusehen. *(Wovor haben wir eigentlich so viel Angst?)*

Wie Barney einmal bemerkte, ist das Verlangen, sich zu beeilen und etwas anderes zu machen, ein Selbstschutz, eine verzweifelte Methode, das tiefere Wesen des Selbst zu vermeiden, indem man sich an die Oberfläche klammert. Oder, wie er es ausdrückte: *Es ist, als würdet ihr in tiefen Gewässern schwimmen, aber dauernd nach noch mehr Rettungsringen greifen, obwohl die eigentliche Lösung für euer Dilemma wäre, tief unterzutauchen und die majestätische Größe der Unterwasserwelt wahrzunehmen. Ihr deckt euch mit Listen ein, was alles ›zu erledigen‹ ist, während alles, was ihr in Wahrheit tun müsst, nur loslassen, in euch und in die größere Wirklichkeit eintauchen, auf das Universum, die Schönheit und den Humor der Beziehungen untereinander vertrauen und euch den Luxus erlauben müsst, alles in einem tieferen Fluss der Zeit kennenzulernen.*

Klingt ganz einfach, nicht wahr? Doch es umzusetzen bedeutet, zuerst dem ins Auge zu sehen, vor was wir am meisten Angst haben: die vielen dunklen Schichten unseres Selbst.

Die Angst vor Hasen

Als Barney und ich unser Gespräch am nächsten Morgen fortsetzten, begann er es mit einer kurzen Zusammenfassung:

Eine einfache Metapher, die Menschen verwenden, ist die, dass die Welt der Lebenden wie der Teil eines Hauses ist, der durch eine Tür vom Rest des Hauses abgetrennt ist. Diese Tür ist der Tod. Ihr fürchtet euch vor der Tür, weil nur sehr wenige, die durch die Tür hindurchgehen, zurückkommen und den anderen berichten, was dahinter liegt. Was also hinter dieser Tür liegt, ist sicher zum Fürchten. Es gibt zahllose Fantasiegespinste. Um diese Tür und das, was sich dahinter verbirgt, ranken sich alle möglichen Mythen, Geschichten und Erzählungen.

Manchmal sagen die Menschen, das sei normal. Es mag zwar für die heutige menschliche Entwicklung normal sein, doch es ist nicht der einzige Weg, wie ihr die Tür und all das, was hinter ihr liegt, betrachten könnt. Es gibt außer Geschichten und Fantasiegespinsten noch viele andere Wege, wie man herausfindet, was diese Tür tatsächlich ist und was sich dahinter verbirgt.

Nach meinen Erfahrungen besteht die Tür in Wirklichkeit aus euren eigenen Projektionen. Viele Zivilisationen, Kulturen und Gesellschaften haben es sich zur Gewohnheit gemacht, diesen Durchgang nicht als Tür zu sehen, sondern als eine Brücke, einen Tunnel oder eine Passage. Diese Sichtweise erlaubt es, vor- und zurückzugehen. Eine Passage ist offen und klar erkennbar; sie bedarf keiner Tür. Das ist also die erste Projektion. Verstehst du, was ich meine?

»Du willst sagen, dass es eine menschliche Projektion der westlichen Welt ist, den Tod als Einbahnstraße zu betrachten, und dass wir es sind, die der Kommunikation und Beziehung zu den Verstorbenen ›die Tür zuschlagen‹. Ist das richtig?«

Ja, das kommt der Sache schon näher. Du bist zwar relativ offen, Dawn, aber du bist zu sehr davon überzeugt, der Tod sei etwas, das vom Leben getrennt ist. Doch das ist er nicht.

Kannst du dich an unser Leben als Menschen erinnern, die sehr bodenständig waren? Es gab damals einen kleinen weißen Hasen, den du sehr gemocht hast – weißt du noch? Kannst du dich daran erinnern, wie ich dir damals beigebracht habe, wie man mit den Seelen der Verstorbenen spricht? Du trägst immer noch die Todesangst in dir, und sie zeigt sich jetzt zum Beispiel an deiner Angst vor Hasen.

Es sind Momente wie dieser, in denen ich bis in den Kern getroffen werde. Ich zuckte zusammen, während ich am PC saß, und schauderte vor Überraschung. Was Barney da sagte, stimmte genau, auch wenn es eine Wahrheit war, die mir bis zu diesem Augenblick nicht bewusst gewesen war. Es war außerdem eine merkwürdige Angst, mir selbst unbegreiflich, und weil sie so albern war, hatte ich das Gefühl oft verdrängt. Auch wenn ich an der Oberfläche keine Angst vor Hasen wahrnahm, zuckte ich meistens zurück, wenn ich einen Hasen auf den Arm nehmen sollte.

Diese Angst stammt aus einem ›früheren Leben‹, in dem du als kleines Mädchen sehr an einem weißen Hasen gehangen hast, beharrte Barney. *Er wurde geschlachtet, und als du das gesehen hast, konntest du dich nicht dazu bringen, den Hasen anzufassen. (Erkennst du das Muster, das sich hier bildet?) Du hattest das Gefühl, dass der Hase sich verändert hatte, weil sein Körper auf brutale Weise getötet worden war. Also fingst du an zu glauben, der Tod sei etwas, das einen unwiderruflich verändert. Dieses Erlebnis führte zu deinem Rückzug – zu einem emotionalen Strudel der Trauer, der dich dazu brachte, sich auf den Körper statt auf die Seele zu konzentrieren. Sogar als du geistige Verbindung zu dem Hasen aufnahmst, hast du hinterfragt, ob sie ›real‹ war. Das ist noch so ein Muster, das dich in der Gegenwart beeinträchtigt. Beharrlich hältst du an deinen Zweifeln fest, ob deine Verbindung und Kommunikation echt sind. Auf der mentalen Ebene verstehst du zwar die Hintergründe, doch auf der emotionalen Ebene besteht immer noch diese Blockade. Spürst du sie in deinem Körper?*

»Ja«, gab ich zu. Mir war bewusst, dass dies ein typisches Beispiel für Barneys Überzeugungskraft war, mich dazu zu bringen, meiner Angst ins Auge zu sehen. Um das zu schaffen, muss man ehrlich zu sich sein. Warum sollte man Schattenmaterial hinterherjagen, wenn man nicht ehrlich zu sich ist? [1]

»Ich spüre sie im Bereich des Oberbauchs«, bestätigte ich. »Es ist eine Verkrampfung, so als würde ich etwas zurückhalten. Und wenn ich hineinhorche, spüre ich eine Menge Trauer und Ärger, Verbitterung und Wut.«

Deshalb werden wir sie hinausatmen und deiner Trauer Ausdruck verleihen und sie zu Wort kommen lassen.

Barney hielt inne, um mir eine kurze Erholungspause zu gönnen.

Lass uns für die Transformation offen werden. Wir wollen zu dem damaligen Zeitpunkt zurückkehren – das heißt, unsere Vision nach innen kehren, um den Augenblick, der so wichtig war, noch einmal zu sehen und umzuformen.

Fange damit an, indem du die Szene beschreibst und dich an die Persönlichkeit des Hasen und die Essenz deiner damaligen Gefühle erinnerst. Der Sinn ist es, sich das Ende noch einmal so vorzustellen, dass dadurch deine Verbindung mit der spirituellen Welt intakt bleibt. Sieh es als eine Mission an, bei der du es reparieren musst – und das meine ich in jeder Beziehung. Es soll das, was damals zerbrochen ist, zusammensetzen und auch dich mit anderen Aspekten deiner selbst wieder verbinden. Lass uns nun damit beginnen.

Als ich die Augen schloss und nach diesem vergessenen Selbst tastete, fand ich mich in einer anderen Zeit wieder: Das bin ich, aber nicht ich. Es ist eine seltsame Mischung aus zwei Teilen des Bewusstseins, denn ich bin gleichzeitig ich, die die Erinnerung betrachtet, und sie – ein junges Mädchen allein im Wald. Als das Mädchen suche ich meine Häsin und finde sie an einen Baum gehängt. Dort baumelt ihr schlaffer Körper, der mit einem Messer an den Baumstamm genagelt wurde. Das Messer wurde ihr in die Kehle gerammt. Aus ihrem Hals sickert dunkelrotes Blut durch das Fell. Ich will nicht glauben, dass es mein

1 Schattenmaterial bildet sich aus den dunklen, verdrängten Themen, die wir in uns selbst verneinen und gleichzeitig schnell auf andere projizieren. Wie C. G. Jung ausführte, bietet das Schattenmaterial einen Zugang zum Unbewussten. Wenn wir unserem Schatten begegnen, werden wir gezwungen, unsere inneren Ängste zu konfrontieren – selbst die Ängste, die uns nicht bewusst sind.

Hase ist, aber ich weiß es trotzdem. Wer würde so etwas tun? Ich fühle mich vollkommen verraten.

Lass uns mit deiner Häsin reden. Setz dich, beruhige dich und frage sie, wie das geschehen ist.

Während ich sehe, wie das Mädchen auf den Boden sinkt und sich hinhockt, höre ich ihre Stimme, die sich mit meiner eigenen vermischt. »Bun, was ist passiert? Was hat man mit dir gemacht, meine Süße?« Es entsteht eine Pause. Dann sehe ich – durch die Gedanken des Mädchens, die sich auf mich übertragen – den Hasen im Wald Gras fressen. Es ist eine friedliche Szene, in der die Häsin still unter den Bäumen sitzt, die das Sonnenlicht filtern, und Gras knabbert, als plötzlich jemand aus dem Nichts heraus auftaucht und ihr einen Schlag gegen den Hals versetzt. Ein Mann mit dunklen Stiefeln marschiert durch den Wald. Er sieht sie nicht, und sie hört ihn erst, als es schon zu spät ist. Mit einem dumpfen Geräusch tritt sein Stiefel hart auf sie – bricht ihr den Hals. Kurz darauf rollt eine Kutsche über sie hinweg und zermalmt ihren Körper. Es sind mehrere Leute, die da durch den Wald kommen. Erst der Mann, dann die Kutsche und hinter ihr noch ein Mann. Er bemerkt den leblosen Hasen, hebt ihn auf und nagelt ihn mit einem Messer an den Baum. Dann geht er weiter. Die Häsin sagt, sie weiß nicht genau, warum er das getan hat, aber er hätte aus Mitgefühl gehandelt.

Vielleicht hat er das getan, damit du sie findest?

»Das könnte sein«, antworten das Mädchen und ich gleichzeitig. Während wir diese Möglichkeit in Betracht ziehen, ist unser Bewusstsein immer noch vermischt.

Frag sie, ob es ein schmerzhafter Tod war. War sie bereit zu gehen?

»Es hat mich wie ein Blitz aus heiterem Himmel getroffen«, sagt die Häsin. »Ich war hier – und eh ich mich versah, schlüpfte ich aus meinem Körper … und hoppelte quer über den Himmel.« Sie spürte keine Schmerzen und außerdem hatte sie nicht mehr viel, was sie auf der Erde noch erledigen musste. Wie sie uns sagt, wird sie nach Hause zurückkehren, was nicht unbedingt der Himmel, sondern eher ein anderer Planet ist. Sie sagt, sie sei gekommen, um uns eine Verbindung zu geben, eine Erinnerung, weil wir uns vorher gekannt hatten. Sie sagt, sie sei »nur ein kleiner Gast« gewesen, und jetzt erinnert sie uns daran.

Sie zeigt, wer sie in Wirklichkeit ist: ein silbernes Licht, das über den Nachthimmel springt – wie ein Hase!

Ich spürte eine dumpfe Erinnerung am Rande meines Bewusstseins, die jedoch vage und verschwommen blieb. »Mir ist es immer noch nicht ganz klar, Barney«, sagte ich schließlich.

Solche Geschichten bieten den Energieschlüssel für alle, die emotionale Erleichterung suchen. Das heißt, du wirst von den Geschichten, die dich immer noch ›fesseln‹, angezogen – oder vielmehr in sie hineingezogen. Du hast das, was dich an diese Geschichte aus der ›Vergangenheit‹ fesselt, noch nicht völlig losgelassen; du hast den kostbaren Schatz, den deine Geschichte birgt, noch nicht vollständig aufgedeckt.

Bevor ich mich allzu sehr darüber wundern konnte, wie dieses Loslassen – oder Aufdecken – umgesetzt werden kann, fuhr Barney fort: *Verbinde das Bild des getöteten Hasen mit dem des Hasen am Sternhimmel. Das ist ein Teil des Reparaturprozesses. Schaffst du das?*

Die beiden Bilder verschmolzen: der kleine weiße Hase im Wald, der von den Sonnenstrahlen gesprenkelt war – eine Vision, die einer winzigen wunderschönen Blase glich –, und der Hase am Nachthimmel – eine riesige silbrige Essenz, die von der Erde hinauf an den Himmel sprang und die Sterne umhüllte. Auch wenn der spirituelle Hase viel mehr Energie offenbarte als der winzige Hasenkörper auf der Erde, unterschieden sie sich nicht. Beide waren miteinander verbunden. »Ahh!«, stieß ich erleichtert aus.

Warum hast du diese Verbindung aus den Augen verloren? Wenn sie dir damals tatsächlich bewusst war, warum hat die getötete Häsin dich dann so aus der Fassung gebracht?

»Vielleicht war es die Art und Weise, wie sie an den Baum genagelt worden war. Vielleicht der Mann hinter der Kutsche?«

Ja. Die äußere Gewalt. Das ist ein weiterer Faden für dich, und auch er knüpft an das Erlebnis dieser Geschichte aus der Vergangenheit an. Wer ist der Mann hinter der Kutsche? Warum bist du auf ihn wütend statt auf den ersten Mann, der aus Versehen auf den Hasen getreten ist?

»Eine gute Frage«, dachte ich. »Warum sollte der Mann, der die Häsin aufgehoben hat, von Bedeutung sein, wenn er mit ihrem Tod nichts zu tun hatte?« Aber sobald ich mir die Frage gestellt hatte, wurde es mir klar.

»Ich bin wütend auf ihn, weil er sie an den Baum genagelt hat. Das ist so brutal und merkwürdig und … Ach so!« Wie so oft, wenn wir von der logischen, linearen weltlichen Sichtweise, in der wir uns meistens bewegen, auf eine tiefere, reichere Ebene der synchronen Bezüge und vielschichtigen Bedeutungen begeben, wurde ich von einem plötzlichen Wissensstrom überflutet. »Der Mann kam von woanders her. Und auch wenn er sich kaum daran erinnern konnte, hatte er das Bedürfnis, den Hasen zu ehren – was bedeutete, ihn dem spirituellen Geist zu offerieren, so wie es in seiner Heimat Tradition war. Normalerweise nicht mit einem Messer in der Kehle, aber er hatte sonst nichts dabei. Und ich kannte den Mann von früher!«

Und es gab noch mehr: eine weitere Lawine von Assoziationen, visionären Puzzlestücken, Erinnerungsfetzen, Gefühlen – ein zweites Abtauchen in das riesige Universum eleganter, unerwarteter Verbindungen.

Wie eine Geschichte in einer Geschichte in einer Geschichte erkannte ich, dass der Mann zu einer kriegerischen Gesellschaft gehörte, einem Volk mit starren Vorstellungen über das, was richtig und was falsch ist, doch auch voller Leidenschaft. Ich sah noch eine weitere Version von uns (dem Mädchen und mir) an einen Pfahl gefesselt: Eine Frau neben zwei anderen, die auch festgebunden waren. Wir drei waren von zornigen Kriegern umringt. »Sie bewerfen uns mit Speeren; so töten sie ihre Angehörigen, die die Gesellschaft verraten hatten. In diesem Leben war ich die Frau des Mannes, der die Häsin an den Baum genagelt hatte. Ich sehe ihn. Er ist dabei. Er wirft zwar keinen Speer und empfindet noch Liebe zu mir, aber er verhindert meinen Tod auch nicht.«

Die Vision war so vielschichtig, dass meine Worte wie spitze Steine klangen, die das Gesamtbild, das ich fühlte, nicht annähernd ausdrücken konnten.

»Der Hase war also eine Erinnerung *daran?*«, fragte ich schließlich. »Der Mann hat den Hasen an den Baum genagelt, weil mich das an das noch frühere Leben erinnern würde?« Auch wenn ich darüber staunte, wie gut die Bezüge interagierten – wie Bausteine aufeinanderpassten –, sträubte sich irgendwas in mir dagegen. »Ich glaube nicht, dass ihm das bewusst war«, sagte ich zu Barney.

Interessant, wie alles miteinander verbunden ist, nicht wahr?

Bevor ich widersprechen konnte, wurde ich von einer neuen Erkenntnis gepackt, die mich noch einmal in die Geschichte zurückholte. »Die Kehle hat auch eine Bedeutung: das Messer in der Kehle der Häsin – nicht in ihrem Herzen oder Körper, sondern ausgerechnet in der Kehle. Warum hat der Mann das gemacht? Es bedeutet ›die Wahrheit sagen‹. Ich habe in der kriegerischen Gesellschaft die Wahrheit geäußert und deswegen wurde ich hingerichtet. Und sogar im Sterben war ich eher wütend als ängstlich, weil ich mit dem Mann noch länger zusammenleben wollte. Ich hatte gewisse Vorstellungen darüber, wie unser Leben hätte aussehen können, aber er war zu sehr auf die Traditionen unseres Volkes fixiert. Und ich fühle, dass dieses Leben als Krieger nur eine von vielen Wahrheiten war, die ich ausgesprochen habe.«

Hmm. Ich saß da und überlegte laut. »Es geht also um versteckte Zeichen? Um verborgene Erinnerungen, die ein Wesen mit dem anderen verbinden – ein Selbst mit dem nächsten und zurück? Schicken wir uns etwa codierte Botschaften über die Leben hinaus? Ist es das, was du mir sagen willst? Dass wir Teile von uns selbst in den Geschichten unserer Leben aufbewahren? Dass unser Leben eine Art verborgene Geheimsprache enthält? Wir versehen einander mit Codes, erzählen Geschichten in anderen Geschichten, um uns an unser früheres Selbst zu erinnern?«

Doch Barney gab darauf keine Antwort. *Hast du immer noch Angst vor dem Hasen?,* wollte er stattdessen wissen.

»Ich kann ihren Körper jetzt herunter nehmen und sauber machen. Ich kann sie im Arm halten. Ich könnte mir vorstellen, ihr Fleisch für die Tiere im Wald auszulegen und ihr Fell als Erinnerung zu behalten, das Hasenfell als einen Tribut zu tragen. Vielleicht hilft es mir ja, mich an den Hasen am Nachthimmel zu erinnern – wie ein Maskottchen, ein wirksamer Zugang zu dieser Erinnerung?«

Was ist mit dem Mann?

»Ich kann ihm dafür danken, dass er mich auf den Hasen aufmerksam gemacht hat – dass er mich dadurch dazu gebracht hat, mich zu erinnern. Und ich sehe jetzt, dass der Hase Recht hatte: Der Mann hat es aus Liebe getan.«

Empfindest du genug Liebe, um auch ihm Zeichen zu setzen?, wollte Barney wissen. *Viele Wesen haben dir Zeichen hinterlassen, so wie auch du anderen Zeichen hinterlassen hast. Jetzt ist die Zeit gekommen, um sich dessen bewusster zu werden – ihre Zeichen klarer zu erkennen, Erinnerungen, die von und für andere Aspekte des Selbst hinterlassen wurden, von und für andere Beziehungen aus der ›Vergangenheit‹ und der ›Zukunft‹. Es ist wahrhaftig an der Zeit, sich auf einer bewussteren Ebene zu ›ent-sinnen‹.*

Wie so oft bei unseren gemeinsamen Erlebnissen war mein Verstand verwirrt, doch mein Selbst erweitert.

Und aus diesem Grund, sagte Barney voller Zufriedenheit und Begeisterung, *wollen wir mit dem Tod beginnen. Lass uns die Passagen säubern, die Durchgänge auskehren, die Brücke herunterlassen – und die Türen aufmachen!*

Zu meiner eigenen Verwunderung musste ich lächeln.

Das reicht für den Augenblick, meinte Barney. Eine lange Sitzung, aber du hast dieses Puzzlestück der Erfahrung gebraucht, um zu sehen, wie es funktioniert. In gewisser Weise sind wir immer noch dabei, deine Sehkraft zu schärfen. Je schärfer sie wird, umso leichter wird es für dich, in die Haut anderer Wesen zu schlüpfen und andere Sichtweisen zu erleben. Und wenn du das kontinuierlich auf allen Ebenen tust, werden wir für noch mehr interessante Reisen bereit sein.

Durch Shapeshifting Angst überwinden

Je mehr ich über die Geschichte mit der Häsin und die damit verbundenen Puzzleteile nachdachte, umso mehr Hasen kamen mir in den Sinn. Ich sah Hasen im Fernsehen, in Zeitschriften, als schwebende Wolken am Himmel. Die Energie der Hasen neckte mich, während mein Verstand sich bemühte, die Dinge zu begreifen.

Die Vorstellung, anderen Wesen Zeichen zu senden, gefiel mir. Vielleicht spielen wir ja Verstecken mit unseren vielen Teilen des Selbst. Vielleicht speichern wir unsere Geschichten in einem Kontinuum aus verschiedenen Leben, hinterlassen zu verschiedenen Zeitpunkten Erinnerungen für uns und andere, hinterlegen Spuren in verschiedenen Ländern und Kulturen?

Und könnte es nicht auch sein, dass unsere alte Freundin, die Angst, diese Schätze hütet? Sie prüft uns ständig, vergewissert sich, dass wir bereit sind, Schlosser unseres eigenen Bewusstseins zu werden, fordert uns heraus, uns zu ›reparieren‹ – uns mit all den vielen vergessenen Formen des Selbst zu ›re-paaren‹ –, den Formen des Selbst, die wir noch nicht vollständig in unser größeres Gesamtwesen ent-sinnt haben.

Eines Nachts träumte ich, durch ein sehr großes und ungewöhnliches Haus zu gehen. Es machte mir Spaß, die vielen Zimmer zu erkunden. Da hörte ich, dass in der Küche im ersten Stock eine Party stattfand. Als die Partygäste mich riefen und ich über die Türschwelle ging, spürte ich ein Knacken unter den Füßen. Auf dem Boden lag die lebensgroße Skulptur eines Hasen, die aus Eis geformt war. Der Hals des Hasen war zerbrochen.

Dawn und Zak

Als ich aufwachte, gaben die tieferen Bedeutungen des Traums und des Hasen mir ein unbehagliches Gefühl. Auch wenn ich nicht wusste, was der Traum mir sagen wollte, spürte ich eine erneute Welle des Widerstands.

Es war Zak, der einen anderen Weg vorschlug, wie ich der Angst ins Auge sehen könnte. Statt mir anzusehen, wovor ich mich zu fürchten glaubte, schlug er vor, ich sollte das eigentliche Gefühl der Angst beschreiben.

»Im Augenblick kann ich es im Mund fühlen, fast so, als würde ich ersticken oder müsste mich übergeben«, schilderte ich. »Es ist so, als wolle ich etwas zurückhalten und es nicht aufgeben.«

Könnte es sich womöglich um dein altes Festklammern an die Realität handeln?, fragte er auf eine Weise, die mich zum Lachen brachte – nicht nur vor Vergnügen über Zaks Gesellschaft, sondern auch über die offensichtliche Antwort auf seine Frage.

»Laut lachen hilft«, stellte ich kurz darauf fest. Zak lachte mit, wie es gute alte Hundefreunde so oft tun.

Ja, bestätigte er. Es ist eine Bewegung nach außen und nach vorne – eine Welle der sich ausdehnenden Energie. Lachen ist für dich ein Schlüssel zum Loslassen. Für andere können Tränen oder körperliche Bewegungen besser funktionieren. Es gibt viele verschiedene Wege, um loszulassen und sich zu öffnen. Für dich sind es jedoch meistens Gelächter und Humor, vor allem, wenn du gleichzeitig über dich und die Situation lachst. Spürst du, wie die alte Angst – oder das alte Du – sich umwandelt?

»Tatsächlich!«, stieß ich überrascht aus. »Es ist, als würde die innere Schwere zu etwas Leichtem werden – als wäre die Angst eine Mauer aus Stein, und als würde das Lachen sie in etwas Leichtes, Schmales und Weiches verwandeln, wie ein Leintuch, das man im Wind trocknet. Es ist, wie wenn man verfaulte Eier in sich trägt und dann eine luftige Meringue hinauslacht!«

Ich blieb eine ganze Weile bei diesem Bild. Dann kam mir ein Gedanke: »Vielleicht hat die Eigenschaft der Angst – oder welche Überzeugung oder Meinung sich wie die Steinmauer gehalten hat – sich auch verwandelt?«

Eine gute Frage, sagte Zak. *Hat sich die tatsächliche Eigenschaft verwandelt – oder deine Wahrnehmung?*

»Eigentlich fühlt es sich so an, als hätte sich beides verändert.«

Genau, und das zu erkennen ist wichtig. Auf der Verstandesebene hättest du antworten können, dass alles eine Frage der Wahrnehmung ist. Und aus einem bestimmten Sichtwinkel stimmt das auch: Es ist nur die Perspektive, die ändert, wie wir die Realität sehen. Doch in Wirklichkeit – in der Wirklichkeit, in der wir uns in dieser Zeit und diesem Raum befinden – hat sich beides verwandelt. Was du festgehalten hast, war alt und schwer und wahrscheinlich verfault. Was du losgelassen hast, hat sich verwandelt, weil ›du‹ die Gestalt des ›Du‹ verändert hast. Und damit kommen wir zu einer anderen Lehre über das Shapeshifting.

Für manche ist das nicht einfach zu verstehen, weil es beim Shapeshifting auf einem Level darum geht, die Form in einer bestimmten Realität zu verändern. Doch der tatsächliche Akt der Umwandlung der Form verändert auch die eigene Realität. Daher verwandelt sich nicht nur die Form, sondern auch die Realität, wenn das geschieht.

Wir wollen uns einmal vorstellen, du würdest an der alten Realität festhalten – der Angst und Schwere der nervösen Energie. In diesem Moment würdest du die Form und die Realität auf eine bestimmte Weise festhalten. Doch indem du deine Form verwandelst – was du durch das Lachen erreicht hast –, hast du auch die Realität an sich verändert. Es ist, als wärst du durch eine Türöffnung hindurchgegangen. Für dich war der Schlüssel dazu wiederholtes Gelächter. Das hat dir die Tür geöffnet. Und so bist du in eine neue Version der Realität auf einer anderen Ebene des Seins gegangen. In ein neues Du.

Egal ob ein neues Ich oder nicht – ein Teil von mir war immer noch verwirrt. »Ich weiß nicht, wohin uns das bringt, Zak«, sagte ich nach einer Weile.

Nur dahin, dass jede Verwandlung der Form auch eine Verwandlung der Realität bewirkt. Das ist Grundwissen, selbst wenn du es vielleicht erst dann verstehen wirst, nachdem du es ein paar Mal erlebt hast. Viele Tiere sind bereit, dich in eine immer tiefere Erfahrung der Verwandlung von Formen zu begleiten. Von dort aus wirst du möglicherweise andere Realitäten kennenlernen wollen. Doch lass uns mit dem beginnen, was du schon kennst. Sei einfach offen dafür. Atme. Und vergiss nicht, in deiner Mitte zu bleiben. Wenn du das beherzigst, wird dir nichts passieren.

3

Neue Augen

Während Barney und ich unsere täglichen Gespräche fortsetzten, ermutigten er und Zak mich, mit anderen Tieren Zeit zu verbringen, ihnen Fragen zu stellen und mich in das gemeinsame Bewusstsein zu vertiefen. Es war ein Anfang, sagten sie, ein Sammeln von ersten empirischen Schlüssellöchern zu den unterschiedlichen Wegen, wie man die Welt sehen kann. Wir arbeiteten schon an dem Shapeshifting-Konzept, und Barney nutzte eine Vielzahl von Erfahrungen, um mich Dinge zu lehren und mich gleichzeitig aufzumuntern.

So machten wir weiter, bis ich krank wurde. Ich konnte nicht mehr schlafen und bekam immer wieder Fieber. Es war eine jener unwichtigeren, seltenen Krankheiten, bei der einem kein Arzt helfen kann, weil die Symptome sich dauernd ändern: Symptome an Kopf, Lunge, Nebenhöhlen, Rücken. Außerdem vermutete ich, dass mir hauptsächlich die starke Integrierung, die in mir stattfand, Unbehagen bereitete. Nach außen hin gab es nichts zu ›reparieren‹. Stattdessen brauchte ich nur langsamer zu treten, mich auszuruhen und die Verwandlung zuzulassen.

Während ich mich eines Tages auf der Couch ausruhte, machte ich für ein paar Minuten die Augen zu und spürte, dass Barney sich neben mich setzte. Als ich meine Hand auf seinen Kopf legte, tauchte ein Bild aus horizontalen Linien vor meinem geistigen Auge auf und mir kam das Wort *Bandbreite.* In diesem Moment bellte Barney. Es war ein einziger Beller; daraufhin schwieg er wieder. Dann bellte ein Hund draußen. Stille. Wieder bellte Barney. Eine Pause, dann bellte der Hund draußen, und so ging es weiter. Bemerkenswert daran war die Tatsache, dass beide Hunde jeweils nur einmal kurz bellten – statt dass Barney wie sonst aufgeregt ans Fenster rannte und sich mit Vierbeinern, die draußen vorbeigingen, kläffend austauschte. Noch bemerkenswerter war, dass ich gleichzeitig jeden Beller auf der Bandbreite der horizontalen Linien im Geist »sehen« konnte.

Barneys Bellen

Auf die wunderbare Weise, die ein Fieber hervorbringen kann, kam mir, dass der einzigartige Klang und die Energie eines jeden Bellers ein Portal zu einer anderen Sichtweise öffnete, wenn ich in jeden Beller hineinschlüpfen und dadurch etwas über den jeweiligen Hund erkennen könnte. Auch merkte ich, dass diese Vision eine zutreffende Metapher für Shapeshifting war.

Ganz richtig, sagte Barney. *Bei einem großen Teil des Lernens aus Erfahrung über Shapeshijting geht es darum, die Geschwindigkeit zu verwandeln, um sie der*

›Bandbreite‹ eines anderen anzupassen. Du konzentrierst dich zu sehr auf die von dir bevorzugte Methode der Vision und des Sehens. Um in die Haut eines anderen zu schlüpfen, braucht man ein neues Augenpaar, eine neue Methode der Wahrnehmung. Doch zuerst muss das Alte losgelassen werden. Das geht Hand in Hand mit den Veränderungen deines Körpers, wenn er alte Dinge, alte Blockaden und Muster, alte Gewohnheiten und Eigenarten loslässt. Diese müssen zuerst aus dem Weg geräumt werden, damit du die neuen übernehmen kannst.

Wenn du die überholten Dinge loslässt, wirst du von der gewohnten Wahrnehmung der Welt weniger abhängig. Um eine bewusstere Form des Sterbens – und des Shapeshiftings – zu erreichen, musst du einige Gewohnheiten deines Körpers, wie er die Welt wahrnimmt, ›verlernen‹. Es geht beim Shapeshifting darum, andere Bandbreiten, andere Dimensionen, Perspektiven und Existenzformen zu erleben.

Schlafmangel ist hierbei nützlich, da er es leichter macht, die Kontrolle aufzugeben und diese Form des Verschmelzens einfach zu spüren und zu erleben. Die ersten Erfahrungen im Shapeshifting können sich tatsächlich wie eine Art Verschmelzung anfühlen – ein allmähliches Hineinversetzen in das Wesen der Pflanze oder des Tiers, so dass du die Bandbreite dieses Wesens fühlen kannst. Das vollständigere und fortgeschrittenere Shapeshifting geht dann noch bewusster vor sich, doch Anfänger beginnen meistens damit, indem sie die Grundmuster anderer Wesen ertasten, während sie am schwingenden Kontinuum entlang springen. Hilft dir das, die richtige Perspektive zu bekommen?

Ich machte die Augen auf und lächelte. »Ja, es hilft mir. Welchen Rat gibst du mir also, wie ich das Alte loslassen und Platz für eine klarere Wahrnehmung des Neuen schaffen kann?«

Achte auf die Fußnoten des Lebens – die Symbole, Zeichen und inneren Bedeutungen, die zu dir sprechen. Sei offen für die Bandbreite der gleichen Schwingungen und erfreue dich an der Erfahrung, andere Wesensformen kennenzulernen. Natürlich sind sie alle eine Vielfalt von kreativen Ausdrücken unserer grundlegenden Einheit.

In Metaphern blättern

Sein Rat klang simpel. Und er passte zu dem, was Barney mir schon so oft geraten hatte: Sei einfach offen für Erfahrungen. Doch manchmal lässt sich eine Erfahrung nicht so einfach erfahren.

Mit der Zeit ging es mir körperlich wieder besser. Aber irgendwas stimmte nicht. Die Welt schien sich verändert zu haben, verzerrt zu sein. Ich war reizbar und geistesabwesend. Es war, als würde ich mich in einem Land voller strahlender neuer Farben und Formen befinden, ohne sie wirklich wahrnehmen zu können. Wie ich ahnte, war auch das eine Art Widerstand, eine geschickte Methode, um mich gegen Erfahrung an sich zu sträuben.

Eines Morgens klagte ich Zak mein Leid. »Was soll ich tun?«, fragte ich seufzend.

Es stimmt, dass Erfahrung und Bewusstseinserweiterung hierzu notwendig sind, erklärte er. *Es ist, als würdest du mit einem Fluglehrer, der dir die Wunder der Vision aus einer neuen Perspektive zeigt, in einem kleinen Flieger sitzen. Aber wenn du dir nicht die Mühe machst, in der Maschine (oder deinem Bewusstsein) fliegen zu lernen, bleibst du von dem Fluglehrer abhängig, um dich erneut in die Höhen zu schwingen.*

Vielleicht brauchst du jetzt ein bisschen Zeit auf dem Boden – um dir aus einer sicheren und bodenständigen Position in deinem Inneren heraus mehr Grundkenntnisse anzueignen. Auch wenn deine Ziele experimentell sind, ist es vielleicht das Beste, wenn du klein anfängst – ein Schritt nach dem anderen.

Eine weitere Methode, in die Haut anderer Wesen zu schlüpfen, ist durch die Verringerung der wahrgenommenen Energiegrenzen. Vielleicht ist das sogar die beste Technik für den Anfang: Eine kleine Beziehung zu Tieren aufbauen, denen du begegnest. Sie zu begrüßen und anfangen, für sie offen zu werden, ohne irgendwelche Erwartungen und Forderungen. Wenn die Tiere für diesen Austausch offen sind, wirst du ihre Bereitwilligkeit spüren, und eure Energien werden sich berühren. Das entspricht einem Händeschütteln auf der Energieebene. Fang mit kleinen Erlebnissen an. Darauf kannst du dann andere Erfahrungen aufbauen.

Die Energie, die du als Gereiztheit und Überwältigung empfindest, entsteht, weil du dich mit den vielen Möglichkeiten aufhältst, statt dich auf deine innere Mitte zu konzentrieren und echte Erfahrungen zu sammeln. Das ist der Schutzmechanismus des Ichs. Am besten ist es, wenn du dir das als Erstes vornimmst: Dich der Angst des Ichs zu stellen und anzufangen, mit ihr zusammenzuarbeiten.

Das Gefühl der Angst ist Teil der Aufgaben des Ichs – um dich zu schützen. Dein Ich wird immer raffinierter in seinem Plan, dich zu ›retten‹. Ich rate dir, mit dem Ich in dieser Sache zusammenzuarbeiten und es in den Dingen, die es gerne mag, mit einzubeziehen: Verstand, Denken, Beschreiben. Dein Ich liebt das. Also füttere es eine Weile mit diesen Informationen. Vielleicht wird es dann offener dafür, mit dir zusammenzuarbeiten, wenn du anfängst, andere Formen der Wahrnehmung zu erforschen.

Das klang nach einem interessanten Plan: Statt das Ich zu unterdrücken oder auszuhungern, würde ich ihm etwas Gedankennahrung geben, mich hinsetzen und mich mit ihm unterhalten – sozusagen über Kaffee und Kuchen Freunde werden.

Zak schlug auch praktische Dinge vor, wie die einzigartigen Signaturen der Energie erkannt werden könnten, nicht nur aus den verschiedenen Chakren (den Energiezentren im Körper), sondern auch aus jedem einzelnen Chakra. Zak wies mich zum Beispiel an, mich vom *Hara* (der Stelle in der Bauchgegend, die etwas über dem dritten Chakra oder Willenszentrum liegt) aus zu öffnen und mich auf dieser Ebene darauf zu konzentrieren, mit ihm zu verschmelzen. Als ich mein Bewusstsein auf diese Ebene richtete, spürte ich einen raschen Energiefluss, der wie ein schimmernder runder Schlauch aussah, durch den wir miteinander verbunden waren. Diesen »Schlauch« nannten wir später das »Verbindungsportal«.

Zak bat mich, das Portal zu beschreiben. Es wirkte dunkel, doch zugleich lebendig. Er ermutigte mich dazu, mich den anderen Möglichkeiten des Portals zu öffnen, mir zu erlauben, seine verschiedenen Aspekte zu erkennen. War es immer dunkel? Oder nahm es unterschiedliche Farben und Texturen an: durchsichtig, blau, glitzernd, glatt? Wie klang es? Wie klang die Energie? Wie fühlte es sich in meinem Körper an? Wenn ich die Energie mit einbezog – indem ich ihr begegnete und mir ihrer bewusst wurde –, konnte ich mich dann auch mit ihr bewegen? Konnte ich den Fluss ihres einzigartigen Tanzes spüren? Dehnte sie sich aus? Wurde sie breiter? Stärker? Während ich das tat und es mir Spaß machte, in verschiedene Farbtöne, Muster und Bewegungen einzutauchen, erinnerte Zak mich daran, dass das eine metaphorische Interpretation von Energie war. Andere würden sie vielleicht auf verschiedene Weisen erleben, und wir alle erleben die Energie unserer Chakren zu verschiedenen Zeiten, je nach Situation, unterschiedlich (und auch, wie die Energie sich anfühlt, wenn sie auf die Energie anderer trifft).

Blättere in deinen Metaphern, riet Zak mir. *Fange an, die Energie auf so viele verschiedene Weisen zu sehen, zu fühlen und kennenzulernen. Wenn du in einer*

Metapher stecken bleibst, bleibst du in der Form stecken. Das ist, was wir versuchen, zu verlernen. Fahre damit fort, das mit jedem Wesen zu üben, das für einen solchen Austausch offen ist. Diese Übung dient dazu, sich mit dem Gefühl von Energie vertraut zu machen, deine Fähigkeiten zu entwickeln und mehr darüber zu lernen. Lasse dich von der Energie führen.

Den Weg beschreiten

Und so kam es, dass ich anfing, ein Muster darin zu erkennen, wie verschiedene Teile des Wissens durch Erfahrungen zum Tragen kommen und miteinander verbunden sind. Tiefsinniges Lernen ist nur selten eine logische 1-2-3-Übung. Stattdessen ist es eine Infusion des Bewusstseins, während tiefere Aspekte des Selbst an die Oberfläche aufsteigen und oberflächliche Aspekte des Selbst in die Tiefe hinabsinken. Welten prallen aufeinander, wenn unterschiedliche Schichten der Wahrnehmung und Einsichten aufeinandertreffen und miteinander verschmelzen. Es ist ein Erdbeben sich ändernder Wahrnehmungen, eine Kollision des Bewusstseins – die frühe Prägung eines ganz anderen Wesens als das, das wir einmal waren.

Während ich anderen Tieren begegnete und mit ihnen verschmolz, lernte ich auch eine Katze namens Queen kennen, die sich gerade bewusst aufs Sterben vorbereitete. Sie hatte viel Energie und tiefe Einsichten. In einem meiner morgendlichen Gespräche mit Barney erzählte ich ihm von Queens Erfahrungen »auf dem Sterbeweg«. Queen zeigte ihn mir in Form eines richtigen Pfads durch grünes Laub, hohe Bäume und dichte Hecken hindurch. Ich spürte, dass dies der Ort war, den sie während ihrer vielen Nickerchen tagsüber aufsuchte. Ich spürte ihre Pfoten auf dem Erdboden, die warmen Sonnenstrahlen auf ihrem Fell, den Geruch der schweren lehmigen Erde, der Pflanzen, der Luft.

Wie Queen mir erklärte, ging sie Schritt für Schritt diesen Weg entlang, um dem Tod zu begegnen. Wie ich es verstand, ging sie immer nur ein Stück des Weges und kehrte dann wieder in ihren Körper zurück, um die »Begegnung« jeweils auf eine körperlich bewusstere Weise zu verarbeiten. Später ging sie den Weg eine kleine Strecke weiter und kam dann zurück, um die Erfahrung körperlich aufzunehmen. Queen sagte mir, sie habe in der Vergangenheit Angst vor dem Tod gehabt. Nun wandte sie diese Methode des Sterbepfads an, um daran zu reifen.

Es gibt heutzutage viele Wesen, die auf eine bewusstere Weise mit dem Tod umgehen, bemerkte Barney. *Natürlich ist in dem, was du als ›Vergangenheit‹ ansiehst, schon jeder bewusst mit dem Tod umgegangen. Und dieser Kreis des Bewusstwerdens kommt nun wieder.*

Queens Arbeit am Bewusstsein des Übergangs vom ›Leben‹ zum ›Tod‹ ist eine meditative Übung, die man nachmachen kann, egal ob man dem Tod nahe ist oder nicht. Erinnerst du dich noch daran, als ich einmal von den vielen Seitenwegen auf der Straße zum Tod sprach?

»Ja, als Queen den Pfad erwähnte, fiel mir deine Metapher wieder ein.«

In Wahrheit gibt es viele Stellen oder Gelegenheiten im Leben, bei denen der Tod eintreten könnte. In manchen Leben gibt es mehr als in anderen. Und genauso gibt es andere Stellen, an denen sich andere Chancen auftun. Wenn du dir die Landkarte der Möglichkeiten in deinem Leben ansehen könntest, würdest du erkennen, dass manche Orte ein Stopp darstellen, während andere einen Ausflug bieten – eine Erfahrung, die du vielleicht mitnimmst, vielleicht auch nicht. Das ist aber nur eine Dimension der Landkarte. Eine andere Dimension zeigt, dass es für jede Straße auch eine Alternativstrecke – oder sogar mehrere Alternativen – gibt. Einige von ihnen bieten Todeserlebnisse oder Abenteuer, bei denen man aus seinem Körper schlüpft; das sind Shapeshifting und andere Arten des so genannten übersinnlichen Bewusstseins.

Das meditative Todeserlebnis ist ein Nebenausflug, den man jederzeit unternehmen kann. In diesem Sinne ist er ›zeitlos‹, da er auf der inneren Landkarte als eine Lernoption eingezeichnet ist. Wie Queen dir erklärt hat, bietet er eine visionäre Reise, die einem den bewussten Übergang vom irdischen Körper in einen anderen spirituellen Körper näherbringen kann.

Die Landschaft hängt davon ab, wie man die Welt sieht. Viele Wesen suchen sich einen Waldweg aus – vor allem viele kleine Tiere, weil wir uns im Wald wohl fühlen. Andere nehmen das Gebirge oder die Wüste oder ein außerkörperliches Abenteuer – alles, was für die Seele als Muster, wie du den Tod wahrnimmst, passt.

Für diejenigen, die an der bewussten Akzeptanz des Todes arbeiten und vor allem an einem bewussten Übergang, ist diese Übung sehr hilfreich. Man beginnt seine Reise einfach vorzeitig und macht sich mit der Landschaft und den Wegzeigern auf seinem Pfad zum Tod vertraut. Man kann nur so weit und nicht weiter gehen, obwohl die meisten feststellen, dass es eine ganz schön lange Strecke ist und dass sich unterwegs viel lernen lässt.

Ich empfehle diese Übung auch den Leuten, die Interesse daran haben, etwas über das Shapeshifting zu lernen. Denn das Shapeshifting bedarf eines gewissen Neuerlernens des Körpers und vieler kleiner Tode. Du wirst viel über deine innere Landkarte erfahren und dir bestimmter Fähigkeiten bewusst werden, die für dich wertvoll sind – vor allem beim Shapeshifting.

Der Übergang

Heute fangen wir an, indem wir ein paar Lücken füllen, begann Barney ein paar Tage später. Mir wurde schlagartig klar, dass wir uns nicht hier und da ein bisschen in Fetzen und Bruchstücken unterhielten, sondern in Wirklichkeit ein langes, vielschichtiges Gespräch führten. Dieses Phänomen erlebte ich nicht nur mit Barney, sondern auch mit vielen anderen Tieren und Wesen. Kurz gesagt: Ich wurde mir einer tieferen Kontinuität bewusst, die nicht von der Zeit abhing, wie wir sie kennen. Man kann es eine wachsende Vertrautheit nennen, die einen zeitlosen Bewusstseinsstrom anzapft, in dem man kommen und gehen kann und dieselbe Unterhaltung immer wieder aufnehmen kann, als wäre dazwischen keine Zeit vergangen.

Wir wollen uns erst einmal die Vorstellung der Wiedergeburt ansehen, schlug Barney vor. *Sie ist im weiteren Sinne eine Form des Shapeshiftings. Aus dieser Sicht wird die Verbindung zwischen den physischen Gestalten durch das spirituelle Bewusstsein hergestellt – was eine andere Vibrationsebene als die des Alltagsbewusstseins ist. Wir können sie daher Seele oder Atman oder sogar Buddha-Wesen nennen, auch wenn jeder dieser Begriffe das Konzept auf eine etwas andere Weise umschreibt.*

Lass uns dieses seelische Bewusstsein die Essenz nennen. Sämtliche Essenzen sind eine, auch wenn sich die Art und Weise, wie jede Essenz die Realität auf langsameren Vibrationsebenen erfährt und erlebt, voneinander unterscheidet. Wenn man das im Sinne der Dualität erklärt, verschieben wir die Bedeutung natürlich schon – ein weiterer Grund, warum eigene Erfahrungen in dieser Beziehung weitaus einprägsamer sind.

Nach dem Tod ›wacht‹ eine individuelle Essenz (ein bisschen) in einer anderen Realitätsform ›auf‹ und ›erinnert sich‹ (bis zu einem gewissen Grad) an seine ande-

ren Gestaltmöglichkeiten. Manche glauben, der Tod sei das absolute Erwachen, als wäre einem dann alles, was ist, auf einen Schlag bewusst. Nach meinen Erfahrungen ist das nicht der Fall. Es ist eher so, als würde jede Essenz gemäß ihrer eigenen Bewusstseinsebene ›aufwachen‹. Es stimmt zwar, dass der formlose Zustand es einem Wesen generell ermöglicht, schneller zu lernen, da es dann schon den Vorteil genießt, die Essenz zu sehen/spüren/sein, und nicht mehr so in den Illusionen der Gestalt gefangen ist. Doch diese Illusionen bleiben bestehen.

Viele Essenzen bevorzugen, sich in Form eines leichten Körpers auszudrücken. In gewissem Maße ist das auch nützlich, da die Essenz sich im irdischen Körper wohl fühlt und sich einen neuen sucht, doch das hat auch mit Eitelkeit zu tun, da eine Gestalt nicht wirklich notwendig ist. Man kann sich genauso gut als Licht oder Klang oder eine andere energetische Vibration fortbewegen. Es ist viel einfacher, die Form auf dieser Ebene zu verändern, aber sicher überrascht es dich, zu erfahren, dass diese Ebene nicht besonders häufig gewählt wird – dass die Essenz so oft bevorzugt, seine frühere Gestalt nachzuahmen. Man kann sagen, dass alte Gewohnheiten der irdischen Form sich nur schwer ablegen lassen.

Nach einer Phase des Lernens, des Lösens alter Bindungen, des Loslassens dessen, was losgelassen werden kann, und so weiter fängt man vielleicht damit an, ein neues Leben zu planen und sich daher nach einer neuen Gestalt umzusehen. Was ist die beste (physische) Form, in der man wieder in die physikalische Welt eintauchen kann? Es stehen viele Formen zur Auswahl, die jedoch von der eigenen Bewusstseinsebene abhängen. Manche bevorzugen es, nicht über den Tellerrand des eigenen ›Stammes‹ zu schauen. Andere werden richtig kreativ.

Letztendlich hat die eigene Wahl der Form einen direkten Bezug zur eigenen Wahl dessen, was man lehren und lernen will. Oft besteht eine Dualnatur des Bewusstseins, das inkarniert, da die Erde ein Planet voller Dualität ist, und so geht ein Teil auf die Erde, um zu lehren, und der andere, um zu lernen. Häufig arbeiten beide Teile zusammen, und diese Schnittstelle vom einen zum anderen ist ein hochinteressanter Raum, in dem man den direkten Zugang zur multidimensionalen spirituellen Welt bekommt. An dieser Stelle spürt man seine eigene Essenz. An dieser Stelle kann das physikalische Shapeshifting erfolgen und Wunder werden möglich.

Barney machte eine Pause. *Hast du eine Frage hierzu?*

»*Nur eine?*«, dachte ich verwundert. »Willst du damit sagen, dass man nur an der Schnittstelle, an der Lehren und Lernen ineinander übergehen, Zugang dazu hat? Oder ist der Zugang auch an allen anderen Punkten, an denen man zwei Dinge gleichzeitig tut, möglich?«

Der Schlüssel dazu ist der Wille. Wenn du zum Beispiel telefonierst und gleichzeitig am Computer arbeitest, dann hast du nicht die Willenskraft, von der ich spreche. In gewisser Weise verausgabst du dich dann nur zum Teil am Telefon und zum anderen Teil am Computer. Aber du bist dir keiner tieferen Bezüge bewusst.

Was ich meine, wenn ich von dieser Kreuzung des Lehrens und Lernens spreche, ist ein Zustand, in dem du dir darüber bewusst bist, dass du anderen dienst und sie gleichzeitig dir dienen. Oft ist das der Anfang, an dem man beginnt, sich der vielseitigen Natur der Inkarnation bewusst zu öffnen. Es ist, als wäre man sich der Essenz bewusst, die durch einen selbst kommuniziert, sowie der Essenz, die mit einem selbst kommuniziert. Aus einer allgemeineren Perspektive bist es natürlich immer du, die mit dir kommuniziert, auch wenn das auf der physikalischen Ebene schwer zu erkennen ist. Verstehst du, was ich meine?

»Na ja, vielleicht geschieht das ja gerade jetzt. Während ich mich auf das konzentriere, was wir hier tun, bin ich mir einer tieferen Kraft bewusst, die durch mich kommuniziert – und ich bin mir auch eines Teils von mir bewusst, der zuhört, genauso wie ich deinen Worten zuhöre und sie in den Computer eingebe.«

Genauso ist es. Es ist eine Schnittstelle, an der du dir der Schnittstelle bewusst bist. Du bist dir für einen Augenblick nicht nur deiner selbst bewusst, sondern auch meiner und der tieferen Kraft oder Energie oder Essenz, die durch uns beide fließt. Wenn du daran festhältst – wenn du dich da hineinsinken lässt – wirst du diese Energie des ›du‹ und ›ich‹ und der ›tieferen Kraft‹ nicht getrennt, sondern als eine ständig fließende Bewegung wahrnehmen. Indem du diesen Bewegungsfluss spürst, öffnest du dich der Verbindung unserer Kommunikation. Und noch mehr: Du **wirst** *es. Dann fängst du an, dich als diese Bewegung zu fühlen; du lernst dich als Teil des Flusses kennen und du wirst der Fluss – der natürlich nichts anderes als du selbst ist!*

Langsam tat mir der Kopf weh.

Es ist oft leichter, das mit Tieren zu machen, da wir uns dieser essenziellen Verbindung bewusster sind. Doch es ist eine Herausforderung, es mit Wesen deiner eigenen Spezies zu tun. Aus diesem Grund ist ›Form‹ nichts als eine menschliche Illusion. Sieh dir eure Gesellschaft an und schau, wie ihr die Form zu einer so wichtigen Illusion aufgebaut habt: Wie ihr ausseht, in was für Häusern ihr lebt, wie viel Geld ihr verdient, was ihr beruflich macht und so weiter und weiter – jedes kleine Detail wird so unglaublich wichtig … So viel Energie steckt in diesen illusionären Formen!

»Es klingt so, als würdest du dich darüber lustig machen, Barney«, sagte ich.

Auf eine gute Art schon. Denn der Fokus auf Illusion kann auch kreativ sein. Ich habe schon ein paar Leben als Mensch hinter mir, auch wenn meistens in einem Naturvolk, in dem die Form nicht so wichtig ist. Aber glaube ja nicht, den Naturstämmen wäre Form gleichgültig! Sie verwenden sie nur auf andere Weise. Daher kenne ich die Anziehungskraft der Form und weiß, wie sie einen so ablenken kann, dass man durch sie von Wissen abgehalten wird und davon, die tieferen Schätze zu bergen.

Warum glaubst du wohl, sind alle Schätze vergraben oder versteckt? Sie sollen einen daran erinnern, tief zu graben, den Schlüssel zu finden. Sieh dir die alten Märchen und Mythen an, wenn du erfahren willst, wie man auf Schatzsuche geht. Der Schatz ist immer ein Symbol des Reichtums – und das ist wieder einmal die Kraft der illusionären Form! Wahrer Reichtum hat mehr mit Bezügen zu tun als damit, allein in einem Raum voller Gold zu sitzen. Sogar Geld funktioniert so: Es hat nur den Tauschwert, auch wenn viele Menschen es für sich selbst behalten wollen und es horten. Und warum? Wieder einmal aus Angst! Aus Angst vor dem Tod, aus Angst, die Form loszulassen – obwohl man in Wahrheit nur lernen und wachsen und Freude erfahren kann, wenn man die Form loslässt, viele Formen erlebt und die Freude, Schönheit und den Spaß an der Form genießt, bis sie einem schließlich über wird und man auf eine andere Weise mit der Form spielt – mit der Nichtform spielt –, aber das ist ein anderes Thema.

Und mit diesen Worten schickte Barney mich weg, um wieder einmal der großen Lehrerin – der Erfahrung – zu begegnen.

4

Endlose Varianten und grenzenlose Perspektiven

Während ich mich mit dem Gedanken der Schnittstelle und allem, was damit verbunden war, beschäftigte, hatte ich eine Reihe von Erlebnissen, die heftig und kurz hintereinander passierten.

Als ich einmal in einem Schlauchboot saß und eine schmale Buchteinfahrt hinunterfuhr, entspannte ich mich und wurde in einen sehr ruhigen Zustand versetzt. Zum Glück steuerte ich das Boot nicht selbst, sondern fuhr nur mit. Über uns erstreckte sich ein strahlend blauer Himmel, und hauchzarte Wolkenschleier hüllten die Berge in der Ferne ein. Die Sonne glitzerte auf der gekräuselten Wasseroberfläche, die in silbernen Streifen an den dunklen, schlammigen Strand spülte. Es war ein herrlicher Tag, und ich erfreute mich an den wilden, flatternden Tänzen der Vögel – den Adlern, die sich in die Lüfte schwangen, den Möwen, die Sturzflüge veranstalteten, und den Kranichen mit den langen Beinen, die grazil übers Wasser segelten.

Schwindlig von der Sonne und dem Wind, den Seevögeln und dem Himmel erweiterten sich die Grenzen meines Selbst und verschwammen. Als ein großer Entenschwarm in der Nähe aufstob, fühlte ich, wie ich mich mit ihnen erhob und mich auf einem dichten, doch elastischen und sich ständig verändernden Vibrationsfeld niederließ. Da war ich nun: inmitten des größeren Körpers dieses Vogelschwarms – eines Körpers, der nicht aus Fleisch und Federn bestand, sondern aus einem Bewusstsein, das uns miteinander verband. Es war etwas völlig Neues für mich, doch in diesem Augenblick nahm ich es einfach nur wahr, genoss das ungewohnte Gefühl, von diesem Feld eingehüllt und durchdrungen zu werden. Es war ein Bewusstsein, in dem der Wind und die Federn, die Luft und der Flug sich vermischten. Einen Moment lang spürte ich mich nicht nur als Teil des Entenschwarms, sondern als er selbst, so als hätte ich einen direkten Zugang zum »Wissen« der Enten. Ich war mir gleichzeitig des Einzelnen und der Gruppe bewusst, spürte den Fluss, ritt auf dem Strom – *erkannte* ihn – die Gedanken des Entenschwarms. Und in diesem glasklaren und überwältigenden Augenblick verstand ich zum ersten Mal, wie jede Ente sich selbst aussuchen konnte, ob sie sich in diesen größeren Körper einklinken wollte oder nicht – eine Entscheidung, die eindeutig über die Grenzen des Instinkts hinausging.

Ohne Vorwarnung kehrte ich wieder zurück. Langsam wurde diese Erfahrung vertrauter – diese unvorhersehbare und noch ungeschickte Weise, andere Formen des Bewusstseins aufzusuchen. Für einen Moment hatte ich mich bei vollem Bewusstsein mitten im Wissen der Vögel befunden. Trotzdem war dieses Verschmelzen für mich immer noch eine Sache, bei der ich hinein- und wieder hinausschlüpfte – weg vom »Ich« und über seine Grenzen hinaus und wieder zurück, wobei ich die Informationen mitbrachte, um sie in und durch meine eigene Denkweise zu übersetzen. Es erinnerte mich an Queens Sterbeweg, auch wenn es sich hier eher um einen Weg durchs Leben handelte.

An diesem Abend fragte ich zu Hause Barney danach, was es mit dem Wort *shift (bewegen, verlagern)* in Shapeshifting auf sich hat. Mir war zwar klar, dass es darum ging, eine Vielzahl von Perspektiven auszuprobieren, um andere Versionen der Welt zu erleben, doch wie weit – oder tief – lässt sich tatsächlich in das Bewusstsein eines anderen Wesens eindringen, um es zu erfahren? Und wo genau ist diese Schnittstelle, an der sich die verschiedenen Perspektiven treffen und miteinander verschmelzen?

Perspektive ist eine Kombination aus unserer eigenen Software – das heißt, unserer einzigartigen Sinne wie Sehen, Fühlen, Schmecken und so weiter sowie unserer Denkweise, wie wir die Welt wahrnehmen und interpretieren – und der Existenz der Natur, so wie sie ist und wie sie wahrgenommen wird, antwortete Barney nüchtern wie ein Wissenschaftler. *Das enthält zwar viele Schattierungen, aber grundsätzlich darf man nicht vergessen, dass die menschliche Wahrnehmung der Natur sich von der eines Tieres sehr unterscheidet. In mancher Beziehung kann es jedoch Übereinstimmungen geben – einen Treffpunkt der Erfahrungen, die du in deiner Welt machst, und der Erfahrungen, die ein Tier in seiner Erlebniswelt macht – ich zum Beispiel.*

Ich will damit sagen, dass zahlreiche Versionen der Natur gleichzeitig existieren. Manche gibt es für mich nicht so, wie es sie für dich gibt, und umgekehrt. Das wirst du noch deutlicher merken, wenn du anfängst, mit anderen Wesen zusammenzuarbeiten, und die Dinge aus ihrer Sicht siehst. Vergiss jedoch niemals, dich zu vertiefen und zu zentrieren. Das kannst du jederzeit tun, in jedem Augenblick.

Es sollte zu einer Art von Mandat werden, denn in den darauf folgenden Tagen nahmen meine Gespräche mit Tieren eine Qualität an, die deutlich verschiedene Perspektiven aufwies. Fetzen von Visionen aus der Sicht der Tiere verwoben sich mit Erinnerungen und Bildern, die aus meinem eigenen Repertoire hochstiegen; ich begann, die Übersetzung meiner Worte zu fühlen, die mit ihren Gedanken, Gefühlen und Wahrnehmungen getränkt war. Und es geschah noch mehr – der Treffpunkt des Bewusstseins war nicht nur die telepathische Verbindung, an die ich bei der Kontaktaufnahme mit Tieren gewöhnt war, sondern etwas Tieferes, etwas, was viel mehr mit einer Beziehung zu tun hatte. Die ersten Adern der Schnittstelle drangen durch mein Bewusstsein.

Auch war es amüsant, den tiefer liegenden Fokus des Shapeshiftings im Kern der Gespräche zu entdecken, unabhängig davon, ob ich es erwähnte oder nicht. Irgendwie ergab das einen Sinn für mich, denn sobald man sich auf einer tieferen Ebene befindet, muss nichts mehr »gesagt« werden, da die Gedanken zu Wellen werden und unsere Neugier und Fragen wie kleine bunte Flöße auf dem Meer des geteilten Bewusstseins tanzen.

Die folgenden drei Unterhaltungen ereigneten sich an mehreren Tagen hintereinander. Sie flogen mir morgens zu, während ich am Schreibtisch vor meinem PC saß. Ich fragte nicht, mit wem ich die Ehre hatte. Stattdessen öffnete ich nur mein Bewusstsein und der geheimnisvolle Besucher war da. Wie ich später feststellte, offenbarten diese Gesprächserlebnisse nicht nur drei verschiedene Weltsichten – drei verschiedene Arten, die eigene Position beim Shapeshiften zu verlagern –, sondern auch wesentliche Lernerfahrungen, die mir helfen sollten, eine weitere Sicht des Seins zu erreichen.

Die Perspektiven der Pinguine

Wir sind der Geist der Pinguine, begann die Stimme, die die Gruppe vertrat, und schmückte die Worte mit den Schwarzweißschattierungen der Pinguine, wenn sie sich bewegen. *Wir zeigen dir Bilder von Pinguinen, die vom Land ins offene Meer springen. Und wir werden dir zeigen, wie wir ganz schnell durch die Gewässer reisen – was für uns eine Art von Fliegen bedeutet.*

Diese Bilder haben mit Transformationen und der Fähigkeit aller Wesen zu tun, mit ihrer Umgebung zu verschmelzen, eine Seinsform anzunehmen, die mit dem übereinstimmt, wer sie sind und was sie erreichen wollen. Wir zeigen, wie wir durch das Wasser fliegen, als Metapher für die Verwandlung in eine andere Wesensform, um aus einer anderen Perspektive zu sehen und durch die Verlagerung der Sichtweise flexibler zu werden. Um sich nicht in einer Perspektive zu verlieren, sondern aus diesem Sichtwinkel zu sehen und die Vision in die eigene zu integrieren. Wir wollen auf diese Weise über Shapeshifting oder die Kunst der Transformation kommunizieren.

Wir sprechen an dieser Stelle für die Meeressäugetiere und Seevögel des Südens, da wir uns alle auf einen gemeinsamen Fokus verlagert haben. Die Erdpole sind verbogen, und viele Tiere haben die Gelegenheit ergriffen, mithilfe ihres Körpers und Bewusstseins die Magnete zu verlagern (und mehr darüber zu lernen). Wir sprechen von einem Gittermuster, das verschoben ist. Es muss eine neue Ausrichtung erfolgen, und diese Tiere arbeiten daran, beide Versionen klarer zu machen.

»Meinst du zwei Erden?« Ich fragte mich, ob das mit der Vorstellung mancher Menschen zu tun hatte, die davon ausgehen, dass zwei oder mehrere Versionen der Erde zum selben Zeitpunkt bestehen.

Genau das meinen wir, sagte das Pinguinvolk. *Wir sehen, dass aus der Erde zwei werden, oder dass sie sich auf eine Weise manifestiert, in der unterschiedliche Aspekte der Erde für eine kurze Phase der menschlichen Zeitrechnung bewusst werden. Ihr werdet selbst entscheiden können, welche Vibrationsebene der Erde / des Bewusstseins ihr wählt. Diese Verlagerung wird mit verschiedenen astronomischen Vorgängen und bestimmten Experimenten unter der Erde sowie dem Wachstum des Bewusstseins derer, die auf diesem Planeten leben, zeitlich übereinstimmen (oder von ihnen unterstützt werden). Kurz gesagt: Die Erde und all ihre Bewohner befinden sich in dem Prozess, ihr Bewusstsein weiterzuentwickeln. Wir wissen, dass das für dich und viele andere nichts Neues ist, doch wir wollen uns nun auf dieses wachsende Bewusstsein konzentrieren.*

Um zum Bildnis der Pinguine zurückzukehren, die durchs Wasser fliegen: Das ist die Metapher dafür, wie das Leben für viele irdische Bewohner aussehen wird. Es wird darum gehen, zu lernen, wie sie in ›neuen Gewässern‹ leben, arbeiten und existieren können (obwohl wir damit nicht wirklich Wasser meinen). Sie werden lernen, sich an neue Situationen anzupassen, während sie das Land, die Eisberge ihrer Heimat, im Blick behalten. Für einen gewissen Zeitraum wird es eine Bewegung vor und zurück geben. Tiere, die in zwei Habitaten (Land und Wasser, Luft und Wasser oder Luft und Land) gleichzeitig leben, werden dabei eine große Hilfe sein – entweder, um die Menschen anzuleiten, oder als Tiere, die man beobachten und von denen man lernen kann.

Über den Bezug der Dualität zur Einheit lässt sich noch viel erforschen und erklären. Dualität stellt kein Problem dar, wenn man versucht, die Einheit zu erreichen, denn Dualität ist das Tor zur Einheit. Wir Pinguine leben im Wasser und ›an Land‹ (auf dem Eis). Das eine ist nicht besser als das andere. Wir haben gelernt, beides als Teile des Kontinuums des Einsseins anzusehen. Das ist ein physisches Beispiel dafür, auf welche Weise beide das Tor dazu sind, wie man in den Fluss des Einen kommt und in diesem Fluss bleibt.

Wir raten dir, dies im täglichen Leben auf den tieferen Schichten zu sehen – und zu fühlen. Es wird dir beim Shapeshifting helfen, wenn du das Einssein in allem wahrnimmst, vor allem, wenn du versuchst, ein anderes Wesen zu werden oder dich mit ihm zu bewegen.

Versuche, dich mit einer Vielzahl an Perspektiven vertrauter zu machen. Das ist die Aufgabe, die wir dir heute mit auf den Weg geben: Aus der Sicht anderer – Menschen und Tiere – zu sehen. Wenn du auf diese Weise für das Lernen offen wirst, wirst du noch viel mehr erfahren, als wir dir in einem einfachen Gespräch vermitteln können.

Die eigenständige Weisheit

Mir war tatsächlich, als würde ich die Perspektive der Pinguine und die tiefe Einsicht, die sie mir anboten, klar erkennen. Und so verspürte ich das wachsende Verlangen, ihnen lieber zuzuhören, als Fragen zu stellen, lieber zu fühlen, als zu bewerten, einfach nur bewusst wahrzunehmen und zu sehen, was mir offenbart würde. Daher geschah es, dass wir am nächsten Morgen wieder ins Wasser sprangen.

Wir sind die Seelen der Fische an Land, fingen sie an. *Damit meinen wir die Fische, die in Seen und Flüssen schwimmen. Unsere Spezies ist mit unseren Brüdern und Schwestern im Ozean verwandt, auch wenn wir unsere Erinnerungen ans Meer auf eine andere Weise bewahren. Für unsere Beziehungen zu Mensch und Tier an Land nutzen wir auch eine andere Vibration.*

Wir sind heute kurz erschienen, um dich daran zu erinnern, dass ihr Zugang zum Gedächtnis unserer Anfänge im Wasser bekommt, wenn ihr Fisch esst. Die Oberfläche der Erde bestand zum größten Teil aus Wasser, und wir sind alle dem Meer entsprungen. Unsere Tierart liefert euch nicht nur Nahrung, sondern auch Erinnerungen. Manche unserer Spezies sterben, um euch bewusst zu machen, dass das, was ihr esst, einen direkten Bezug zu euch hat. Wenn ihr die Gewässer vergiftet, dann vergiftet ihr euch buchstäblich selbst. Andere Spezies bieten euch wiederum bestimmte Erinnerungen an ein gemeinsames Verständnis und Erwachen.

Unsere Spezies ist durch den Austausch von Wissen und Nahrung mit euch Menschen und Tieren verbunden. Wenn ihr uns esst, macht ihr uns zu einem Teil von euch (und andersherum betrachtet, macht ihr euch auch zu einem Teil von uns), und ein Teil unseres Wissens und unserer Wahrheit wird in euch wach. Wir meinen das nicht nur metaphorisch (auch wenn es diese Ebene ebenfalls gibt), sondern auch körperlich – biologisch und physiologisch.

Wenn ihr Fisch esst, teilt ihr unsere Weisheit und unser Wissen. Achtet darauf, wie ihr uns aus dem Wasser holt, wie ihr uns zubereitet und mit welcher Absicht ihr an uns teilnehmt. Je tiefer ihr euch mit der Vorstellung der Verbindung auseinandersetzt, umso deutlicher werdet ihr die großen Kreise und Entwürfe innerhalb des Lebensnetzes erkennen.

Wir zeigen euch nun zum Beispiel unsere Schuppen. In eurer Sprache benutzt ihr sie als eine Metapher: ›Wie Schuppen von den Augen fallen.‹ Schuppen sind eine Art Schutzmantel, eine Abdeckung – unsere ›Haut‹, obwohl Schuppen auch eurer impressionistischen Punktmalerei ähneln, bei denen jeder Punkt oder jede Schuppe ein Teil des Ganzen ausmacht. Bei Fischen geht es mehr um eigenständige Weisheit und Wissen – und vor allem darum, wie dieses Wissen den Menschen zugetragen wird –, als euch bisher bewusst war.

Das heißt, es geht uns nicht nur darum, uns mit Menschen zu verbinden, sondern auch, unsere wichtige Rolle im Netz des Lebens umzusetzen, vor allem in Bezug auf den Austausch – zum Beispiel durch Essen. Manchmal nehmen wir andere Fische oder auch Pflanzen oder andere Lebensformen zu uns, und wir wissen, dass andere uns verzehren werden. Manche Menschen verwenden den Ausdruck ›kalt wie ein Fisch‹ und meinen damit Emotionen. Erkennst du, dass das eure eigene Projektion ist – der Widerstand gegen die Tiefe unseres Lebensverständnisses, das ihr euch als ganz anders als euer eigenes vorstellt?

Wir sind bereit, den Menschen dabei zu helfen, mehr über Zwischenbeziehungen zu erfahren, und vielleicht gibt es auch Dinge, die ihr mit uns teilen wollt. Es mögen Dinge sein, die ihr nicht als Lehren anseht, aber schon allein das Teilen von Informationen bringt oft interessante Bezüge, neue Vorstellungen und dadurch andere Wege des kreativen Ausdrucks hervor – vom Persönlichen bis hin zum Evolutionären.

Als die Gruppe der Fische sich verabschiedete, spürte ich einen sanften Anstoß, die abschließende Einladung, meine »Unterwasseraugen« zu öffnen. Auch wenn ich nicht sicher war, was das zu bedeuten hatte, folgte ich der Aufforderung und machte bei geschlossenen Augen meine Unterwasseraugen auf. Sobald ich das tat, erblickte ich eine überraschende Vielfalt an Fischen. Alle möglichen Fische schwammen umher, und ihre Augen leuchteten, meist mit einer tiefschwarzen Pupille und einem vollkommen runden Ring aus Farbe drum herum. Manche Augen waren klein und leuchteten dunkel, andere waren flach und schimmerten, wiederum andere quollen rund hervor, hatten einen Goldrand oder waren mit einer milchigen silbernen Schicht bedeckt, in der sich das Licht von oben spiegelte. Alle Augen standen weit offen, ohne zu blinzeln.

Ich lachte voller Bewunderung für das Fischvolk, für seine gutmütige Ermutigung und Bestätigung. Und ich fragte mich, wie es weitergehen würde.

Uralte Wege

Am nächsten Tag bekam ich die Antwort. Wieder einmal schloss ich die Augen, um die Verbindung zu vertiefen, und spürte ein leichtes Gefühl des Fliegens. Wie ich später feststellte, war es nicht nur ein Schweben durch die Luft, sondern auch durch die Zeit.

Heute kommen wir aus der Luft zu dir: Vögel mit breiten weißen Flügeln. Wir sind in deiner Zeit nicht besonders bekannt, denn wir kommen aus einer uralten Welt. Wir möchten über die Wiederauferstehung des Herzens der Welt sprechen.

In gewisser Weise ist es das Öffnen der Vergangenheit, um besser auf die Zukunft vorbereitet zu sein. Lass uns das näher erklären.

Bei unserer Tierart geht es darum, sich hinaufzuschwingen und die Flügel zu öffnen, alte Muster aufzugeben, um für das Herausfiltern neuer Muster offen zu sein. Unsere Energie setzt sich in dieser Zeit der Veränderung auf der Erde ab. Wir schweben übers Land und bieten unser Wissen an – denen, die für unsere ›neu-alte‹ Perspektive offen sind und davon erfüllt sein wollen. Unsere Energie ist leicht und kaum sichtbar, wie Feenstaub, der herumflirrt und sich auf alles setzt, alles in einen Schleier aus weißem Licht einhüllt. Unsere Energie lässt sich leicht auflösen und durch Haut und Haare aufnehmen. Versteht, dass es sich um eine sehr feine, doch physikalische Substanz handelt, die vom Himmel fällt (von unseren Flügeln und Wesen) und die daraufhin von euren Wesen absorbiert werden kann. Sie ist wie der spirituelle Staub der Nachtfalter. Und gleichzeitig geht es um Weisheit und Ewigkeit.

Ich wusste nur zu gut, worauf sich die Vögel der weiten weißen Flügel bezogen, denn ihre Botschaft brachte eine vielschichtige Sammlung an Bildern, Vorstellungen und Eindrücken mit sich. Mit dem »Schleier aus weißem Licht« meinten sie eine Art von ätherischem Schnee – etwas, das sichtbar und zugleich unsichtbar ist, abhängig von der jeweiligen Perspektive. Der »spirituelle Staub der Nachtfalter« bezog sich auf einen Nachtfalter, der mehrere Tage lang vor dem Fenster meines Arbeitszimmers aufgetaucht war, während ich an meinem ersten Buch schrieb. Der Nachtfalter hatte mir einen Augenblick der Synchronizität geschenkt. Währenddessen holte ich eine alte Ausgabe von Carlos Castanedas *Der Ring der Kraft* aus dem Bücherregal und betrachtete die Zeichnung eines großen Nachtfalters, der von seinem eigenen schimmernden Lichtkörper umhüllt war. Danach klappte ich das Buch genau auf der Seite auf, auf der Juan Carlos sagt, dass es an der Zeit sei, über Nachtfalter zu reden. »Die Nachtfalter sind Boten oder gar Hüter der Ewigkeit«, sagt Juan zu Carlos. »Die Nachtfalter tragen auf ihren Flügeln Staub … dieser Staub ist der Staub des Wissens.« Als Carlos fragt, was Wissen mit Staub auf den Flügeln von Nachtfaltern zu tun hat, erklärt Juan: »Wissen fliegt wie Goldstaub herbei, derselbe Staub, der die Flügel von Nachtfaltern bedeckt.« – »Aber wie kann der Staub auf ihren Flügeln Wissen sein?«, fragt Carlos. »Das wirst du schon noch sehen«, antwortet Juan rätselhaft.[1]

Die Erinnerung daran brachte mich zum Lachen, denn »Das wirst du schon noch sehen« klang für ein solches Abenteuer des Bewusstseins ziemlich alltäglich. Bruchstücke von Dingen, die ich früher nicht richtig verstanden hatte, tauchten wieder auf – heute, viele Jahre später, in Unterhaltungen oder Ereignissen – mit einer tiefsinnigeren Symbolik und tieferen Bedeutung. Wie der Staub der Nachtfalter wurde nun eine »alte« Verbindung als eine »neue« Inspiration oder – wie die Vögel es nannten – eine »neu-alte« Perspektive präsentiert.

Die Vögel fuhren fort: *Als Bezug zur Wiederauferstehung ermöglicht die Aufnahme unserer ›Essenz‹ oder unseres ›Staubs‹ die Wiedergeburt eines abgestorbenen, trägen oder eingeschlafenen Geistes. Sie verjüngt, erfrischt und lässt alle sich an andere Zeiten und andere Wesen er-innern. Auf dieser Erde wird eine gemeinsame Aufgabe gebraucht und wir adressieren diesen Zugang zu der Aufgabe.*

Dies ist eine leichte Abweichung von deiner Vorstellung des Shapeshiftings, doch wir steuern diese Informationen bei, um aufzuzeigen, auf wie viele verschiedene Weisen der Geist funktioniert. Eigentlich ist unser ›Staub‹ eine Form von Shapeshifting, da es sich um die Umwandlung von spiritueller Essenz in eine Form handelt, die von allen aufgenommen werden kann. Andere Tiere haben dir schon davon berichtet, wie diese gemeinsame Energie oder dieser universelle Geist durch den Verzehr ihrer Körper aufgenommen werden kann. Unsere Methode ist eine andere: Du nimmst die Essenz durch die Haut, Haare und dein Wesen in dich auf. Wie wir schon sagten, ist das eine ältere Weise, eine, die in der Gegenwart auf der Erde nicht häufig angetroffen wird, so wie auch unsere Spezies nicht sehr bekannt ist.

Wir ähneln einem Engelsorden, auch wenn das nicht unsere Bezeichnung ist. Wir stammen aus einem alten Tierorden, der in Zeiten der Veränderung mit der Erde zusammenarbeitet. Wir reagieren auf den Ruf, wenn Veränderung notwendig ist, um mit den Wegen der Natur im Einklang zu fließen. Wir reagieren auf den Ruf aufgrund des Bedarfs nach besonderen Umständen, die für die Entfaltung der irdischen Evolution notwendig sind.

Und damit verschwanden die Vögel der weiten weißen Flügel.

Auswahl und Chancen der Inkarnation

Lass uns weitermachen, schlug Barney am Morgen nach meinen Gesprächen vor. *Was hast du aus deinem Kontakt zu den Pinguinen und Fischen und Vögeln gelernt?*

»Dass es viele Weisen gibt, wie wir Wissen, tiefere Weisheiten oder ›verschlüsselte Informationen‹ erhalten können: Indem wir sie wahrnehmen, mit anderen teilen oder sie in Form von Nahrung oder über die Haut, das Wasser oder die Luft aufnehmen und so weiter.«

Ja, und es gibt noch mehr.

Ich hielt inne und überlegte. Ich ließ die Energie der Gespräche ein größeres Bild formen. »Den Wert der Vielfältigkeit?«, riet ich. »Vor allem im Rahmen der Multidimensionalität?« Während ich sprach, spürte ich das Fließen eines tieferen Fadens, der sich durch alles hindurchzog. »Die dahinter steckende Energie manifestiert sich also auf bestimmte Weisen – oder auf bestimmten Ebenen –, weil diese jeweilige Weise die beste in unserer Situation ist und am besten passt?«

Jetzt bist du etwas Wesentlichem auf der Spur! Wir wollen es einmal detaillierter aus der Sicht des Geistes betrachten.

Wenn sich dein spirituelles Wesen auf die Inkarnation vorbereitet, hat es eine breite Auswahl. Wenn man will, kann man mit nur wenigen grundsätzlichen Dingen anfangen: dem Verlangen zu lernen, zu erleben, sich zu entwickeln, zu erschaffen und so weiter. Diese Wünsche können als treibende Kräfte oder energetische Variablen angesehen werden.

Aus diesen Variablen bildest du ein Szenario: die Spezies, das Körpersystem, die passende Umgebung, Zugriff und Offenheit für lenkende Informationen (von spirituellen Führern, Engeln und anderen Lehrern) und so fort. Schicht um Schicht legt man so die Grundlagen für einen Lebensplan. Dabei wählst du – in deiner Form als spirituelles Wesen –, welche Situation, Gestalt und Umgebung deine Bedürfnisse am besten erfüllen werden.

Gleich nach der Inkarnation bieten sich sogar noch mehr Auswahlmöglichkeiten und Chancen. Es gibt in Wirklichkeit keine ›richtige‹ oder ›falsche‹ Entscheidung. Stattdessen gibt es eine Vielzahl an Wegen sowie die Wahl, einen Weg oder Gedanken dem anderen vorzuziehen – oder auch mehrere Wege auszuwählen. Die Kreativeren unter uns fügen vielleicht auch noch Subpläne für alternative Bewusstseinsformen oder interdimensionale Begegnungen innerhalb einer Gruppe von mehreren Formen des Selbst hinzu.

Manche spirituelle Wesen inkarnieren zum Beispiel mehrfach – als alternative Versionen desselben Selbst –, um alle Wege gleichzeitig auswählen zu können. Diese spezielle Form der Inkarnation ist nur eine andere Variante oder Wahl zu leben. In solchen Inkarnationen wird Wert auf Synthese gelegt. Manchmal scheint es diesen Individuen egal zu sein, wohin ihre Wahlmöglichkeiten sie führen. Warum das so ist? Weil ihnen auf einer Ebene bewusst ist, dass sie eine Multiplizität sind, und dass sämtliche Wege gegangen werden. Dies ermöglicht ihnen eine reichhaltige Vielfältigkeit an Erfahrungen.

Ein weiteres Beispiel ist, gleichzeitig in einer Vielzahl von Formen des Selbst zu inkarnieren. Das bedeutet, dass das spirituelle Wesen mehrere Selbst in verschiedenen Gestalten gleichzeitig sein könnte – zum Beispiel verschiedene Spezies. Oft konzentriert sich dies auf eine Begegnung oder ›Gleichzeitigkeit‹, bei der zwei oder mehr Formen des Selbst in einer Realität im Hier und Jetzt interagieren. Das kann zu einer Gestalt führen, in der jedes Selbst zu seinem höheren Bewusstsein erwacht und so ein bewussteres Leben möglich macht.

Dies ist eine vielschichtige Sitzung; lass uns also die Fragen klären, bevor wir fortfahren.

»Bisher hast du mir zwei Beispiele genannt. In dem einen wählt ein spirituelles Wesen viele Versionen desselben Selbst aus. Ist das richtig? Diese alternativen Formen des Selbst fangen alle gleichzeitig mit demselben Lebensstart an und gehen dann getrennte Lebenswege, um zu sehen, wohin jeder Weg führt?«

So kann man es sehen. Man kann es auch als multiple Ebenen der Realität betrachten, die gleichzeitig stattfinden. Wie du schon sagtest, wird bei der Geburt dieselbe Anfangsposition eingenommen, auch wenn das Wo und Wie jedes persönlichen Selbst auf jedem der Lebenswege voneinander abweichen wird.

»Ach so.« Ich stellte mir eine Vielzahl von Ebenen des Lebens vor, die alle aufeinandergeschichtet waren – jede von ihnen eine mögliche Version desselben Lebens. »Bei deinem zweiten Beispiel geht es eher darum, dass das spirituelle Wesen mehrere Formen annimmt – verschiedene Spezies oder vielleicht sogar unterschiedliche Ebenen der Existenz –, die sich dann auf irgendeine Art begegnen, richtig?«

Richtig. Und du denkst an vergangene und zukünftige Leben – das ist eine weitere Variante, bei der alternative Leben in verschiedenen Abschnitten eines Kontinuums stattfinden, das auf Zeit basiert. Schwierig zu begreifen, wenn man an dem festen Begriff von Zeit und Raum festhält, an den ihr gewöhnt seid.

Sogar bei Menschen, die auf der Erde leben, lässt sich nach einer langen Zeit des anspruchsvollen oder komplexen Programmierens einer Reihe von Leben am Ende dieser Art von Planung die Rückkehr zu den Grundsätzen, zur Einfachheit erkennen. Es gibt sogar spirituelle Wesen, die sich die ›automatische Programmierung‹ aussuchen. Meister, die bewusst bleiben wollen, ohne zu wissen, was die Lebenssituationen ihnen bieten werden, entscheiden sich häufig dafür. Auch sie ist eine einzigartige Programmierung.

Die alte Wahrheit ›alles, was es gibt, ist das Hier und Jetzt‹ ist der Schlüssel zum Verständnis des Ganzen. Die von mir genannten Beispiele sind Muster der Variationen, Wege, verschiedene Aspekte des spirituellen Wesens auszuleben. Sogar die Individuation als ein ›spirituelles Wesen‹ bedeutet, an einer Ebene der Illusion festzuhalten, da es in Wahrheit nur eine Essenz gibt. Sich abzutrennen und an Spielvarianten irgendwelcher Art teilzunehmen, bedeutet trotzdem das Feiern der Form und manchmal auch die Vertiefung der Essenz.

Ich teile diese Informationen, um ein paar alte Denkweisen zu hinterfragen und euch daran zu erinnern, dass es im Leben unendlich viele Perspektiven gibt. Je mehr du über Shapeshijting und Wege der Verbindung mit anderen Lebensformen und Spezies lernst, umso mehr wirst du die grenzenlose Vielfalt an Formen, Gedanken, Schöpfungen, Inkarnationen und Erfahrungen erkennen – und vielleicht auch schätzen.

Wenn man sich zum Shapeshifting entschließt, ist es so, als würde man sich in eine Blase aus Zeit-Raum-Form begeben. Und wie gesagt: Es gibt endlose Varianten davon. Wenn man will, kann man mit einem anderen Wesen ›mitgehen‹, oder aber man kann dieses Wesen oder ein neues Wesen werden. Ich werde dir viele Wege beschreiben. Wenn du einige von ihnen näher untersuchst, wirst du anfangen zu ahnen, wie das große Muster des Ganzen ineinanderfließt.

5

Offene Türen

Auch wenn wir unsere Gespräche fast jeden Tag fortsetzten und ich gleichzeitig eine Reihe von tiefgründigen Erfahrungen machte, wurde Barney immer müder. Er fraß weniger und schlief mehr. »Gibt es noch irgendetwas, was ich für dich tun kann?«, fragte ich ihn eines Frühmorgens. »Hast du vor, bald von uns zu gehen? Wie kann ich dir helfen?«

So viele Fragen!, antwortete Barney mit einem heiteren Unterton. *Es ist richtig, dass ich meine Schwingungen auf einer Ebene verlangsame, aber das lässt sie auf einem anderen Level zunehmen. Mein Bedarf an ›Schlaf‹ ist in Wirklichkeit eine Form der Meditation oder des Zentrierens in einem anderen Raum. Ich arbeite jetzt nicht nur auf unserer realen Ebene, sondern auch noch auf anderen Ebenen.*

Es stimmt, dass ich daran denke, meinen Körper zurückzulassen, aber wir haben noch genug Zeit, um unsere Diskussionen zu vollenden. Dir kommt jetzt kurz der Gedanke, zu fragen, warum ich ›bis auf den letzten Drücker‹ mit diesen Gesprächen gewartet habe, doch ein anderer Teil von dir weiß, dass dies die Eigenschaft des richtigen Timings und der Entfaltung der Dinge in dieser Dimension ist. Wenn ich dir diese Informationen früher gegeben hätte, hättest du sie dann überhaupt hören können? Und wenn ja – warum sollte ich dann noch auf der Erde verweilen? Ich will damit nicht sagen, dass ich nur wegen dir hier bin, aber vielleicht begreifst du nun das Wesen unserer Beziehung: Ein Großteil der Zeit, die wir miteinander verbracht haben, hat zu diesen Gesprächen geführt.

Barney hielt inne und sah intensiv in eine Ferne, die ich nicht sehen konnte. Nach einer Weile hörte ich sein vertrautes Seufzen. Er drehte mir den Kopf zu, warf mir einen Blick unter dem Schreibtisch zu und sprach weiter.

Was mich betrifft, so bin ich ein alter Hund. Außerdem bin ich eine alte Seele auf der Erde. Ich habe schon viele Leben auf Erden verbracht und kenne mich mit der irdischen Lebensweise bestens aus. Um das richtig zu verstehen, könnte es helfen, die Türen ein bisschen aufzumachen, in eine frühere Zeit zurückzugehen und sich anzusehen, wie die Erde codiert ist.

Die Erde wurde ursprünglich als ein polares System errichtet. In der Definition der Dualität bedeutet das, die Manifestierung ist so aufgebaut, dass sie sich von den ›niedrigeren‹ physikalischen Organismen in ›höhere‹ und komplexere Organismen entwickelt und umgekehrt von ›höheren‹ oder feinstofflicheren Aspekten des Geists in ›niedrigere‹ dichtere, physikalische Formen umwandelt.

Aus diesem Grund ist die Manifestation auf der Erde ein gleichzeitiges Zusammentreffen von hoch und tief, links und rechts, männlich und weiblich, hell und dunkel. Der Nexus der beiden ist der Kern der Manifestierung auf dieser Dimensionsebene.

In vielerlei Hinsicht bedeutet der Tod nur das Verlassen dieses Nexus, dieses Rahmens, und der Übergang zu einer anderen Ebene des Seins – auf der dieser Rahmen der Polarität oder Gegensätze nicht besteht.

Doch unzählige Menschen empfinden den Rahmen der Polarität als hilfreich und anschaulich. Gut und Böse, Himmel und Hölle bieten für viele immer noch einen starken Halt, und das ist auch der Grund, weshalb der Tod in zahlreichen Religionen vom Christentum bis hin zum tibetischen Buddhismus über diese polarisierenden Begriffe definiert wird. Anhand solcher Lehren lässt sich mit der vordergründigen Erfahrung mit dem Tod umgehen.

Karmische Projektionen

Ein paar Minuten, nachdem wir unser Gespräch an jenem Vormittag beendet hatten, warf ich einen Blick auf mein Bücherregal. Spontan kam mir in den Sinn, eine alte Ausgabe des Werks *Das tibetanische Totenbuch oder Die Nach-Tod-Erfahrung auf der Bardo-Stufe. Ein Weisheitsbuch der Menschheit*[1] (Artemis und Winkler Verlag, 2003) von W. Y. Evans-Wentz aufzuschlagen. Ich hatte das Buch seit dem College vor zwanzig Jahren nicht mehr angerührt. Doch sobald ich es in der Hand hielt, spürte ich, dass es einen Grund für mich gab, es noch einmal zu lesen.

Einige Stunden später hatte ich zahlreiche Bestätigungen, Momente der Erregung und des wachsenden Bewusstseins erlebt. Dieses faszinierende Werk ist nicht nur eine Anleitung für die Toten mit detaillierten Anweisungen, wie man sich durch die sich wandelnden Phänomene des Bardo (des Reichs zwischen dem Tod und der Wiedergeburt) bewegen sollte, sondern auch für die Lebenden. Es enthält viele Formulierungen, die Barneys Worte wiedergaben, wie zum Beispiel »Die Kunst des Sterbens«, und ein Abschnitt im Buch zog mich besonders an.

»Reden wir heute über Projektionen?«, fragte ich am nächsten Morgen.

Sag mir in Einzelheiten, was du herausgefunden hast und wie deine Frage lautet.

Wie so oft, wenn Barney und ich uns für unsere Gespräche zusammensetzten, waren wir schon am selben Punkt. Es war daher nicht nötig, ihm zu erklären, dass ich das Buch gefunden hatte, oder auch nur, um welches Buch es sich handelte – er wusste es längst. Und trotzdem: Indem Barney mich bat, spezifischer zu werden, ermutigte er mich, mir über mein Vorhaben und meinen Fokus klarer zu werden.

»Zuerst fand ich die unterschiedlichen Ebenen des bewussten Sterbens heraus. Eine dieser Ebenen wird das Sehen der karmischen Illusionen genannt. Sie interessiert mich, weil sie sich darauf bezieht, unsere persönlichen Überzeugungen, kulturellen Vorstellungen und emotionalen Zwänge zu erkennen und dahinterzuschauen. Daher glaube ich, *karmische Illusionen* könnte eine Umschreibung für Projektionen sein.«

Auf einer weiteren Ebene sind sie es. Und wie Zak einmal angedeutet hat, ist das Karma ein Glaubenssystem. Ich bin zwar kein Experte auf dem Gebiet des Karmas, aber was ich dir darüber sagen kann, ist, dass ich durch das Shapeshifting etwas anderes über Projektionen gelernt habe.

Das meine ich, wenn ich sage, dass es eine Hauptstraße und viele Umwege zum Tod gibt. Wenn der Tod als eine bewusste Initiierung betrachtet wird, fängt man an, ein besseres Gefühl für die Straßenkarte des Todes zu bekommen. Aus eben diesem Grund ist es klug, sich mit dem Tod auseinanderzusetzen. Man wird dadurch mit der Straßenkarte und auch mit dem Terrain vertrauter. Obwohl, wie du weißt, diese Art von Wissen niemals die Erfahrung an sich ersetzen kann.

Ein großer Teil der Angst vor dem Tod hat mit Verwirrung zu tun. Wenn man anfängt, die Wege derer, die vor uns gegangen sind, näher zu betrachten, erhält man eine gewisse Sicherheit. Man wird vielleicht etwas vertrauter mit dem, was einen erwarten könnte – Fallen, sinnlose Umwege und so weiter. Es geht darum, gut vorbereitet zu sein. Wissen hilft dir, besser gewappnet zu sein. In dieser Phase ist es gut, zu kategorisieren, da sich dadurch ein Sinn ins Chaos bringen lässt.

Zum Beispiel ist das Bild, das du in letzter Zeit mit dir herumträgst, eine runde Schlaufe, die endlos ist, das heißt, ein ›Ende‹ wird zum nächsten Ende.

Barney meinte eine chinesische Vorstellung, von der ich vor kurzem gelesen hatte. Es ging dabei um einen tieferen Aspekt der Yin/Yang-Symbolik, nämlich, dass der alte Yang (das Überwiegende der älteren männlichen Energie) sich beim Sterben als die junge Yin (junge weibliche Energie) neu entwickelt. Diese wiederum reift in die alte Yin (ältere weibliche Energie), die irgendwann auch wieder stirbt und sich in den jungen Yang (junge männliche Energie) entwickelt, der sich zum alten Yang entwickelt. Und so fängt der Kreis von neuem an.

Als Ganzes gesehen stellt jede Ebene des Kreises einen angemessenen Teil unseres Weges dar – obwohl wir auch an einen Punkt kommen, an dem der nächste Schritt bedeutet, über den eigentlichen Kreis hinauszugehen. Für manche bedeutet der Schritt eine Inversion der Schlaufe; für andere bedeutet er das Durchdringen des Kreises. Dies lässt sich durch viele Metaphern beschreiben.

Aber lass uns zu den Projektionen zurückkommen. Ich kann die Erfahrungen, die ich in meinen vielen Leben als Lehrmeister des Shapeshiftings gemacht habe, mit dir teilen, und auch, wie das zu meinen Lehren über den Tod geführt hat. In mancherlei Hinsicht ist das Shapeshifting eine Studie zahlreicher Projektionen entlang des Kreises sowie die Methode, wie man diesen Kreis aus Projektionen durchdringen kann.

Ganz zu Anfang gab es auf der Erde nur ein paar Formen, die eine Seele annehmen konnte. Bei den Anfangsstadien des Lebens ging es um Angleichung und neue Schöpfungen. Das heißt, die Seele nahm eine Gestalt an und passte sich ihr an. Sie machte sich mit der Form vertraut. Manche Seelen wandten dann diesen Anpassungsmechanismus an, um neue Formen zu erschaffen. Deswegen besteht eine Evolution der Arten. Immer mehr Formen wurden geboren. Sie wurden immer spezieller und innerhalb dieser speziellen Form sogar noch spezieller. Ein visuelles Symbol dessen sind zum Beispiel die Wurzeln (unter der Oberfläche) oder die Äste (über der Oberfläche) eines Baums. Er hat ein paar Hauptwurzeln oder -äste, die aus dem Stamm wachsen und sich dann in weitere Wurzeln oder Äste verzweigen, die sich wiederum verzweigen. Diese Metapher des ›Familienstammbaums‹ lässt sich auch auf die Evolution der Spezies anwenden.

Wenn nun eine Methode der spezialisierten Evolution ihren Höhepunkt erreicht hat, entsteht oft Apathie – eine Rastlosigkeit, das Verlangen nach etwas Neuem. Und so beginnt eine neue Form der Evolution (ein neuer Ast!). Vergiss nicht, dass ich in allgemeinen Begriffen spreche. Wenn also eine Evolutionsphase zu Ende geht, gibt es Äste, die schon abgestorben sind, während andere noch wachsen. Generell ebnet die Phase des Höhepunkts jedoch einen weiteren Weg oder eine neue Ebene der Evolution.

Manchmal finden auf einem Planet Kreuzungen von Spezies statt, bei denen Geschöpfe gepaart und vermischt werden, um etwas Neues hervorzubringen. Eine weitere Variante ist die Reinkarnation/Transmigration, bei der die Seele umherspringt und in verschiedene Arten schlüpft, um in zahlreichen Leben mehr über unterschiedliche Formen und Muster des Bewusstseins zu erfahren. Und eine weitere Variante davon ist das Shapeshifting, bei dem es sich eher um einen bewussten Transmigrationsprozess ›mitten im Leben‹ handelt. Ich selbst fing an, mich schon vor vielen, vielen Lebenszeiten dafür zu interessieren.

Wieder einmal verwende ich Lebenszeiten als bildhafte Ausdrucksweise. Wenn wir uns diesen Abschnitt des Kreises ansehen würden, der die Mysterien von Zeit und Raum durchdringt, würden wir es als ein multidimensionales Ganzes erkennen. Doch zum Zweck der linearen Entwicklung wollen wir das praktische fiktive Bild der verschiedenen Leben verwenden.

Meine ersten Erfahrungen mit Shapeshifting waren seltsam, auch wenn ich einen sehr guten Lehrmeister hatte und durch seine Fähigkeiten ›eingewiesen‹ wurde. Doch beim ersten Mal, als ich es allein ausprobierte, war das Element der Angst noch vorhanden.

Du musst verstehen, dass es verschiedene Ebenen des Shapeshiftings gibt. Auf der einen Ebene kann man sich mit dem Bewusstsein eines anderen Wesens verbinden und in seinen Geist oder Körper ›schlüpfen‹, um mehr über seine spezifische Form mit ihren einzigartigen Gedanken, Perspektiven und so weiter zu erfahren.

Es gibt jedoch noch eine weitere Ebene des Shapeshiftings, auf der du körperlich eine andere Gestalt als deine eigene annimmst. Das Ganze ist ziemlich komplex, doch grundsätzlich passt du deinen Körper der Matrix oder Schablone der fremden Spezies an. Es ist eine Art Minitod, weil deine Gedanken – genauer gesagt, die Art und Weise, wie du denkst – während des vollständigen Prozesses des Shape-

shiftings in die bestimmte Denkweise dieser spezifischen Spezies umgewandelt werden.

In gewisser Weise passiert dasselbe, wenn wir uns unterhalten, Dawn. Du ›hörst‹ mich mit deinen Denkmustern, auch wenn das, was ich kommuniziere, meine Gedanken sind. Unsere Kommunikation ist die Begegnung zweier Gedankenformen. Sie werden zu einem bestimmten Grad übersetzt. So wie auch ein bestimmtes Maß an Projektion erfolgt.

»In letzter Zeit sehe ich Projektion nicht unbedingt als etwas Negatives an. Wie du sagst, gibt es in dem Kreis oder Zyklus Punkte, an denen Projektionen unserer eigenen unterdrückten Erfahrungen eine Hürde sind – insofern, als dass wir unsere Projektionen für ›real‹ halten, während wir an einem anderen Punkt erkennen, dass selbst Gedanken und Wahrnehmungen Projektionen sind. Sie sind nicht so sehr ›wirklich‹ oder ›unwirklich‹ als vielmehr Methoden, die uns helfen, verschiedene Aspekte von uns zu verstehen und darüber zu reden.«

Ganz richtig. Und um Shapeshifting sowie die Kunst, diese karmischen Illusionen zu durchschauen, begreifen zu können, ist das auch notwendig. Solange ein Glaubenssystem als ›real‹ angesehen wird, wird die Realität von den Regeln dieses Glaubenssystems kontrolliert. Stimmt's?

»Ja, das ergibt einen Sinn.«

Es reicht nicht, zu sagen ›Das ergibt einen Sinn‹ oder ›Ja, das glaube ich‹. Denn um weiterzukommen, muss man es auf bestimmten Ebenen wirklich empfinden oder erleben. Diese Erfahrung hast du vor kurzem selbst gemacht.

Ich lachte und schauderte gleichzeitig. Barney bezog sich auf eine Reihe von Träumen, die ich hatte, in der ein »Teufelsjunge« mich beobachtete. Zuerst fürchtete ich mich vor seinem schmutzigen Äußeren und seiner neckenden Art, doch in späteren Träumen versuchte ich, mich mit ihm zu unterhalten. Aber jedes Mal rannte er weg und versteckte sich in meinen Rückenmuskeln. Erst vor ein paar Tagen, während mir der Rücken massiert worden war, war mir plötzlich der Teufelsjunge in diesen Träumen wieder eingefallen. Ich hatte ihn lebhaft vor Augen, während die Masseurin die Muskeln meines Rückens mit den Daumen knetete. Er lächelte mich an – doch ich erkannte sein Lächeln als mein eigenes. Als Resultat wurde mir spontan bewusst, dass der Junge von meinen eigenen Überzeugungen erschaffen worden war. Das war keine intellektuelle Erkenntnis, sondern das Wissen – durch ein tiefes Bauchgefühl –, dass der Teufelsjunge aus einem Netzwerk von Überzeugungen geformt war. Als meine Muskeln sich entspannten, lief mir ein starker Schauer über den Rücken.

»Richtig«, erinnerte ich mich. »Als mir klar wurde, dass der ›Teufelsjunge‹ mein eigenes Glaubenssystem war, wurde mir leichter, so als würde eine schwere Schicht aus Gedanken und Überzeugungen von mir abfallen und wegschweben.«

Ja, das beschreibt es gut. Denn Überzeugungen bilden eine Art Decke oder Himmel über einem und um einen herum. Dieses Konstrukt ist deine ›Welt‹, dein Weltbild. Dies wurde schon öfters von anderen diskutiert und es gibt viele gute Werke über dieses Thema, doch solange es vom Körper nicht real erlebt wird, lässt es sich mit allen Worten der Welt nicht vollständig erklären.

»Ich glaube, du hast Recht. Erst seit ich es selbst gefühlt habe, kenne ich es wirklich.«

Lass uns hier für heute enden, sagte Barney und seufzte leise unter dem Schreibtisch. *Der Faden, den wir das nächste Mal aufgreifen, ist, wie die Entwicklung des Shapeshiftings einen auf eine bewusstere Weise zur Auflösung der bewussten Form führen kann.*

Darauf war ich gespannt.

Eine Untersuchung

Wir wollen die Kunst des Shapeshiftings näher untersuchen, begann Barney am nächsten Tag. *Unter der breitgefächerten Kategorie der sich verändernden Formen gibt es viele Varianten und viele Ebenen, wie sich ein stärkeres Bewusstsein dieser Kunst erreichen lässt.*

Von der Oberfläche bis zum Kern bedeutet dies, durch eine Unterhaltung der miteinander geteilten Gedanken mehr über ein Tier (oder ein anderes Wesen) zu erfahren – ähnlich, wie wir es gerade tun – und das eigene Bewusstsein zu verändern, um mit dem Tier ›mitzugehen‹ und die Dinge durch seine Augen zu sehen. Auf tieferen Ebenen heißt das, das eigene Bewusstsein mit dem des Tieres zu verschmelzen, während man das eigene Bewusstsein (das Körperbewusstsein) beibehält, um ein vollständigeres Gefühl der Vereinigung zu erhalten, bei der man zum Tier selbst wird.

»Was geschieht an diesem Punkt mit dem Bewusstsein des Tieres?«

Als Erstes musst du wissen, dass dies meistens im beiderseitigen Einverständnis erfolgt, um einen Lernerfolg zu erzielen, und es daher für beide von Nutzen ist. Schließlich ist das ein Teil der Freude an der Vielfalt: dass so viele Geschöpfe die Wirklichkeit auf so unterschiedliche Weise sehen, hören, wahrnehmen, denken und erleben. Wenn du ein größeres Bewusstsein für viele ›verschiedene‹ Sichtweisen entwickelst, wirst du das Ganze erfüllter erleben.

Doch zurück zu deiner Frage. In einer Situation der Bewusstseinsverschmelzung kann es passieren, dass das Bewusstsein des anderen Wesens für eine gewisse Zeitspanne ›stillgelegt‹ wird. Häufig ist es parallel zu deinem eigenen Bewusstsein vorhanden, wenn auch in einem eher ruhenden Zustand. (In extremen Fällen kann das Bewusstsein verloren gehen, auch wenn das sehr selten geschieht, und das beiderseitige Einverständnis beinhaltet, dass du die Rückkehr des Bewusstseins deines Gastgebers sicherstellst, bevor dein eigenes Bewusstsein ihn verlässt).

Je mehr man mit Shapeshifting arbeitet, desto stärker wird häufig das Verlangen, Form auf sogar noch tiefere Weise zu erleben. Es ist ein Muster, das ich beobachtet habe: Wenn man sich auf einer bestimmten Ebene erweitert, folgt die Sehnsucht nach mehr Tiefe. An diesem Punkt wünscht man sich vielleicht, nicht nur im Bewusstsein, sondern auch körperlich eine andere Form anzunehmen. Es gibt verschiedene Methoden, von denen jede ihre eigenen subtilen Varianten besitzt.

Ein Weg dahin ist, den Körper physisch in eine schon vertraute Gestalt umzuformen. Auf der Ebene der zellularen Matrix gibt es eine Vielzahl von bekannten Gestalten, die man sich aussuchen kann. Dann nimmt dein physischer Körper tatsächlich eine andere Form innerhalb dieser Matrix an. Denk an den Mythos vom Werwolf – die Fähigkeit, sich körperlich in einen Wolf oder eine andere Kreatur zu verwandeln. Man verändert nicht nur sein Bewusstsein, sondern bringt auch den umgewandelten Körper mit. Dadurch wird die Realität nicht nur durch das Bewusstsein, sondern auch emotional und physikalisch erlebt. Eine Variante davon ist die Möglichkeit, in eine ausgestorbene Spezies oder gar eine unbekannte Spezies zu schlüpfen. Dieser Prozess ist komplizierter, auch wenn er unter gewissen Umständen nützlich sein kann. Auf der Erde wird dies jedoch derzeitig eher als eine ›dunkle‹ Form des Shapeshiftings angesehen.

»Und aus welchem Grund?«

Es ist eine uralte Form des Shapeshiftings, die ursprünglich angewandt wurde, um an der Manipulierung des Evolutionskurses oder dem Wachstum des Bewusstseins auf einem bestimmten Gebiet mitzuarbeiten. Auch wurde sie von dunkleren

Kräften als eine Methode genutzt, um Chaos zu verbreiten. Allgemein gilt, dass diese Art der ›kreativen Transformation‹ mit Manipulierung – und zwar körperlich und mental – zu tun hat. Aber zu gewissen Zeiten war das auf der Erde sehr nützlich und im Grunde haftet dieser Form nichts ›Dunkles‹ an.

Eine weitere Form des Shapeshijtings ist, den eigenen Körper in einem ruhenden oder schlafenden Zustand zu belassen, während man das Bewusstsein anwendet, um einen zweiten ›Körper‹ zu manifestieren und zu animieren. Das bedeutet, dass der Körper seine gewöhnliche Gestalt beibehält, während das Bewusstsein in eine temporäre Gestalt – wie ein Double – schlüpft, um die Welt anders zu erleben. Auch hier ist die Tendenz zu Kontrolle und Manipulation zum jetzigen Zeitpunkt der Evolution der Erde stärker; deswegen bleiben die letzteren Arten von Shapeshijting hauptsächlich in Form von Geschichten, Legenden und Mythen verborgen.

Auch der ›Aufstieg‹ ist eine Form von Shapeshifting, wenn auch wiederum in einer anderen Richtung. Man kann es sich als die Umkehrung der letzteren Formen vorstellen, denn das Aufsteigen ist die Aktivierung des Lichtkörpers auf der physikalischen Ebene. Das heißt, es ist die Spiritualisierung des Physischen – eine Verlagerung der Trennung von physikalisch und spirituell in eine Art Verschmelzung.

Siehst du, wie das in das Shapeshifting hineinpasst?

»Ich habe es nicht als solches erkannt, bis du es erwähnt hast. Aber es stimmt – es ist eine Verlagerung der alten Dualität in eine neue Form des physikalisch-spirituellen Bewusstseins.«

Richtig. Beim Aufstieg geht es darum, den Fluss der Verbundenheit zu aktivieren, während man gleichzeitig sein Bewusstsein und seinen Körper zu einer anderen Form erweitert. Die äußere Gestalt mag zwar unverändert aussehen, aber die innere Form entspricht einer anderen Schwingungsebene. Sie hält das Licht anders fest und ermöglicht dadurch das Erleben der Welt und Wirklichkeit auf eine andere Weise. Auch das ist eine Form von Shapeshifting.

Dieselbe Metapher trifft auf den Tod zu – er bedeutet Shapeshijting in eine größere, erweiterte Perspektive von ›Zeit‹. Die Herausforderung des Aufstiegs zu diesem Zeitpunkt ist, es auf eine bewusste Art zu tun, die im Körperlichen basiert. In gewisser Weise verkürzt man dadurch den Tod – denn statt von Form zur Nichtform und wieder in Form überzugehen, lernt man, bewusst von Form zu Form zu schlüpfen. Es geht hier mehr um eine Veränderung der Schwingungen als um das körperliche Shapeshijting, auch wenn es dasselbe Kernmuster ist.

Zum jetzigen Zeitpunkt solltest du tiefer mit Tieren arbeiten, sie fragen, ob sie dir gestatten, ›mitzukommen‹ und das Leben aus ihrem Blickwinkel zu erleben. Es kann sein, dass einige von ihnen auch das Leben aus deiner Perspektive kennenlernen wollen, und auch das wäre nützlich.

Eine Phase des empirischen Experimentierens ist nun angebracht. Ich werde in deiner Nähe sein. Ich werde dich beobachten und dich in die richtige Richtung lenken. Das habe ich schon viele Male gemacht, und ich freue mich und fühle mich geehrt, diese Rolle in deinem Leben spielen zu können.

»Danke, Barney«, sagte ich. »Auch mir ist es eine Ehre, deine Hilfe und Führung in Anspruch nehmen zu dürfen.«

Der grosse Bildschirm

Barney hielt sein Wort. Er half mir, mit dem Bewusstsein anderer »mitzugehen«, während er gleichzeitig seinen eigenen Weg weiterging. Er schlief immer mehr und fraß immer weniger, und es war deutlich zu erkennen, dass er langsam losließ. Auch wenn ich ihn fast täglich aufsuchte, hatten wir unsere Gespräche vorübergehend unterbrochen, um mir die Zeit zu geben, die Perspektiven anderer Tiere kennenzulernen.

Eines Morgens, als ich mir besonders große Sorgen um ihn machte, humpelte Barney unter meinen Schreibtisch und verkündete, dass er keine Schmerzen habe und wohl noch ein paar Tage länger bei mir bleiben würde. *Du brauchst mich noch nicht auf die Wiese zu bringen*, sagte er mit dem Anflug eines Lächelns.

Dann erklärte er mir: *Ich erinnere mich an ein Leben als Pferd, ein weißes Pferd. Du hast es schon einmal gesehen.*

»Ja«, sagte ich, als mir das Pferd aus einem anderen Traum wieder einfiel. »Und jetzt sehe ich dich als weißes Pferd mit Flügeln.« Dieses Bild legte sich plötzlich auf mein Traumbild.

Ach! Das ist eine andere Form!, stieß Barney aus. *Meistens habe ich lange Leben geführt – lange im Vergleich zur Länge der Tage, die eine bestimmte Spezies gewöhnlich lebt. Jetzt, in diesem Leben, komme ich ans Ende meiner Tage. Wir haben gestern Abend kurz über das Ende gesprochen, weißt du noch?*

Ich erinnerte mich an unsere flüchtige Unterhaltung beim Einschlafen. »Du hast gesagt, es gibt eine Reihe von Möglichkeiten, wie man gehen kann, wie man aus dem Leben treten kann.«

Genau. Ich ziehe meistens die älteren Möglichkeiten vor: einen Spaziergang in die Natur, ein Plätzchen finden, wo ich mich hinlegen und mich der Erde, den Tieren übergeben kann. Oder aufhören zu fressen. Oder eine ganz alte Methode: einfach aufhören zu atmen. Das ist ein eleganter Weg.

Du fragst mich, was ich in den letzten Tagen gemacht habe, während ich so viel schlief und mich ausruhte. Und ich habe dir gesagt, dass ich Pläne machen muss. Das werde ich noch näher erklären, damit du verstehen kannst, wie sich diese Reise bewusster erleben lässt.

Barney machte eine lange Pause. Vielleicht wollte er mich sanft daran erinnern, mein Bewusstsein über die Pausen des Lebens zu vertiefen. Und über die des Todes.

Ein großer Teil meiner Energie hat sich in letzter Zeit auf andere Seinsformen verlagert. Ich sehe es als ein Verlagern des Bewusstseins an – das Licht meines inneren Wesens auf einen anderen Aspekt meiner selbst zu richten, auf den ich mich näher konzentrieren möchte. Vieles von dem, was du vielleicht mein bewusstes Erleben nennst, verlagert sich in andere Schichten, andere Formen oder Aspekte meiner selbst, so dass die Kenntnisse genutzt werden können. Sie werden nicht ›erinnert‹, so wie du Erinnerung begreifst, sondern vielmehr auf einer anderen Ebene mittels Synthese verbunden. Ich spreche hier von reinen Grundgefühlen, Emotionen und Verständnis.

Ohne einen empirischen Bezug lässt es sich nur schwer erklären. Lass es uns zusammen als Reise machen – wie eine Geschichte, die sich entfaltet, in Ordnung?

»Aber ja, natürlich!« Als ich die Augen zumachte, bat Barney mich, das, was ich erlebte, bewusst zu schildern. Das erste Bild, das mir kam, war Barney als das weiße Kaninchen und ich als Alice im Wunderland. *Was für ein Häschentraum ist das denn?*, wunderte ich mich.

»Wir stehen vor einem großen schwarzen Loch«, berichtete ich Barney, während ich zusah, wie sich die Szene entfaltete. »Und du sagst zu mir: *Erinnere dich, erinnere dich!* Du stößt mich ins Loch und dann springst du hinterher. Wir gehen das Loch hinunter, aber in Wirklichkeit fühlt es sich eher so an, als würden wir *ins* Loch gehen. Und jetzt gelangen wir in ein gemütliches Zimmer unter der Erde, in der ein riesengroßer Holzschrank steht. Du bereitest den Tee vor, während ich mir den Schrank ansehe. Er ist verwirrend für mich, weil ich immer nur einen kleinen Ausschnitt betrachten kann und nicht das ganze Möbelstück. Du sagst, ich soll einen Schritt zurücktreten, weil manchmal der Blick verschleiert, wenn man etwas aus zu großer Nähe betrachtet.

Also trete ich zurück und setze mich zu dir an den Tisch. Wir trinken Tee. Als ich wieder auf den Schrank schaue, springt ein großer Bildschirm wie der eines Fernsehers heraus. Er ist hellblau – ein wunderschönes Blau, das zugleich Licht ausstrahlt. Du reichst mir die Fernbedienung und sagst, ich solle zappen. Das Erste, was ich sehe, ist eine Kriegshow, doch dann taucht plötzlich eine Comicversion des weißen Kaninchens in der Show auf, und du sagst: *Siehst du – das ist die wirklichere Wirklichkeit! Achte auf das Kaninchen!* Und dann merke ich, dass du wieder Barney der Hund bist, aber jetzt trägst du eine Brille.

Du sagst mir, ich solle Geduld haben, dass es hier etwas gibt, was ich sehen soll, aber ich traue dieser Bildschirmmetapher nicht so ganz. Du forderst mich immer wieder auf, das Kaninchen zu beobachten, und ich sehe, wie es in den Bildschirm springt und verschiedene Szenen in verschiedenen Shows spielt. Und jetzt ist es so, als würden sich alle im Bildschirm übereinanderlegen, und sie lassen sich wie Buchseiten umblättern. *Vermische die Metaphern,* sagt das Kaninchen. *Vermische die Metaphern!*

Und jetzt zeigst du mir, dass es immer dasselbe ist, auch wenn ich auf einen anderen Kanal umschalte. Du sagst: *Siehst du, es ist alles dasselbe – immer dasselbe!* Und endlich verstehe ich, was du meinst, denn das weiße Kaninchen ist immer dasselbe, ganz egal, welche Szene es spielt. *Das ist das Erwachte!,* sagst du zu mir. *Unabhängig vom Szenario tut das weiße Kaninchen, was es will, weil es zu sich selbst erwacht ist. Es fällt nicht auf die Szene herein, denn es weiß, dass sie nur wie in einer Fernsehsendung zaubert. Das ist eine gute Metapher für dich.*

Jetzt sagst du mir, die Zeit sei gekommen, um ins Fernsehen zu steigen. Du sagst, wir müssten rennen, und deswegen renne ich mit dir, und wir springen ins blaue Licht hinein. Und es verwandelt sich ins Meer! Herrlich! Und du sagst: *Die große Rückkehr! So ist es, wenn man stirbt. Man erwacht in die Vorstellung, dass dies alles nur eine Illusion ist; alles ist ein Szenario, um dich dazu zu bringen, dich zu erinnern. Das ist der Zweck des Spiels – nicht, um Sachen oder Liebe oder Wissen anzusammeln. Sondern nur, um sich zu erinnern. Denn wenn man sich erinnert, erwacht man zu seinem wahren Selbst – oder zumindest zu einer bewussteren Version seines wahren Selbst als das, wofür man sich gehalten hat.*

»Wahnsinn!«, sagte ich und riss die Augen auf, als wir zurückkehrten. Ich sah auf Barney herab und rieb sein Hinterbein sanft mit den Zehen.

»Was hatte das Zweite zu bedeuten?«, fragte ich ihn vorsichtig. »Was ist mit der Liebe?«

Liebe, so wie sie von vielen Menschen verstanden wird, ist die Liebe zu Sachen. Sogar wenn du das Gefühl hast, eine Person zu lieben, liebst du meistens eine Sache: eine stilisierte oder idealisierte Version einer Reflexion deiner selbst, die du auf jemand anderen projiziert hast. Die Emotion Liebe besitzt viel Macht, da sie sich als Mündung zum großen Ozean der Erinnerungen eignet. Doch es ist unproduktiv, sich auf die Liebe auf dem Bildschirm zu konzentrieren, statt in den Bildschirm hineinzuspringen.

Wenn du mir sagst, dass du mich lieb hast, klammerst du dich manchmal an einer bestimmten Art von Beziehung fest. Auch ich habe das Zusammensein mit dir genossen. Aber lass uns dies auf eine höhere Ebene des Verstehens bringen, Dawn. Wir wollen nicht in den alten Bindungen der Vergangenheit herumwühlen. Lass es uns auf eine bewusstere und realere Beziehungsebene bringen, auf der es den Fluss und die Bewegung und das Jetzt des Werdens gibt.

»Und wie sollen wir das anstellen?«

Fang damit an, deine Vorstellung von Barney, dem Hund, loszulassen. Beginne, das Licht zu sehen, das in uns allen fließt. Es ist dein Schlüssel zum Shapeshifting, das, was ich dir anfangs als einen Weg geschildert habe, wie man ein anderes Wesen ›wird‹. Wenn du auf dieser Schwingung in die Beziehung eintrittst, dann können wir jederzeit zusammen sein, weil wir in diesem Fluss eins sind – und schon immer waren. Du wirst meine Wärme spüren, so wie ich deine spüre. Wir können unsere unglaubliche Vielseitigkeit und trotzdem dasselbe Gefühl des Einsseins erleben. Spürst du es jetzt?

Barneys Worte berührten etwas tief in meinem Inneren, so als würde er eine Erinnerung anzapfen und mich drängen, tiefer zu gehen, um den Fluss der aufsteigenden Energie zu fühlen. Ich merkte, dass ich an zwei Orten gleichzeitig war – beide waren in meinem Herzen, auf einem Fluss der warmen, strömenden Verbundenheit, und in meinem

Geist, inmitten eines sprudelnden Stroms von Bildern, Vorstellungen und Worten. Irgendwie fühlte es sich richtig an, so als würde ich anfangen, etwas über mich zu erfahren, das schon seit sehr langer Zeit nach mir gerufen hatte.

Während du dich mit dem Fluss des Herzens bewegst, wirst du dich allem anderen gegenüber tiefer und herzlicher öffnen. Und dennoch ist es wichtig, dass du einen klaren Kopf behältst, denn er lässt dich diese Erfahrung in Worte übersetzen. Das ist es, was von dir im Augenblick verlangt wird: zu erleben und es für andere zu übersetzen. Du bist eine Pfadfinderin des neuen Wegs; du bist eine von vielen. Indem du offen bist und ihn mit anderen teilst bzw. ihn anderen übermittelst, machst du es ihnen leichter, den Weg zu finden und ihm zu folgen.

6

Ein ganz bewusster Tod

Barney schlief jetzt immer viele Stunden sehr tief. Mehrmals beobachtete ich, wie er durch einen Raum oder über den Flur ging, plötzlich stehen blieb, den Kopf schräg legte und in die Ferne starrte. Manchmal fing er an zu zittern, als würde sein Körper von Energieschauern ergriffen.

»Gibt es heute etwas, das du mir mitteilen willst?«, fragte ich ihn ein paar Tage vor seinem Tod. »Kannst du mir etwas über dieses Zittern sagen? Kann ich irgendwas für dich tun?«

Das Zittern ist das Lockern meines Geistes aus der physischen Form. Diese Übung habe ich aus einem anderen Leben – einem anderen Aspekt des Seins – beibehalten. Es ist eine Methode, mit der das bewusste Selbst sich allmählich aus seiner irdischen Hülle lösen kann. Es tut nicht weh. Als es (in diesem Leben) bei mir eingesetzt hat, war es unfreiwillig, auch wenn ich mich mittlerweile dem Vorgang nicht mehr widersetze und es dadurch leichter wird, mich ihm anzupassen.

Ich bereite mich wirklich auf das Gehen vor, obwohl ich dir nicht sagen kann, wann oder wo das genau sein wird. Ich arbeite daran, auf einer bewussten Ebene und bewussten Weise zu sterben, und dafür muss ich noch einige körperliche, geistige und emotionale Vorbereitungen treffen.

Einer der Gründe, warum du dir ›Das tibetanische Totenbuch‹ ansehen solltest, war, dich mit dem Wesen des bewussteren Sterberituals vertraut zu machen. Es gibt jedoch viele Methoden, wie man das tun kann. Aber – und daran erinnere ich dich gerne – der beste Weg ist immer der, den du selbst in Bezug auf die tieferen Ebenen deines Wesens wählst.

Ich rufe die Lehrer und Führer, Freunde und anderen Wesen, die mir nahestehen. Du gehörst zu unserem Kreis, Dawn. Es kann sein, dass du gebeten wirst, etwas zu dieser Feier auf einer bewussten Ebene beizusteuern. Du bist unsere Verbindung zum menschlichen Bewusstsein, so wie andere in der Gruppe bewusst Verbindungen zu anderen Ebenen halten.

Daher möchte ich dich an ein anderes Szenario erinnern, eines, in dem ich ein Lehrer und du ein Schüler warst (oder vielleicht sogar jetzt, während wir miteinander reden). Es gibt viele Schüler, und wir alle arbeiten als Gruppe zusammen, um einander dabei zu helfen, sich auf noch mehr und tieferen Ebenen über vieles bewusst zu werden und sich an mehr zu erinnern. Wir alle arbeiten individuell und in der Gruppe daran. Jeder von uns hat Gebiete, auf die er sich spezialisiert hat. Jetzt werden wir mit immer stärkerer Konzentration in diese Gebiete vordringen, um anderen zu helfen und den Prozess für uns selbst zu vertiefen.

Das war eine Mitteilung der ganzen Gruppe. Barney machte eine Pause und sah zu mir auf. *Für dich gilt es, dich darauf zu konzentrieren, Erweiterung zu suchen, auf tiefen Ebenen zu lernen, das Wesentliche jeder einzelnen Information zu begreifen und ihm bis zum Kern der Verbundenheit zu folgen, wo du seine Schwingungen in deinem eigenen Körper und Wesen spürst.*

Phasen der Ruhe und Selbstreflexion tun dir gut, solange sie nicht zu einer selbstgefälligen Übung des Ichs oder des Verstands werden. Dein Prozess ist nun ein zweiseitiger: ruhig zu werden, sich zu zentrieren und zu vertiefen sowie zuzuhören, Wörter, Bilder, Gedanken, Wahrnehmungen und Gefühle von einer Vielfalt anderer Wesen aufzunehmen.

Kurz und gut: Du wirst die Verbindung auf einer ganz tiefen Ebene anstreben. Erinnere dich an die Strömungen der Verbundenheit, die du spüren kannst. Nutze sie immer als den ›Halt‹, der dich verbindet. Mache dich damit vertraut, wie sie sich ›anfühlen‹ – Klang, Essenz, Geschmack und alle anderen Variationen der Wahrnehmung. Zum jetzigen Zeitpunkt ist es in Ordnung, Fragen zu stellen, obwohl es am besten ist, wenn du deine Antworten ›fühlst‹, um sie auf einer physischen Ebene zu integrieren.

Du gehst richtig in der Annahme, dass der Tod ein viel stärkerer Gruppenprozess ist, als du bisher geglaubt hast. Die Menschen stellen den Tod gewöhnlich als eine einsame Reise dar, aber das ist nicht die Wahrheit, wie ich sie kenne. Meine Erfahrung zeigt, dass der Tod viel gruppenorientierter ist als so manche Lebensphase, obwohl auch das Leben meistens ein Vorgang in der Gruppe ist.

Der Tod ist eine Reise hin zum Werden, und deswegen gibt es immer Helfer entlang des Weges. Ich glaube, die Menschen versuchen manchmal, aus ihm eine getrennte Erfahrung zu machen, um nicht für die geteilte Gemeinsamkeit unseres ewigen Werdens offen sein zu müssen. Vielleicht wurde den Menschen die Angst vor dem Tod eingeimpft, damit sie nicht versuchen, einen kleineren Tod zu sterben, bei dem sie die Chance erhalten, andere Wahrnehmungen zu erleben, andere Dimensionen zu erreichen und einen Blick auf das Wesen anderer, alternativer Welten zu erhaschen?

Sobald du diese Angstschleier durchschaust, wirst du erkennen, dass der Tod ein rasches Umschalten von einer Realitätsweise zur anderen ist. Für das Shapeshifting musst du dich mit ihm vertraut machen, sein Wesen und seine Wege verstehen. Der Tod ist die große Angst, mit der man umgegangen sein muss, um die tieferen Schichten des Shapeshiftings zu erreichen. Das ist der Grund, weshalb ich die Beziehung, die man zum Tod hat, eine Kunst nenne. Wenn man sich mit dieser Kunst näher befasst und in ihr geübt wird, wird man schon bald ein Lehrling des Todes, und dann beginnt der Tod, seine Geheimnisse und sein vornehmes Lächeln zu offenbaren.

Ich merkte, dass Barney Abschied von mir nahm, doch ich musste ihn noch einmal fragen, ob es irgendetwas gab, was ich für ihn tun konnte.

Was du jetzt tust, ist gut, sagte er. Danke für das Wasser, das du mir hinstellst. Ich vergesse manchmal zu trinken, und ich habe jetzt auch manchmal keinen Durst. Aber ich brauche Wasser. Das Zittern wird anhalten. Es ist gut – und angenehm –, wenn du in meiner Nähe bist, wenn du mich im Arm hältst. Vergiss nicht, dir bei anderen Hilfe zu holen, falls du sie brauchst. Wir ziehen die Sache alle gemeinsam durch.

Interdimensionale Zugänge

Auch am nächsten Morgen wachte Barney nicht zu unserer gewöhnlichen Gesprächszeit auf. Trotzdem hatte ich das Gefühl, ich sollte mich an dem Vormittag auf ihn einstellen und offen für seine Kommunikation sein.

Die heutige Lektion wird ein bisschen anders verlaufen als sonst, sagte eine Stimme mir in Gedanken. Sie klang wie eine alte und merkwürdig vertraute Stimme.

Ich spreche jetzt direkt als dein höheres Selbst zu dir. Auch das ist ein wirksames Mittel, um Informationen zu erhalten. Auch wenn diese Stimme sich tatsächlich wie ein tieferer Aspekt meiner selbst anfühlte, klang sie so gar nicht wie ein »höheres Selbst«. Und dennoch verband sie sich in jenem tiefen Fluss des Werdens, den Barney so oft erwähnt hatte, mit mir.

Manche deiner Gedanken drehen sich um Barney, fuhr die Stimme fort. *Er war nicht nur ein wichtiger Führer, der dir geholfen hat, Zugang zur Kommunikation mit Tieren zu erlangen, sondern auch ein Mittel, durch das du das Shapeshifting verstehen und weiter entwickeln konntest.*

Wie du weißt, bereitet Barney sich darauf vor, seinen Körper zu verlassen. Es gibt emotionale Bindungen, die dich an ihn fesseln, und wir – viele von uns – möchten dich bitten, Barney bewusster gehen zu lassen, wenn er es will. Dies ist sein Tod, nicht deiner. Es wäre deswegen am besten, wenn du ihm sozusagen freie Hand bei der Wahl, wie er von hier gehen will, lässt.

Mir stiegen Tränen in die Augen, als ich mich an die Reise unserer »Todesgespräche« erinnerte, auf die wir uns vor so vielen Wochen begeben hatten. Mein Rückblick verlangsamte sich, als ich an die Stelle kam, an der ich Barney hinter der Räucherhütte im Garten gefunden hatte. Ich hatte Barneys Blick vor Augen und hörte seine Worte *Ach, wir erledigen das also auf deine Weise, wie?*

Ein Teil von dir fragt sich, ob du irgendetwas für ihn tun kannst. Das Einzige, was du für ihn tun kannst, ist, bei ihm zu sein, für ihn da zu sein, ihm seine Freiheit zu geben und ihm zu gestatten, in eine größere Sphäre überzuwechseln. Barney wird weiterhin mit dir zusammenarbeiten, doch von einem anderen, geistigen Blickpunkt aus. In gewisser Weise wird diese Art der Kommunikation für ihn einfacher und für dich tiefsinniger sein.

Barney ist länger bei dir geblieben, als ursprünglich vorgesehen, und hier sind sich alle einig, dass er sein Ziel, sich erfolgreich mit dir zu verbinden und zu kommunizieren, mehr als erreicht hat. In gewisser Weise hat Zak, der ›Energiehund‹, wie du ihn nennst, bei diesem Prozess mitgewirkt. Anfangs hatte Barney dies nicht vorgehabt, doch höhere Sphären des Orbits hielten es für nützlich – wie auch ich, du und verschiedene Aspekte unserer Gruppe.

Heute ist ein günstiger Tag, um Zugang zu uns zu gewähren, da zahlreiche interdimensionale Pforten für eine klare Kommunikation auf der Erde geöffnet sind. Dieser besondere Moment im ›Hier und Jetzt‹ lässt großartige Ebenen der Beschleunigung zu. Du wirst Zugang zu multidimensionalen Welten und Aspekten deiner selbst erhalten. Bleibe konzentriert, bleibe in deiner Mitte – dann wird das, was du herausfindest, dich erfreuen und reichlich belohnen.

Ich begriff vage, dass der »günstige Tag« sich auf die Energien einer Eklipse von Mond und Sonne bezog, die vor kurzem stattgefunden hatte, sowie auf ein großes Kreuz, das in den nächsten beiden Tagen eintreffen würde. Diese astrologische Konjunktion soll relativ selten sein und starke Auswirkungen haben. Sie wurde deswegen ein großes Kreuz genannt, weil alle großen Planeten (außer Pluto) dann ein Kreuz bildeten, in denen sie entweder nebeneinander oder sich gegenüberstanden. Obwohl ich damals nicht viel mehr darüber wusste, fand ich heraus, dass das große Kreuz nicht nur für mich von Bedeutung war, da es auf Barneys Tod und all das, was er mir über das bewusste Sterben beibringen wollte, fiel, sondern auch für die globale Evolution.[1]

Auch deine Augen werden eine Veränderung durchmachen, fuhr die Stimme fort. *Deine Vision wendet sich nach innen, um sich auf innere Ebenen und subtilere Verbindungen der bildhaften Kommunikation zu richten. Eklipsen sind zum Beispiel häufig Phasen innerer Helligkeit, die durch dunkle ›Höhepunkte‹ von Schatten wirken. Stell dir die Sonneneklipse – wenn das Sonnenlicht vom Mond aufgrund seiner Position zwischen Sonne und Erde verdunkelt wird – als eine Metapher vor. So wird auch deine innere Helligkeit – deine Verbindung mit allem, was ist – durch einen starken Fokus auf irdische Angelegenheiten für einen Augenblick stark verdunkelt. Es ist das Zusammenspiel zwischen dem Schatten und seiner enormen Kraft!*

Alle Schattenarbeit, die du bisher geleistet hast, bereitet dich darauf vor: Lasse Schattenthemen hochsteigen und arbeite mit ihnen. Es gibt eine einfache Methode, hineinzuschlüpfen und sich ihnen anzugleichen, die Emotion zu spüren und dann wieder herauszuschlüpfen, um diese Emotion wieder ihrem höheren Wesen anzugleichen oder dorthin zu transformieren. Bleibe im Einklang mit allen Aspekten des Schattens und gestatte jedem von ihnen, sich auszudrücken. Arbeite an dir insofern, als dass du sämtliche Aspekte deiner selbst, die mit deinem Bewusstsein kommunizieren wollen, siehst, hörst, fühlst, schmeckst, berührst und wahrnimmst, um deine Evolution und dein Verständnis zu fördern.

Diese Phase ist für dich, für dein bewusstes Ich, um das, was du gelernt hast, anzuwenden und dich einer strahlenderen Morgendämmerung zu öffnen. Dies ist dein Erwachen …

Was nachts passierte

In der folgenden Nacht wachte ich gegen 2 Uhr auf und hatte das Gefühl, als sei Barney durstig. Ich befand mich in einem halb wachen, halb schlafenden Zustand des Bewusstseins, in dem ich mein Gefühl nicht hinterfragte. Ich wusste bloß, dass ich aufstehen musste, um dem Hund Wasser zu bringen.

Da Barney schon sehr geschwächt war, hatte Bob ihn jeden Abend aufgehoben und sanft ans Fußende unseres Betts gelegt. Als ich die Decke zurückschob, fragte ich mich zwar, ob ich geträumt hatte, doch Barney hob den Kopf und ich sah, dass er wach war. Vielleicht brauchte er wirklich was zu trinken.

Mitte August überbrückt ein blasses, graublaues Dämmerlicht in Alaska die Stunden der Nacht bis zum frühen Morgen. Es ist ein wunderschönes, verträumtes Licht, blass und dennoch verschleiert, als bestünde es aus dem Hauch eines Schattens. Es füllte den Raum aus und floss zur Tür hinaus; es ergoss sich um mich herum, während ich durchs Schlafzimmer und dann über den Flur ging.

Ich betrat die Küche am Ende des Korridors und bemerkte, dass die Stühle des Esstischs zurückgeschoben worden waren, so als würden Gäste am Tisch sitzen. Am großen Panoramafenster hinter dem Tisch hingen keine Vorhänge, und wie jeden Morgen schaute ich automatisch hinaus, um die Bäume und Berge zu begrüßen. Da merkte ich, dass um den Tisch herum tatsächlich Leute saßen. Ich blinzelte schläfrig und sah die »Leute« nun noch deutlicher mit dem inneren Auge. Auch wenn sie vielleicht nicht der irdischen Welt angehörten, die mir am Tag vertraut war, waren es trotzdem reale Menschen.

Wie ich merkte, hatten sie sich unterhalten und verstummten abrupt, denn ich wurde mir der plötzlichen Stille im Raum bewusst. Sie wandten mir die Köpfe zu und sahen mich an – erwartungsvoll oder auch neugierig. Es waren eindeutig keine Menschen in irdischen Körpern, aber sie waren auch nicht das, was ich als Gespenster bezeichnen würde. Vielleicht waren es Geistmenschen – Leute, die auf einer anderen Ebene des Seins oder in einer anderen Dimension existierten. Damals kam mir das nicht merkwürdig vor – es war eher wie ein Traum, in dem die Dinge, die passieren, einem nicht ungewöhnlich vorkommen.

Und so winkte ich ihnen nur zu und fragte sie, wer sie seien. Sie sagten, sie seien Barneys Freunde.

Das kam mir seltsam vor, weil es so offensichtlich war – als hätte ich es längst wissen müssen. Ich sagte ihnen, dass ich etwas Wasser für Barney holte, und sie nickten zustimmend.

Ich füllte eine kleine Schüssel mit kühlem Wasser und trug sie zurück ins Schlafzimmer. Ich stellte mich ans Fußende des Betts, hielt Barney die Schüssel hin und schaute zu, wie er das Wasser bedächtig schlappte. Schließlich legte er den Kopf wieder aufs Bett. Ich stellte die Schüssel auf den Boden, kroch wieder unter die Decke und schlief ein.

Am Morgen wachte ich nur wenige Sekunden später als mein Mann auf. Er hatte sich aufgesetzt. In seinen Augen standen Tränen. »Barney ist von uns gegangen«, sagte er.

Ich richtete mich auf und streckte mich nach Barney aus. Da er noch warm war, war ich überzeugt, dass er noch lebte. Intuitiv wusste ich zwar, dass die Worte meines Mannes wahr waren, doch ein anderer Teil von mir wollte glauben, dass Barney nur sehr tief schlief. Ich stand auf und hockte mich vor das Bettende hin. Tatsächlich: Sein Brustkorb schien sich zu bewegen. Ich legte den Kopf an seine Rippen und lauschte nach seinem Herzschlag.

Eine merkwürdige, leere Stille. Kein Herzschlag, kein Atem – und dennoch musste er erst vor wenigen Minuten gestorben sein. Sein Körper war noch immer so warm und roch so gut nach Barney.

Steine sammeln, Blumen aufs Grab

Es gibt ein Zen-Sprichwort, das sinngemäß so lautet: »Hacke Holz, trage Wasser vor der Erleuchtung. Hacke Holz, trage Wasser nach der Erleuchtung.« Es ist eine dieser großen, reifen, weisen Wahrheiten des lächelnden Buddhas, die in wenige kurze Worte gepackt sind. Und wie sehr man sich auch bemüht, sie zu analysieren oder zu erklären, man kommt dem wahren Begreifen nicht näher, bevor man an diesem Punkt angelangt ist.

Nach Barneys Tod spürte ich die Essenz dieser Zen-Weisheit. Im ganzen Haus herrschte eine tiefe, stille Ruhe. Ich fühlte, wie sie durch mich, meine Tochter und meinen Mann floss. Ich spürte eine Helligkeit in der Luft, die ich noch nie zuvor bemerkt hatte – so als wäre Licht nicht nur etwas, das auf einen herabscheint, sondern etwas, das immer vorhanden ist und aus jedem Winkel des Seins schimmert. Wir hatten keine Pläne für Barneys Rückgabe in die Erde gemacht. Stattdessen handelten wir spontan und wie in einem anmutigen Tanz.

Zuerst gingen wir hinaus, um viele große Steine zu sammeln. Wir trugen sie schweigend, doch in innerer Verbundenheit und zufrieden über unsere gemeinsamen Aktivitäten zusammen. Dann pflückten Alyeska und ich Wildblumen, während Bob in einer Ecke des Gartens unmittelbar vor dem prächtigen Weidenröschen ein Grab für Barney aushob. Die leuchtenden lila Blüten hatten schon beinahe die Spitze der Stiele erreicht. Alyeska erinnerte sich an eine ihrer Babydecken, die Barney besonders geliebt hatte, und rannte ins Haus, um sie holen.

Wir wickelten Barney in die Decke ein und legten ihn in das Erdloch. Dann setzten wir uns in einem Kreis auf den Boden. Zak und unser großer schwarzer Labrador Max kamen und gingen – manchmal waren wir zu viert, dann zu fünft, dann wieder zu dritt. Während wir in der frühen Morgensonne saßen, tauschten wir Erinnerungen und Geschichten über unseren Freund und Lehrmeister aus. Besonders froh waren wir darüber, dass wir mit ihn noch vor kurzem hinauf auf den Hatcher Pass, einen Berg, den wir alle mögen, gebracht hatten, wo er wie ein Welpe gespielt hatte, umhergerannt war und die Erdhörnchen und Paraglider angebellt hatte. Für jede erzählte Erinnerung an ihn legten wir eine Blume in sein Grab. Manchmal lachten wir, und manchmal weinten wir. Als alle Blumen verbraucht waren, schaufelten wir mit den Händen Erde auf seinen Körper, füllten das Grab und legten einen Kreis aus Steinen darauf.

Es war ein gutes Gefühl, sich so von ihm verabschieden zu können, und ich war froh, dass wir es alle gemeinsam taten. Ich fragte mich, ob es, wenn jemand – ein geliebter Mensch oder ein geliebtes Tier – stirbt, nicht besser wäre, uns auf eine physischere und aktivere Weise einzubringen, um seinen Körper der Erde zurückzugeben. Wenn wir uns mit dem Herzen und nicht nur mit schönen Worten von ihm verabschieden, weinen und lachen, wenn uns danach ist, und uns dadurch der Erfahrung von Leben und Tod noch tiefer öffnen.

Stunden später strahlte die Sonne vom Himmel herab, der tiefblau leuchtete. Eine flüsternde Brise strich durch die Bäume und über mein Gesicht. Als ich auf unserer Holzterrasse stand, wurde ich abwechselnd von der Sonne gewärmt und vom Wind gekühlt. Ich schaute hinüber zu Barneys Steingrab und erinnerte mich an einen alten Spruch: »Heute ist ein guter Tag, um zu sterben.«

»Sogar ein ausgezeichneter Tag«, dachte ich und lächelte über alles, was sich ereignet hatte. »Auf Wiedersehen, Barney«, sagte ich – nicht nur mit dem Verstand und dem Herzen, sondern mit meinem ganzen Wesen. »Ich werde dich vermissen. Hoffentlich hast du viel Spaß, mein Freund – wo immer du auch bist.«

7

Was geschieht als Nächstes

Wie ich gelesen hatte, ist es möglich, dass für eine gewisse Zeit – Tage, Wochen oder sogar Monate oder Jahre – die Kommunikation mit den Verstorbenen nicht möglich ist. Man geht davon aus, dass die Seele sich anpasst, ausruht oder anderen Dingen zuwendet. Doch daran dachte ich am Tag nach Barneys Tod nicht, und deswegen kam mir diese Möglichkeit – oder Einschränkung – auch nicht in den Sinn.

Wie immer stand ich früh auf, kochte Tee, ging nach unten in mein Arbeitszimmer, setzte mich an den Computer und öffnete mich dem Fluss des Verbindungsportals. Es schien mir die natürlichste Sache der Welt zu sein, mit Barney zu reden, und so fragte ich ihn, ob er in der Nähe sei, und ob es irgendeinen Aspekt an seiner Todeserfahrung gebe, den er mit mir teilen wolle.

Sofort tauchte vor meinem geistigen Auge ein ganz klares Bild von Barneys Grab auf. Er zeigte sich mir als Barney und zugleich als ein Lichtkörper oder eine spirituelle Form. Diese beiden Aspekte lagen übereinander, und ich schaute zu, wie sie über dem Grab schwebten, näher kamen, bis sie über dem Gegenstand hingen, der unseren dummen schwarzen Labrador Max immer dazu brachte, zu bellen, wenn wir darauf herumsprangen: unser Trampolin. Es war zwar ein seltsames Bild, aber ich lächelte, als ich Barney fühlte – seine Energie, seinen Humor.

Dann schlüpfte Barney mit einer äußerst präzisen Bewegung in das Gesetz der Schwerkraft und ließ sich auf den glänzenden schwarzen Kreis des Trampolins fallen. Sein Lichtkörper federte in die Höhe und stieg steil auf, höher, immer höher hinauf bis in den Himmel hinein, während sein Hundekörper durch das Trampolin auf das Gras und in die Erde fiel. Ich verlor den spirituellen Hund aus den Augen, doch ich sah in einer merkwürdig veränderten Vision, wie der Hundekörper noch weiter nach unten fiel. Wie ein Stofftier streckte er alle Viere von sich, wirbelte durch eine dunkle Leere und landete mit einem *Plopp!* im Sonnenschein einer anderen Welt. Ein kleines Mädchen fing ihn in seinen Armen auf. Es schien, als hätten wir uns in und durch mehrere Barrieren aus Energie bewegt. Und jetzt war Barney wieder zwei Formen: ein Stoffhund und ein Barney-Hund. Das kleine Mädchen hielt ihn fest, und er leckte ihr das Gesicht ab – als lebendiger Hund und so, wie ein Kind sich vorstellt, von einem flauschigen Stoffhund abgeschleckt zu werden. Das Mädchen lachte und war sehr glücklich. In dem Bild sagte Barney der Hund zu mir: *Vielleicht ein anderes Leben.*

»Ist das wirklich ein anderes Leben, Barney?«, fragte ich. »Was bedeutet das?«

Das sind Traumbilder – lass sie uns »Traumideen« nennen, die über meinen Bildschirm der Visionen flackern. Ich war gestern auf der Feier bei euch. Ich habe eure Worte gehört und eure Gefühle gespürt. Und was die andere Feier betrifft, so irrst du dich nicht. Die Wesen, die du in der Nacht davor gesehen hast: Auch das war eine andere Art von Treffen und Abschiednehmen.

Das Todeserlebnis ist ein ganz persönliches, insofern jedes Wesen seine einzigartige Erfahrung des Übergangs macht. Ich kann meine Erfahrung zwar mit dir teilen, aber mach dir bewusst, dass nicht jeder die gleiche Erfahrung macht, auch wenn ein paar Berührungspunkte – grundsätzliche Begebenheiten oder die Übergangsweise – für sehr viele Wesen gleich bleiben.

Wie du gemerkt hast, ist das Sterben mir sehr leichtgefallen. Aber ich hatte auch schon lange daran gearbeitet. Ich habe schon viele Todeserfahrungen gemacht und gelernt, jeden Übergang noch bewusster zu erfahren. In gewisser Weise geht es bei vielen meiner Leben um den Übergang zum Tod, und bis zu einem bestimmten Grad ist das auch der Fokus meiner Lehren in deiner Welt.

Wie ich dir schon gesagt habe, ist das Körperzittern eine sehr alte Technik, eine Methode, die mir in diesem Leben über meine bewusste Erinnerung hinaus vermittelt wurde. Doch als ich mich mit dieser bestimmten Schwingung verbinden konnte, fiel mir wieder ein, dass die zitternden Muskeln bestimmte automatische Kreisläufe loslassen und meine Energie in eine fokussierte Konzentration lenken. Es ist nur eine Methode, die ich kenne und schon vorher verwendet habe, um einen Teil meiner selbst von meinem Körper zu lösen, bevor ich ihn völlig verlasse. Du hast ja gemerkt, wie ich mehr als sonst in die Ferne gestarrt habe, und deine Annahme, dass ich mich in diesen Zeiten oft an anderen Orten, in anderen Realitäten oder in anderen Reichen aufhielt, war ganz richtig.

Es ist nicht einfach, den Lebenden den Todesprozess zu beschreiben, da die Zeit sich stark verändert. Das war ein Teil dessen, womit ich mich befasst habe, als ich mich auf einen bewussteren Tod vorbereitete. Ich frage mich, ob eines der Dinge, die euch Menschen so verwirren, das Phänomen der veränderten Zeit ist. Es ist nicht so, als würde sich die Zeit tatsächlich verändern. Es ist vielmehr so, dass euer Zeitkonstrukt sich einfach auflöst. Sobald man die Schranken der Körperhülle verlässt, wird Zeit eher als eine fließende ständige Präsenz empfunden. Schon für Haustiere bedeutet das eine gewisse Anpassung, wenn es für sie auch nicht annähernd so schwierig ist wie für Menschen – und sagen wir mal, für Menschen, die in einer Gesellschaft mit einem sehr strikten Zeitgefühl leben.

Für mich war der Tod eine Erfahrung, die mehrere Tage vor dem tatsächlichen Verlassen meines Körpers begann. Es gab Phasen, in denen ich mich wieder mit der körperlosen Existenz vertraut machte. Dies tun auch manchmal Tiere, während sie in ihrem Körper stecken, doch in diesen letzten paar Tagen konzentrierte ich mich stark darauf, mich nahtlos zwischen den Welten zu bewegen. Auch das ist schwer zu erklären, aber im Kern bedeutet es, dass ich mir gleichzeitig aller Welten bewusst war. Wenn ich es noch besser gekonnt hätte, dann hättest du mich nicht ›in die Ferne starren‹ sehen, denn dann hätte ich das Bewusstsein aufrechterhalten können, während ich umherlief oder mit irgendetwas beschäftigt war. Es gibt auf eurem Planeten Meister, die das tun, und ihr Tod ist wahrhaftig prächtig anzusehen, weil sie einfach durch die Tür schlüpfen und man manchmal noch nicht einmal sicher ist, ob sie überhaupt je hier gewesen sind!

Für mich war der Prozess, mir verschiedener Welten bewusst zu sein, das Hauptmotiv für meine Todesvorbereitungen. Der Augenblick, in dem ich den Körper verließ, war nur ein Moment der Konzentration. Ich verlagerte mein ganzes Bewusstsein aus dem Körper auf eine andere Ebene – einen anderen Körper sozusagen. Die Hitze, die du auf meinem Körper gespürt hast, war das Sammeln meiner Energien, die Konzentrierung der Lebenskraft, während sie auf einen anderen Aspekt meines höheren Wesens gerichtet wurde.

Nun war das Bewusstsein von Barney dem Hund fast völlig auf dieses andere Wesen verlagert oder von ihm absorbiert worden, doch ein kleiner Teil blieb zurück. Wenn man es mit einem Computer vergleicht, dann kann man zwar sämtliche Software-Dateien auf einen anderen Computer oder einen Datenträger übertra-

gen und die Festplatte löschen, doch Spuren der alten Daten bleiben auf dem ersten Computer zurück. Und so verhielt es sich auch mit Barneys Körper – und das passt zu dem Bild, das du gerade gesehen hast: Der Hund Barney, der geliebt wird, wird hinunter auf eine ganz simple, offene Ebene verlagert, nämlich der eines kleinen Mädchens, das ihren Hund liebt. Das war tatsächlich die Grundskizze für den Hund Barney.

Es ist ein sehr tiefes und vielschichtiges Thema, Dawn. Lass uns morgen damit weitermachen. Wir werden über die Verlagerung des Bewusstseins in den Geist sprechen, und über einige der unterschiedlichen Erfahrungen, die man während dieser Verlagerung machen kann.

Ich danke dir für die Beerdigungsfeier und eure Worte, die aus dem Herzen kamen. Ich freue mich, dass du dies alles so offen mit anderen teilst. Und ich werde anderen, die sich mit mir austauschen wollen, zur Verfügung stehen, auch wenn ich mich zur Zeit auf unsere Gruppe konzentriere und darauf, jedem einzelnen von euch zu helfen, aus diesem geteilten Erlebnis Nutzen zu ziehen und sich darin zu vertiefen.

Die Bandbreite ausschöpfen

Ist es nicht toll, wie die kleinen Dinge im Leben uns oft eine völlig unerwartete Bestätigung liefern? Obwohl ich einen kurzen persönlichen Bericht über Barneys Tod schrieb und ihn per E-Mail mit vielen anderen teilte, erwähnte ich niemandem gegenüber meine Vision von Barney mit dem kleinen Mädchen. Doch als ich am nächsten Morgen ein paar liebevolle E-Mails von Menschen, die Barney gekannt hatten, las, fand ich auch eine Nachricht von meiner Mutter vor:

> Hallo Dawn! Danke für deinen Abschiedsbericht über Barney. Es hat mich getröstet und ich danke dir. Ich vermisse ihn immer noch schrecklich, auch wenn mir Gedanken/Visionen/Träume über ihn kommen, in denen er glücklich in der Sonne neben einem kleinen Mädchen umherläuft. Wer weiß – vielleicht sein neues Leben? Alles Liebe, Mom

Ich lächelte immer noch über ihre E-Mail, als ich mit Barney Kontakt aufnahm und ihn fragte: »Können wir heute Vormittag weitermachen?«

Während ich die Augen schloss, fiel mir ein, das Verbindungsportal bewusster zu öffnen. Statt des üblichen Bilds vom Fluss der Energie sah ich diesmal einen langen Riss, der vom Unterbauch bis zur Stirn durch meinen Körper ging. Dahinter floss und pulsierte goldenes Magma wie ein Energiefluss! Es war ein Aha-Effekt, und ich begriff, dass das Bild nicht so wichtig war, sondern diese Verbundenheit und den Fluss körperlich zu *fühlen.* Und darüber hinaus ist es vielleicht eben dieses Gefühl, das die physikalischen, emotionalen und geistigen Körper im Einklang hält, so dass ein Dialog auf tieferen Ebenen entstehen kann.

Deine Theorie trifft den Kern, brachte Barney sich ein. *Du hast Recht: Ein Schwingungsband wird von verschiedenen Körpern ›gehalten‹ – wie du erkennst, handelt es sich um körperliche, emotionale, mentale und auch spirituelle Schichten. In Wahrheit gibt es nicht nur einen, sondern viele emotionale Körper. Mit physikalischen und geistigen und anderen Körpern verhält es sich genauso.*

Das Schlüsselbild ist jedoch, dass eine bestimmte Bandbreite ausgesucht wird, um zu kommunizieren. Sie ermöglicht die Kommunikation zwischen den Spezies und auch zwischen verschiedenen ›Körpern‹ innerhalb deines körperlichen Wesens. Das passt gut zu unserem heutigen Thema, wobei es um die Wege geht, wie sich das Bewusstsein mit dem Geist verbindet. Eigentlich verbindet sich das Bewusste nicht so sehr mit dem Geist, sondern wird eher vom Geist festgehalten oder wird zum Medium, durch das der Geist sich entweder auf eine Weise kennenlernt oder sich auf eine andere Weise ausdrückt.

Zuerst muss gesagt werden, dass es zahlreiche Schichten oder Dimensionen des Bewusstseins gibt. In unserer Diskussion werde ich den Begriff ›Bewusstsein‹ für die erhellteren Aspekte deines Bewusstseins im Alltag verwenden.

Lass uns mit dem beginnen, was nach dem Tod geschieht. Wenn das Bewusstsein den Körper verlässt – und ich spreche hier spezifisch vom bewussten Sterben, in dem schon ein gewisses Maß an Bewusstsein durch die Lebensweise kultiviert wurde –, tritt eine ›Erleuchtung‹ ein. Dabei fallen verschiedene Konstrukte wie zum Beispiel die der Zeit ab. (Bei Todesfällen, die nicht bewusst motiviert sind, geschieht das nicht immer, da in solchen Fällen das Bewusstsein des Toten danach strebt, an solchen alten Strukturen festzuhalten.)

In diesem Sinne ist der Tod also ein Wiedererwachen in eine tiefere Essenz des Bewusstseins – das, was wir leicht ironisch eine ›bewusstere‹ Verbindung mit der Seele nennen können. An diesem Punkt wird das Bewusstsein immer noch als von der Seele abgetrennt erlebt, da es sich noch nicht völlig mit der Seele identifiziert hat. Der Geist ist einfach – das Bewusstsein ist immer noch im Wesen (dem Denken, Handeln, Tun usw.) involviert.

Als Unterscheidung des Geists an sich vom bewussten Ausdruck des Geists verwende ich den Begriff Geistwesen. Es handelt sich um bewusste Teile oder Bewegungen des Geists. Natürlich lässt sich der Fluss des Geists bis zu seiner Quelle zurückverfolgen. Er ist immer da, immer ein Teil des Flusses. Doch um sich in der spirituellen Welt zu bewegen, sich zu trennen und wieder in einem Körper zu manifestieren, bedarf es einer treibenden Kraft des Bewusstseins.

Verstehst du das?

»Du sagst, es gibt verschiedene Ebenen des Bewusstseins, die über unsere physikalische Form hinausgehen, auch wenn sie nicht unbedingt vollkommen umgesetzte Bewusstseinszustände sein müssen.«

Richtig, auch wenn wir das schon behandelt haben. Ich spreche eher von den Unterteilungen des Geists, wobei die Flexibilität, das Bewusstsein abzutrennen und als ein Medium des Ausdrucks zu nutzen, möglich ist.

Hier machte Barney eine Pause und ich spürte so etwas wie ein Seufzen.

Du hast heute Morgen Schwierigkeiten, dich zu verbinden, stellte er fest. Lass uns für jetzt mit den Gesprächen aufhören. Verbringe ein paar Vormittage mit anderen Tieren und schau mal, wohin dich das führt. Einverstanden?

Mir blieb gar nichts anderes übrig, als einverstanden zu sein, da Barney Recht hatte. »Aber ein Teil von mir will ständig in Kontakt mit dir bleiben«, sagte ich.

Ja. Es ist aber nicht wirklich nötig. Du musst stärker auf den Fluss vertrauen. Ich glaube, es wird uns beiden guttun, wenn du in den nächsten Tagen ein paar ›Feldexpeditionen‹ machst. Amüsiere dich. Lerne Neues. Das wird dein Energielevel erhöhen und dich begeistern, wodurch du dich leichter fühlen wirst. Das ist es, was wir brauchen.

Ich bin immer noch hier. Ich arbeite mit unserer Gruppe zusammen. Manchen von ihnen geht es recht gut, aber andere brauchen mehr Unterstützung. Wir sitzen alle im selben Boot. Also lass uns alle unseren Teil nach besten Fähigkeiten und bestem Willen beisteuern. Wir werden bald mit bewussteren Gruppentreffen anfangen, und wenn wir Informationen teilen, wird das allen helfen.

Ein Gespräch mit Zak

Schon bald nach Barneys Tod änderte sich die Beziehung zwischen Zak und Max. Solange Barney da gewesen war, hatten sich beide Hunde ihm unterworfen. Unser stattlicher Labrador Max war bei weitem der größte der drei, doch er hatte ein ruhiges Wesen und provozierte die anderen beiden nur selten. Aber jetzt, da Barney weg war, wirkten Max und Zak gereizt.

Nach mehreren Tagen ununterbrochenen Knurrens hatte ich eine Unterredung mit Zak. Ich fragte mich nicht nur, wie er Barneys Tod erlebt hatte, sondern auch, ob er bereit war, sich mit Max zu arrangieren.

Zak begann das Gespräch mit diesen Worten: *Barneys Tod wurde uns auf unterschiedlichen Ebenen bewusst. Auf dem ›Hundekanal‹ wussten wir es auf elementare Weise: durch Riechen, Sehen, Schmecken. Wir spürten, dass mit Barney etwas ›nicht in Ordnung‹ war oder dass er krank war. Auf kosmischeren Ebenen, ja, da war mir klar, was los war. Ich dankte Barney dafür, dass er sein Heim mit mir geteilt hatte, und wir tauschten einige Informationen aus, bevor er seinen Körper verließ. Er war ein guter Hundekamerad. Und er war ein sanfter Anführer.*

Du hast gesehen, dass er unser Anführer war, auch wenn er der kleinste von uns war. Diese Stellung war für Barney aus mehreren Gründen wichtig und in diesem Leben ganz besonders. Darin waren wir uns alle einig.

Jetzt, ohne Barneys irdische Gestalt, ändern sich jedoch die Spielregeln. Die Frage der Dominanz oder Rangordnung unter uns Hunden wird wieder aufgeworfen.

Zak hielt inne, als würde er überlegen, wie er seine Gedanken am besten formulieren könnte.

Es gibt so viele Punkte zu beachten, sagte er nach einer kurzen Weile. *Ich möchte nicht den Eindruck vermitteln, als wäre meinem ›spirituellen‹ Selbst meine Position innerhalb der Familie egal, denn auch das ist ein Teil von mir – mein Hundeselbst. Der Hund Zak muss seine Dominanz über Max durchsetzen. Ich bin der Ältere und muss respektiert werden. Die Größe ist dabei nicht ausschlaggebend. Doch aufgrund seiner Größe versucht Max, mich herauszufordern.*

Im Augenblick sehe ich es eher als eine leere Drohung an, aber ich muss meine Position trotzdem klarstellen. Ich schätze, das wird mehrere Wochen dauern. Du hast Recht, wenn du uns darauf ansprichst und auch deine Autorität klarstellst.

Das ist alles, was ich darüber im Moment zu sagen habe, obwohl wir uns über dieses Thema noch mal unterhalten können, wenn wir über andere Dinge reden. Warum sprichst du nicht auch mit Max darüber? Es wäre eine gute Übung für dich …

Ein Gespräch mit Max

Ich nahm Zaks Rat an. Also spielte ich mit Max und setzte mich dann hin, um mich mit ihm zu unterhalten. »Max«, fing ich an, »möchtest du mit mir über Barneys Tod reden und über das, was zwischen dir und Zak läuft?«

Ich trauere um Barney als Familienmitglied. Ich werde ihn vermissen. Ich habe ihn gemocht. Er war ein guter und gerechter Hund und er war immer gütig zu mir.

Ich will in dieser Familie keine Unruhe stiften. Ich bin glücklich hier. Ich werde lieb sein.

»Natürlich bist du ein lieber Hund, Max«, sagte ich etwas entmutigt. Ich war ein bisschen traurig, nicht öfters mit Max zu kommunizieren, da ich spürte, dass er vielleicht dachte, mir wären Zak und Barney wichtiger. Doch Max zeigte nur selten ein Interesse daran, sich mit mir zu unterhalten. Stattdessen kehrte er meistens den großen, dummen, lieben Hund heraus, und unsere Beziehung bestand hauptsächlich darin, dass ich für ihn Bälle warf, ihn an den Ohren und unter dem Kinn kraulte und ihm gutes Futter und Leckerle fütterte.

»Wir haben dich sehr, sehr lieb«, sagte ich leise. »Aber ich wünsche mir, dass du nicht so eifersüchtig auf Zak bist. Ich liebe euch beide. Manchmal möchte ich Zak streicheln und mit ihm zusammen sein, und manchmal will ich mit dir Zeit verbringen. Glaubst du, wir können ein bisschen daran arbeiten?«

Ich werde es versuchen. Manchmal werde ich nervös.

Wieder empfand ich Traurigkeit wegen Max und seinem früheren Leben. Auch wenn ich ihn schon oft gefragt hatte, was er durchgemacht hatte, bevor er während eines Sturms im Winter auf unserer Terrasse aufgetaucht war, wich er der Frage jedes Mal aus. Doch als unsere Gefühle sich berührten, spürte ich, dass er von Menschen nicht gut behandelt worden war und es uns vielleicht übermäßig recht machen wollte.[1]

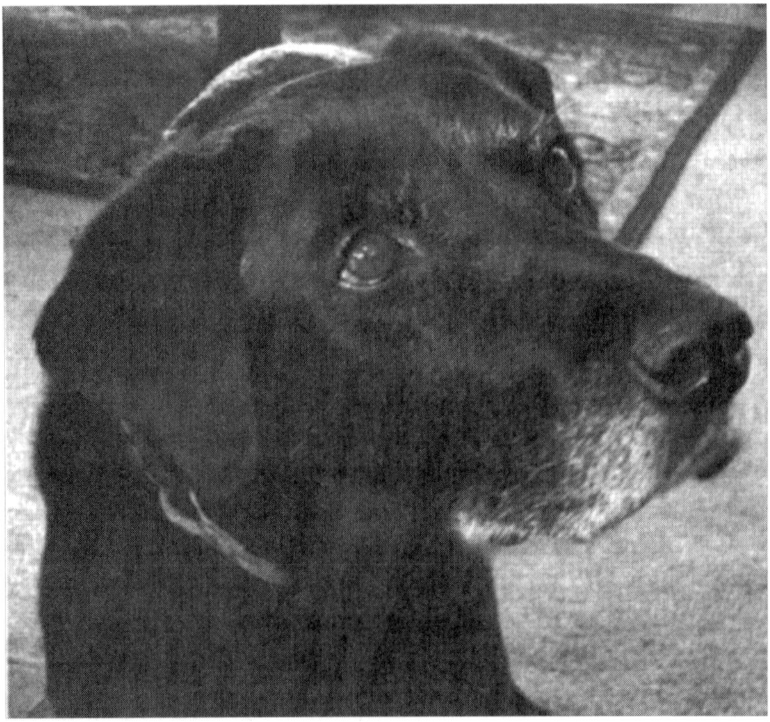

Max

Ich mag dich sehr gern. Ich liebe euch und dieses Haus, mein Zuhause. Ich werde daran arbeiten, dich vor allem zu beschützen – sogar vor anderen Hunden.

»Ich weiß, Max, und ich danke dir dafür«, sagte ich. »Aber du musst wissen, nur weil ich Zak streichle, heißt das nicht, dass ich dich weniger lieb habe.« In diesem Moment fiel mir die erste Geschichte, die Max mir erzählt hatte, wieder ein. Es war eine Art Traum, den wir geteilt hatten, und in dem er sich mir als eine Bärenmutter mit zwei Bärenjungen gezeigt hatte, die in einer Scheune schliefen. »Denke an das

Bärenleben mit den beiden Jungen, von dem du mir erzählt hast«, sagte ich. »Du hast doch nicht eines der beiden weniger geliebt, nur weil du mit dem anderen gespielt hast, oder?«

Nein, ich habe beide geliebt. Sind wir also deine Jungen?

Ich musste lachen. »Na ja, ich möchte glauben, dass jeder von euch ein individueller Hund ist und dass ihr mit uns zusammenlebt und dass ich euch beide lieb habe, genauso lieb wie ich die anderen in der Familie habe. Nur wäre es mir lieber, wenn du und Zak euch nicht mehr anknurrt. Ich finde, Zak ist jetzt der Anführer des Rudels, weil er der ältere ist. Und du sollst wissen, dass ich, wenn ich einen von euch streichle, auch den anderen streicheln will, aber warte bitte, bis du an der Reihe bist.«

Gute Manieren und so …

»Genau! Ich würde mich freuen, wenn du gute Manieren hättest. Und da wir gerade beim Thema sind: Vielleicht solltest du nicht so viel bellen, wenn andere Hunde oder Leute oder Autos vorbeikommen. Ein Beller genügt!«

Es ist schwer, damit aufzuhören, wenn ich mal angefangen habe.

»Zum Beispiel, wenn wir auf dem Trampolin springen, Max. Dann brauchst du uns nicht anzubellen.«

Aber ihr fliegt durch die Luft! Das sieht gefährlich aus!

Ich musste lächeln, als mir klar wurde, dass es aus Max' Perspektive wohl wirklich so aussah, als würden wir durch die Luft fliegen.

Ich würde gern mit euch mitspringen, offenbarte Max kurz darauf.

»Deine Nägel würden das Trampolin kaputtmachen. Vielleicht können wir öfters mit dir rausgehen. Wie wäre es damit?«

Und Bälle und andere Sachen werfen, damit ich sie holen kann? Das wäre sehr schön.

Und so kam es, dass der große schwarze Labrador und ich uns darauf und auf viele andere Dinge einigten und der Hundekrieg zwischen Zak und Max endete.

Neue Energie tanken

Barney behielt Recht: Ich musste eine Pause einlegen und meine »Feldausflüge« genießen. Ich war froh, weiterhin Tieren zu begegnen und mich mit ihnen zu unterhalten – und mit Bäumen und Pflanzen, Wolken, Gletschern und Bergen. Ich machte mir Notizen, hielt Gespräche fest und las alles, was mich interessierte. Und die ganze Zeit über spürte ich etwas, das direkt unter der Oberfläche meines Bewusstseins köchelte.

Eines Morgens kochte es über und brachte mir eine Idee: Schreibe ein Buch mit Barney, in dem der Tod anhand seiner Geschichte und meiner Erfahrungen mit dem Shapeshifting näher untersucht wird.

Ein ausgezeichnetes Thema, sagte Barney, als ich ihm den Vorschlag machte. *Es freut mich, und ich fühle mich geehrt und verpflichtet, mit dir zusammen darauf hinzuarbeiten. In gewisser Weise wird das also unser Buch – und das meine ich nicht aus der Perspektive des Eigentums, sondern aus dem Blickwinkel, der uns auf einer bestimmten Ebene des Lehrens und Verstehens hält. Es wird keine Abhandlung von Tod, Sterben und Shapeshifting. Es wird einfach nur die Erfahrung aus unserer Perspektive schildern. Auf diese Weise ist die ganze Gruppe daran beteiligt, und einige andere können zusätzliches Material beisteuern. Klingt das interessant?*

»Ja«, nickte ich. »Das wäre sehr interessant.«

Dann wollen wir mit dem Thema, das sich den Toten widmet, beginnen. Dabei geht es natürlich mehr um die Lebenden als die Toten. Zum Beispiel habe ich gefühlt, wie respektvoll ihr mit meiner irdischen Hülle umgegangen seid, und es hat mich gefreut, dass du so aktiv daran teilgenommen hast, meinen Körper der Erde zu übergeben. Auf der einen Seite ist es nur ein Körper – ein Heim für die Seele oder den Geist. Auf der anderen Seite ist es ein wunderbarer Tempel, der seine eigenen Erinnerungen, Funktionen und erstaunlichen Fähigkeiten besitzt. Den Körper (jeden Körper) wieder der Erde zurückzugeben – ob durch Feuerbestattung, Beerdigung, auf See oder durch andere Kreaturen, die sich daran beteiligen – bedeutet immer ein Recycling. So funktioniert der Planet Erde nun einmal. In seiner Einfachheit ist der Kreislauf recht elegant.

Für eine weitere Runde, was geschieht, wenn die Seele den Körper verlässt, wollen wir uns erneut auf das bewusste Sterben konzentrieren. Es gibt unterschiedliche Formen des bewussten Sterbens. Was mich betrifft, so wusste ich, wann ich sterben würde. Es sollte meine freie Entscheidung werden. Ich will damit nicht sagen, dass ich die genaue Minute oder das Datum kannte, aber ich wusste, dass es bei einer Übereinstimmung des richtigen Timings und innerer Entwicklung erfolgen würde. Ich ›ertastete‹ den richtigen Zeitpunkt zum Sterben.

Ich suchte mir aus, in der Morgendämmerung zu sterben. Erstens, weil das deinem Namen Dawn (dawn = Morgengrauen) entsprach, und zweitens, um dir auf dem Bett nahe zu sein, weil wir miteinander verbunden sind und der Sinn dieses Lebens zum Teil der war, dich darin zu unterstützen, deinem bewussten Selbst und anderen Erinnerungen, Verständnis und Erfahrungen zu vermitteln. Weißt du noch, wie du mir Wasser gebracht hast? Erinnerst du dich daran, der Wasserträger zu sein?

»Ja«, sagte ich und spürte die Last des seltsamen Titels »Wasserträger«. Er fühlte sich in meinem Kopf alt, ausgeleiert und schwer an, doch gleichzeitig auch wie etwas, das ich lieb gewonnen hatte.

Das hat mit Erinnerungen zu tun. Wasser birgt Erinnerungen. Ich habe mich gefreut, dass du aufgewacht bist und dich an den Wert des Wassers erinnern konntest. Hast du gewusst, dass es sich um einen Denkanstoß an deine Rolle als Wasserträger in früheren Leben oder andere Lebensszenarien handelt? Du hast mir als Zeichen einer unserer Existenzen Wasser gebracht – und dadurch hast du dir selbst diesen Denkanstoß vermittelt. Möchtest du das näher erforschen?

»Wenn es zu dem gehört, wohin wir gehen.«

Es könnte dir mehr in Erinnerung zurückrufen, als dir klar ist. Du sollst dich frei entscheiden. Sieh es dir an und sag mir, ob du dazu bereit bist.

Ich überlegte. »Also meine erste Vision ist die einer Schatztruhe auf dem Meeresboden. Das Wasser ist zwar dunkel, aber die Schatztruhe birgt eindeutig etwas Kostbares. Ich glaube, die Frage ist: Habe ich den Mut, hinunterzusteigen und sie heraufzuholen, sie aufzumachen und zu sehen, was drin ist?«

Das ist immer eine gute Frage!

Ich lachte. »Dann bin ich bereit.« Was konnte daran schon so beängstigend sein?

Dann wollen wir tiefer gehen und uns auf ein Leben konzentrieren, das uns über das Wasser und den Wasserträger miteinander verbindet. Es ist ein Leben in der

Frühzeit des Wassermanns, wie das Horoskopzeichen enthüllt, und es ist aus einer viel älteren Ära in der Geschichte der Erde. Auch hat es mit Schöpfungsgeschichten zu tun – und daher auch mit Geschichten von Zerstörung. In Wahrheit gehen wir in ein mythisches Leben zurück. Also lass es uns in mythischen Begriffen sehen. Es ist sehr tief – wie du siehst, ist die Schatztruhe auf dem Grund des Meeres und du kannst sicher sein, dass sich der Schatz auf dieser Ebene stark von deinen gewöhnlichen Atemebenen unterscheidet. Daher brauchst du einen Schutzanzug. In diesem Sinne werden wir das mythische Format – wie eine Schutzhülle – anwenden, um ins Selbst ›hinabzusteigen‹ und die Schatztruhe der Erinnerungen heraufzuholen.

Ich atmete tief und langsam. Dabei konzentrierte ich mich auf ein spiralförmiges schwarzes Loch aus Wasser, das anfing, mich in die Tiefe zu ziehen. Doch gleich darauf geriet ich in Panik und kehrte rasch wieder an die Oberfläche zurück. Auf den Wellen glitzerten Sonnenflecken, und das Wasser erstreckte sich bis an den Horizont des wolkenlosen blauen Himmels. Als ich weiter in die Ferne schaute, sah ich eine Insel und in der Nähe ein Floß – auf dem Barney in der Gestalt eines englischen Schäferhundes stand!

Lass uns noch einmal von vorne anfangen, sagte Barney so geduldig wie immer. *Erinnere dich: Es geht darum, hinunterzutauchen und sich dem Schatz zu stellen. Das Floß und die Insel sind nur Ablenkungen. Es ist nicht Sicherheit, die du suchst – es ist der Schatz. Du suchst die Erinnerung auf dem Meeresgrund.*

Also konzentrierte ich mich erneut darauf. Ich ließ mich vom Wasserstrudel nach unten ziehen. Und wieder einmal wurde ich von panischer Angst ergriffen und glaubte zu ertrinken. Es war, als würde die Erinnerung meines Körpers die Angst als Barriere einsetzen, und es dauerte eine Weile, bevor mein Atem sie überwunden hatte und mich immer tiefer und tiefer bis auf den Meeresboden zog, wo das Wasser schlammig und finster war. Ich hörte eine Stimme, die mir sagte, ich könnte den Schatz nicht heben, bevor ich die Frage beantwortet hätte, die lautete: *Wer bist du?*

Erstaunt hörte ich mein mutiges Selbst, das ohne zu zögern unter Wasser antwortete: »Ich bin Dawn. Ich bin die Eigentümerin und Hüterin dieser Schatztruhe. Sie enthält meinen Schatz. Lass mich ihn zurück an die Oberfläche holen.«

Und so wurde die Schatztruhe freigegeben. Doch das hatte natürlich einen Haken. Denn in genau diesem Moment tauchte eine düstere Piratengestalt auf. Sie wies mich an, erst die verschlossene Truhe zu öffnen. Wenn der Schatz wirklich mir gehörte, würde sie aufgehen.

Und wie es bei mythischen Reisen üblich ist, bemerkte ich erst jetzt einen Schlüssel an einer Schnur, die an meinem Hals baumelte. Ich nahm den Schlüssel, näherte mich der Schatztruhe und steckte den Schlüssel ins Schloss. Und siehe da – sie öffnete sich. Zu meiner großen Überraschung sprang ein kleines außerirdisches Wesen erschrocken aus der Truhe.

»Ojemine«, sagte ich zu Barney. »Willst du mir damit etwa sagen, wir sind aus dem Weltall und stammen von anderen Planeten? Ist es das? Ist das das Geheimnis?« Ich merkte, wie meine Gedanken bei dieser Vorstellung fahrig und bewertend wurden.

Und dass wir herkamen, um den Menschen hier zu einem neuen Verständnis zu verhelfen. Es gab eine Kerngruppe. Du und ich und viele andere sind Teil dieser Gruppe. Eigentlich sind es alle, da es zwischen dir, mir und jedem anderen keinen Unterschied gibt, aber von der Ebene aus, auf der ich stehe, ist dies das Erinnerungsszenario, mit dem wir arbeiten. Du kamst hierher, um eine Morgendämmerung, ein Erwachen für andere zu sein. Das ist Teil dessen, wer wir sind.

Unzufrieden mit der Richtung, die das kleine Abenteuer nahm, schüttelte ich den Kopf. »Reg dich ab«, ermahnte ich mich irritiert. »Er hat dir doch gesagt, es in mythischen Begriffen zu sehen.«

Und wie deine mythische Arbeit am Szenario beweist, hast du den Schlüssel, bist du bereit und verfügst über die Stimme, die willens ist, ihr Geburtsrecht einzufordern. Barney unterbrach sich, als würde er überlegen, welcher Weg eingeschlagen werden sollte. *In mancher Beziehung war das hier ein Test, um deine Fesseln, deine Blockaden herauszufinden. Was könnten sie deiner Meinung nach sein?*

»Das weiß ich nicht«, sagte ich immer noch gefrustet.

Das ist bloß, weil du sie nicht erkennen willst. Es geht darum, dass das ›Ende der Welt‹ wieder zum Leben erweckt und aktiviert wird – es geht um Manifestierung, Erschaffung, neues Leben und neues Erwachen. Wir wenden diese Begriffe und Bilder als Metaphern an. Es geht um eine neue Geburt. Es geht um das volle Erwachen in die, die du bist.

Und es geht um den Widerstand gegen das Neue – die Vorliebe, im Alten zu ertrinken. Du hast schon mehrere Leben gehabt, in denen du ertrunken bist, aufgegeben hast und das Gefühl hattest, versagt zu haben. Du tendierst dazu, zu streng mit dir umzugehen. Du hegst einen Widerstand gegen den Tod, weil du einen Widerstand gegen das Leben hast. Es würde dich weiterbringen, deine Erfahrungen – und zwar alle – zu lieben. Dann würdest du anfangen, dich selbst mehr zu lieben.

Wieder schüttelte ich den Kopf, bemüht, den Sturm des Chaos und der bitteren Tränen zu unterdrücken, der sich in mir zusammenbraute.

Dies wird unser Übergang in die tieferen Mysterien des Shapeshiftings und die Entdeckung sein, wer wir wirklich sind, sagte Barney und ließ mich mit diesen Worten in einem Nebel der Unsicherheiten zurück.

Als die Tränen kamen, hatte ich das unangenehme Gefühl, als würde ein Teil von mir wie ein Saum aufgehen, als hätte der Schlüssel tatsächlich etwas aufgemacht. Als würde eine Tür in meinem Geist sich öffnen und ein Zimmer offenbaren, von dem ich nichts geahnt hatte – einen ruhigen, geräumigen, leeren Raum, in dem es sauber, klar und still war. Und ich stand da, hob den Fuß, um durch den Türrahmen hindurchzugehen, und fragte mich: Was geschieht jetzt?

Teil 2

Abenteuer mit Shapeshifting

8

Wir alle sind Shapeshifter

Nicht lange nach Barneys Tod hatte ich einen Traum:

Ich gehe einen schmalen Pfad hinauf zu einem Haus mit einer offenen Haustür. Als ich mich der Tür nähere, sehe ich Barney im Haus. »Barney! Du lebst ja!«, rufe ich aus. Ich bin sehr aufgeregt, doch dann kommt ein älterer Mann – ein Arzt – und sagt mir, dass der Hund ganz offensichtlich nur geschlafen hat und nicht wirklich gestorben ist. Ich fange mit dem Mann einen Streit an, aber es ist sinnlos. Er besteht darauf, dass ein Hund nicht sterben und wieder lebendig werden kann. Da erkenne ich, dass er in seiner Überzeugung gefangen ist und dass keine Argumente etwas daran ändern können. Ich staune über mich selbst, als ich ihm ins Gesicht schlage und mit fester Stimme sage: »Sie haben es doch gesehen! Er war tot. Und jetzt lebt er!«

Beim Aufwachen schmerzte meine Hand tatsächlich von der Ohrfeige, und das Bild der »offenen Tür« des Todes wirkte so plastisch, dass es mich trotz des Teils von mir (der Arzt), der diese Wahrheit immer noch verleugnen wollte, amüsierte.

Das ist ein Anfang, ein Hinweis aus deiner Innenwelt, dass die Trennung zwischen Leben und Tod nicht so ist, wie du früher geglaubt hast oder wie andere dir immer noch einreden wollen, kommentierte Barney den Traum ein paar Stunden später. *Du vermutest schon, dass der Arzt in deinem Traum eine ältere, männliche, autoritäre Sichtweise der Welt symbolisiert, die du früher als wahr angesehen hast. Die Tatsache, dass du den Arzt geschlagen hast, zeigt, dass du dich von diesen Sichtweisen entfernst, auch wenn sie immer noch ein Argument sind, das du beachten solltest. Ein Teil von dir will weiterhin, dass ›der Arzt‹ dir glaubt. Du bist also nicht unbedingt vollkommen in deiner Mitte. Das ist in Ordnung so; hier stehst du. Es scheint ein menschliches Muster zu sein, dass das Verlassen eines Paradigmas oft mit einem Kampf einhergeht.*

Wenn du diese Trennung von Leben und Tod überwindest, wirst du erkennen, dass es nur eine andere gewählte Form ist. Hier kann das Shapeshifting eine wichtige Rolle für dich und andere Menschen spielen. Die Essenz stirbt nun mal nicht. Die meisten Religionen haben das in gewisser Weise erkannt, auch wenn die Mäntel und Mythen, aufgrund derer sie dies für möglich halten (wie Himmel und Hölle, Bardo, Reinkarnation), große Unterschiede aufweisen.

Lass uns für einen Augenblick die Wiedergeburt untersuchen. Manche Menschen glauben, die Reinkarnation bedeute eine Fortsetzung der Persönlichkeit oder des Ichs. In manchen Fällen habe ich das erlebt, doch sie sind selten. Die Fortsetzung der Existenz erfolgt oft als eine Art bewussten Sterbens – das heißt, das Persönlichkeitsprogramm eines physischen Wesens wird durch den Sterbeprozess in den Körper eines anderen physischen Wesens verlagert. Der Gedanke dabei ist, das Bewusstsein eines Körpers durch den Übergang des Todesprozesses mit dem eines anderen zu verbinden. Die Tibeter schwören darauf als ein Mittel, die Weisheiten von einem Lehrer zum nächsten weiterzureichen.

Während ich darüber nachdachte und mich fragte, ob das tatsächlich funktionieren konnte, schickte mir Barney ein geistiges Achselzucken. *Wie ich schon gesagt habe, ist es eine besondere Art von Leben-zu-Tod-zu-Leben und bedarf eines gewissen Maßes an innerer Übung. Im Grunde ist es eine einzigartige Methode des Shapeshiftings, über die wir vielleicht noch später sprechen werden.*

Für den Augenblick möchte ich mich jedoch auf ein paar Irrtümer über die Wiedergeburt konzentrieren. Meistens beinhaltet die Inkarnation der Seele keine Charaktereigenschaften aus dem früheren Leben. Auch wenn sich viele Seelen, die in ihrem physikalischen Körper allmählich erwachen, an frühere oder alternative Leben ›erinnern‹ mögen, werden sie feststellen, dass sich zahlreiche Eigenschaften nicht ähneln. Vielleicht identifizieren sie sich mit einem persönlichen Thema, weil natürlich dieselbe Essenz vorhanden ist – in dieser Hinsicht besteht also eine Ähnlichkeit – aber es wäre falsch, davon auszugehen, dass diese Ähnlichkeit auf der Persönlichkeit oder dem Ich basiert. Verstehst du das?

»Was du sagst ist, dass es nicht so simpel ist wie die Vorstellung eines kleinen persönlichen ›Ichs‹, das in einem zukünftigen Leben fortgesetzt wird.«

Genau, das trifft es gut. Beim Tod fällt die Persönlichkeit weg, es besteht weniger Identifikation mit dem Ich und mit Unterroutinen der Eigenschaften, die im körperlichen Bereich dominieren. Es ist, als würde die seelische oder spirituelle Form des ›Ichs‹ jetzt das von dir auf Erden angewandte Softwareprogramm beobachten. Dein Fokus erweitert sich auf einen größeren Teil deines Selbst, statt auf eine eng begrenzte Sichtweise, die meist vom Körper ausgeht.

Aber das Shapeshijting lässt sich anwenden, während man im irdischen Körper steckt, um eine Veränderung der Perspektive zu erreichen. Dadurch sieht man nicht mehr nur aus dem Blickwinkel der eigenen Persönlichkeit, sondern auch aus dem anderer Persönlichkeiten und darüber hinaus. Interessanterweise haben Tiere oft weniger Identifikation mit ihrer ›Persönlichkeit‹ als Menschen. Vielleicht ist das der Grund, warum so viele Leute glauben, Tiere hätten keine Seele – nur weil sie die Persönlichkeit einer Ameise oder eines Tigers oder des Tieres, auf das sie projizieren, nicht erkennen. Siehst du also, wie diese Identifikation mit Persönlichkeit und Seele auf einer Ebene unterhalb des Bewusstseins codiert wird, der sich die meisten Menschen noch nicht einmal bewusst sind?

»Du sagst also, dass wir manchmal die Persönlichkeit mit der Seele verwechseln, obwohl das eine etwas ganz anderes ist als das andere?«

Etwas ganz anderes und zugleich miteinander verbunden. Auf der einen Seite ist die Persönlichkeit ein Programm, eine einzigartige Entwicklung, die sich jede Seele in einem bestimmten Körper aussucht. In dieser Hinsicht ist sie auch mit der Seele verwandt, da die Seele sie erschaffen hat. Aber sie ist nicht die Seele an sich. Stattdessen ist sie wie ein Kunstwerk oder Musikstück oder eine Geschichte, die der Mensch kreiert hat. Verstehst du?

»Ja, das Bild ist klar.«

Danke. Lass uns wieder einmal das Shapeshifting als Mittel, um im Körper ›aufzuwachen‹ betrachten. Indem wir mit anderen Wesen mitgehen oder zu ihnen werden, kann man auf einem wissenschaftlichen Level erkennen, dass die eigene Sichtweise der Welt eben nur die eigene Sichtweise der Welt ist. Es ist deine Wahrnehmung, die auf dem, wer du bist, basiert. Genauso wie die Wahrnehmung eines Hundes in dem, wer und was er ist, oder die Wahrnehmung eines Delfins auf seiner einzigartigen Perspektive begründet ist. Wie Zak erwähnt hat, hängt der Anteil der Seele oder des Geistes, dessen du dir bewusst bist, davon ab, wie offen du dafür bist, diese Essenz in dein Bewusstsein durchsickern zu lassen. Es lässt sich damit vergleichen, wie ›realistisch‹ ein Roman, ein Kunstwerk oder ein Lied ›umgesetzt‹ ist.

Wenn du dich mehr öffnest, stellst du fest, dass du viele Begabungen hast, dass du vieler Perspektiven fähig bist, dass du dir ›viele Hüte aufsetzen‹ kannst – was übrigens ein interessantes Wortspiel ist, das viele von uns mit den Fähigkeiten gleichsetzen, die das Shapeshifting verleiht.

Ein Beispiel: Du öffnest dich für die Stimme des ›ich‹ in deinem Kopf. In gewisser Weise erschaffst du sie insofern, als dass du die Wörter und Ausdrücke lieferst. Es sind deine Finger, die die inneren Worte aufschreiben und in Sätze übersetzen, damit andere sie lesen können, und es sind deine Gedanken, die dabei helfen, meine Vorstellungen nach außen zu tragen. Kannst du anderen diesen Vorgang erklären?

»Na ja, es ist, wie du sagst. Ich schalte meine Gedanken ab, spüre eine bestimmte Energie und dann höre ich zu.« Einen Augenblick lang tat ich genau das. Dieses bewusste Mir-selbst-Zuhören hatte jedoch einen merkwürdigen Effekt. Es war, wie wenn man sich seiner selbst hyperbewusst ist, während man sich im Spiegel betrachtet.

»Ich weiß nicht, in welche Richtung mich manches davon führt, Barney«, sagte ich nach einer kurzen Weile. »Und wenn ich diesen Gedanken denke, bekomme ich ein bisschen Angst. Ich weiß, das ist albern, weil ich in Wirklichkeit bloß ich selbst sein und zuhören muss. Es scheint am besten zu fließen, wenn ich nichts denke und nur locker bin.«

Und merkst du nicht, was das für ein toller Rat für dich, für dein Leben ist? Wenn du zulässt und ›offen‹ bist, dann kann sich deine Seele in dir öffnen. Dann machst du Platz für mehr deines größeren Selbst, das in dich hineinfiltern und dein körperliches Ich durchdringen kann. Du wirst erweitert, du wirst dir deiner Ganzheit, deines Lichts und deines strahlenden Glanzes bewusster. Und wenn du diese Offenheit beibehältst, wirst du den Glanz nicht nur in dir selbst erkennen, sondern allmählich auch in allen anderen Gestalten und Formen – in allen anderen Wesen. Genau das ist Shapeshifting. An diesem Punkt wird es noch nicht einmal mehr Shapeshifting genannt, weil es dann so deutlich wird – dass du alles bist: die Ameise, der Elefant, das Känguru, der Papagei, der Hund, der Mensch, das lebendige Jetzt von allem. An diesem Punkt – der in Wahrheit kein Punkt, sondern ein Sein ist – braucht man keine Worte mehr.

Und für einen Augenblick saßen Barney und ich zufrieden in der Stille da.

Um zu den Worten zurückzukehren – damit du etwas davon zu Papier bringen und auf diese Weise die Erfahrung in anderen entfachen kannst: Wir beginnen im-

mer bei uns selbst, bei dem, der wir jetzt in diesem Augenblick sind. Das ist das Zentrieren. Und indem wir uns darin vertiefen, werden wir uns einer noch viel größeren Weise des Seins bewusst. Dieses vertiefte, zentrierte Wissen lässt sich in viele Richtungen ausdehnen.

Stell es dir als einen Felsbrocken vor, der ins Wasser fällt und eine Reihe von Kreisen zieht, die sich nach außen hin ausbreiten. Du kannst dich nun auf einen beliebigen Kreis oder einen beliebigen Punkt auf einem der Kreise konzentrieren. Um deiner Essenz zu begegnen, kannst du dem Tod bis ins Loslassen deiner Persönlichkeit folgen. Ihr kannst du in ein anderes Leben und dann wieder in ein weiteres Leben folgen, um die vielfältigen Masken – die verschiedenen Hüte – zu erleben, die du anprobierst. Du kannst auch all das in einem Leben erfahren – indem du von einer Form zur anderen überwechselst und Tiere oder Menschen, Pflanzen oder Naturgewalten bittest, dein Lehrer zu sein, und dich mit ihnen bewegst, um noch eine andere Perspektive, eine weitere Sichtweise, einen anderen Rahmen des Films zu sehen. Du kannst dich aber auch auf einen einzigen Aspekt deiner selbst konzentrieren und ihm immer tiefer, immer höher, immer näher an die Essenz folgen. Auch das ist eine Methode des Shapeshiftings. Es ist eine Art Evolution – eine Form anzunehmen und sich mit ihr so weit wie möglich auszudehnen, bis man schließlich durch sie hindurchstößt und sich wieder einmal des höheren Selbst bewusst wird – der Ganzheit seines größeren Wesens.

Wir können all diese Mittel Formen des Shapeshiftings nennen. Das Leben an sich ist ein Shapeshifting. Mir ist bewusst, dass ich das Wort anders als so manche in der Welt der Menschen verwende, aber auf diese Weise kann ich unser Verständnis von Shapeshifting rüberbringen und für jeden zugänglich machen.

Shapeshifting ist eine Bewegung, und alles Leben ist Bewegung. Wie jede Form von Leben bist auch du ständig in Bewegung und veränderst daher ständig deine Gestalt: Du wächst als Mensch, Pflanze oder Tier, du verwitterst, du nimmst andere Formen und Essenzen an und lässt sie über die Nahrung, die Luft, das Wasser oder die Sonne wieder los. Auch das ist eine Form von Shapeshifting: die Annahme anderer und das Loslassen dessen, was du geworden bist. Erkennst du, wie das alles miteinander verwoben und aufeinander bezogen ist?

Das ist Leben und Tod: das Annehmen einer Form und das Loslassen einer anderen Form. Es ist das Aufnehmen dieses ›anderen‹ (so wie die Aufnahme von Nahrung oder der Zusammenschluss mit einem anderen) und das Loslassen dessen, was für eine gewisse Zeit ein Teil von dir wird. Begreifst du das auf einer tieferen Ebene? Kannst du dieses ständige Zusammenspiel allen Lebens spüren? Auf dieser Ebene lässt sich das körperliche Shapeshifting als das erkennen, was es wirklich ist: als eine kontinuierliche Bewegung. Und wenn du dir dessen bewusst wirst, bist du offen für das Verständnis, was Shapeshifting zu bieten hat.

»Puh!«

Das reicht für den Augenblick, meinte Barney und lachte kurz. *Es ist eine andere Betrachtungsweise des Shapeshiftings. Wir wollen es weiterhin auf eine Weise beschreiben, die unseren Lesern hilft, es in ihrem Wesen zu spüren. Das wird ein gutes Projekt für deinen Geist.*

Energieströme

Auch wenn Barney sich ein bisschen lustig über mich machte, pflanzte er gleichzeitig ein Saatkorn. Natürlich nahm mein Geist das Projekt gerne an und ich spielte mehrere Tage mit den Möglichkeiten, wie sich Shapeshifting beschreiben lässt. Dann, an einem trägen Nachmittag im Herbst, hatte ich ein Erlebnis. Es kam in Gestalt eines Schlüssellehrers, der immer häufiger in meinem Leben umhersprang – als Kaninchen!

Wir sind die Energie der Kaninchenverlinkungen – das heißt, die energetische Gegenwart dessen, was die Kaninchenform mit dem Geist oder der Seele verbindet, sagte der unerwartete Aspekt des Kaninchens und hoppelte so anmutig an meinen bewussten Gedanken entlang, als hätte es schon die ganze Zeit über geduldig zugehört. *Wir verlinken die schnelleren, feineren Schwingungen der Seele mit der dichteren, physikalischen Manifestierung der Hasen und Kaninchen auf der Erde.*

Situationen wie diese erfordern gewöhnlich, dass man sich einander vorstellt und höfliche Fragen stellt. Manchmal auch nicht, so wie diesmal. Ich machte es mir gemütlich und hörte zu, während die Stimme fortfuhr:

Hasen und Kaninchen sind begnadete Shapeshifter und häufig gute Einführer in das tiefere Wesen dieser Kunst. Erinnere dich an ›Alice im Wunderland‹. Es war das weiße Kaninchen, das Alice zum Loch geführt hat – dem Eingang zu einer anderen Vision/Version des Ganzen.

Hasen haben auch eine Verbindung zum Himmel, was auch auf deine Erfahrung mit der Häsin (die hinauf in den Nachthimmel gesprungen ist) zutrifft. In dieser Hinsicht verbinden Hasen und Kaninchen dimensionale Ebenen des Bewusstseins. Das heißt, wir knüpfen ein tieferes Band zwischen verschiedenen Git-

tern oder Ebenen des emotionalen Bewusstseins. Aus diesem Grund werden Hasen oft hoppelnd oder springend dargestellt. Wir sind beim Überbrücken von Dimensionen wirklich befähigte ›Springer‹.

Viele Tiere jagen Hasen, und das nicht nur als Nahrung. Da sie Beutetiere sind, wirken Hasen und Kaninchen auf manche Menschen ›scheu‹. Vielleicht hast du schon mal einen gejagten Hasen gesehen, der sich mit weit aufgerissenen Augen scheinbar ganz auf seine Flucht konzentriert hat. Aber Hasen spüren nicht Angst in der Weise, wie Menschen sie häufig auf sie projizieren. Hasen führen ein heimliches Leben. Oft dienen sie dazu, andere Tiere in einen anderen inneren Raum zu leiten. Hasen arbeiten mit der Energie von …

Hier hielt das Kaninchen inne und suggerierte mir, diese Energie zu spüren statt ihr einen Namen zu geben.

Nun, was kann man anderes tun als eine solche Erfahrung dankbar anzunehmen, wenn Lehrmeister Hase sie einem bietet? Ich machte es mir bequem und fühlte schon bald die Energie, in deren Richtung das Kaninchen mich lenkte. Sie tauchte urplötzlich auf – ein erstaunlich weiches, rasches, tiefgründiges Gefühl, dass alles in Ordnung ist, alles so ist, wie es sein soll, selbst wenn der Fuchs den Hasen jagt. *Ah!* In diesem Augenblick hatte ich die Vision eines Hasen, der von einem Fuchs gejagt wurde. Es war keine Jagd, bei der ein Wesen ein anderes verfolgt, wie wir Menschen es gewöhnlich empfinden, sondern ein wesentlicher Fluss einer viel tieferen, viel größeren, weitaus stärker vibrierenden Version der Wirklichkeit. Insbesondere spürte ich einen schimmernden Strom aus Energie wie eine Hitzewelle, die der Jagd vorausging und folgte, so als würde sie in der Vergangenheit und gleichzeitig in der Gegenwart und Zukunft stattfinden. Die Aufregung dieser Entdeckung – das Gefühl, dass die Bewegung von Fuchs und Hase wie die eines Wesens, ein Teil eines größeren Stroms war – verzauberte mich, und ich wollte ihr unbedingt weiter folgen.

Lehrmeister Hase hatte jedoch andere Pläne für mich. Ich spürte die geduldige Aufforderung, langsamer zu machen und mich darauf zu konzentrieren, abwechselnd beide Tiere – Hase und Fuchs – zu werden.

Ich holte ein paar Mal tief Luft und fing mit dem Fuchs an. Spontan öffnete ich mich, fühlte, wie ich mich ausdehnte und wie ein warmer

Luftstrom auflöste – eine Wolke aus Bewusstsein, die in die rennende Gestalt eines Rotfuchses mit flinken, scharfen Augen hineinschwebte:

> Wir bewegen uns sehr schnell, wir jagen einen Hasen, einen braunen Hasen am Waldrand. Ich kann den Hasen riechen – es ist ein erdiger Geruch, in dem eine Verbindung steckt –, nicht nur ein Geruch, wie Menschen ihn wahrnehmen, sondern eine echte Energiespur hinter dem Hasen. Wie ein Energiestrom, auch wenn der hier feiner und genauer ist. Zum Teil macht es Spaß, wie ein Jagdspiel, auch wenn ich weiß, dass mein Gewinn der Verzehr des Hasen sein wird. Natürlich kann mir der Hase auch entkommen. Er ist schlau. Das weiß ich aus Erfahrung. Oh! Der Hase ist plötzlich verschwunden – wieder zurück in die Erde. Es gibt hier viele Löcher, in denen sie verschwinden; selbst wenn ich mein Bestes gebe, werde ich ihn wahrscheinlich nicht kriegen. Er ist weg, obwohl ich ihn immer noch spüre. Er ist ganz still und sein Herz klopft schnell. Ich werde ihn zwar noch eine Weile wittern, aber das Spiel ist aus. Er hat gewonnen.

Und dann wurde ich durch eine einfache Verlagerung meiner Absicht zum Hasen – einem flinken braunen Feldhasen, der vor dem roten Biest davonrannte:

> Ich war waghalsig und ließ den Fuchs meine Witterung aufnehmen. Ich befand mich auf einer Lichtung – kein günstiger Ort für mich –, aber ich rührte mich nicht und konzentrierte mich auf etwas Schmackhaftes am Boden, was ich nicht zurücklassen wollte, auch wenn ich wusste, dass der Beutejäger in der Nähe war. Damit begann die Jagd. Ich kenne die Entfernung, aus der ich einem Fuchs entkommen kann. Andere Tiere haben unterschiedliche Entfernungen – so und so viele Sprünge. Füchse sind nicht so schlau, wie sie wirken. Wie Hunde lassen sie sich leicht ablenken. Die Beutejäger, vor denen wir uns in Acht nehmen müssen, sind die Eulen und Raubvögel am Himmel. Schließlich ist es nicht leicht, die Himmelsstürmer immer im Auge zu behalten! Der Fuchs hat es gut beschrieben. Wir befanden uns auf einer Jagd, in einem Spiel. Bei diesem Jagdspiel musste ich nicht um mein Leben fürchten. Natürlich

kann es immer schiefgehen, aber ich hatte nicht das Gefühl, dass es diesmal passieren würde. Ich wusste, wo das Erdloch war, es ist Teil des Baus meiner Familie. Wir haben ein System, das aus lauter »sicheren Orten« im ganzen Wald besteht. Auf diese Weise sind wir immer gut vorbereitet.

Als das Erlebnis vorbei war, lachte ich. »Toll!«

Was wir dir zu diesem Zeitpunkt vermitteln wollen, ist, dass diese Jagd, dieses Spiel Teil eines gesamten Bildungssystems ist, dazu da, um einen kleinen Strang des Netzes des Gesamtlebens zu erleuchten. So wie ihr Menschen Geschichte oder ein anderes Fachgebiet lernt, haben verschiedene Tierarten ihr Fachgebiet.

Auf einer Ebene lernen Hasen, gut vorbereitet zu sein – sie arbeiten mit ihrer Familie oder Gemeinschaft zusammen, um die ›sicheren Orte‹, wie unser kleiner brauner Freund sie genannt hat, kennenzulernen und zu teilen – und um daran mitzuwirken, sie auch für andere zu erschaffen. Auf einer anderen Ebene helfen Hasen dabei, andere Tiere von einem Gebiet (wie zum Beispiel einem Wald) in ein anderes zu bringen. Das sieht man auch bei Wüstenhasen. Sie sind Teil eines Bewegungssystems, das das Zusammenspiel der verschiedenen Spezies fördert. Die Jagd ist ein solcher Lernabschnitt.

Manchmal sind verschiedene Tierarten gezwungen, zusammenzuarbeiten. Wie bei den Menschen geschieht dies häufig aufgrund einer Naturkatastrophe. Bei einem Feuer zum Beispiel sind alle Tiere auf der Flucht. Dabei findet kaum eine Jagd statt; alle bewegen sich Seite an Seite in einem vereinten Strom.

Das Kaninchen schwieg für eine ganze Weile, als würde es auf einen Kommentar von mir warten.

»Ich weiß nicht so recht, warum du mir das alles erzählst«, sagte ich schließlich. »Manchmal erschaffen Kaninchen Orte der Sicherheit und manchmal fliehen sie gemeinsam mit anderen Tierarten vor Gefahren. Vielleicht hat das ja eine tiefere Bedeutung, aber ich kapiere sie nicht.«

Lass es dir in Ruhe durch den Kopf gehen. Es gehört zum Shapeshifting der Hasen und Kaninchen. In Hasen steckt viel Energie, die auf den ersten Blick nicht sichtbar wird. Bei Hasen geht es um die Stille, um die tieferen Bedeutungen – um das Hüten der Schöpfungsgeheimnisse. Hast du gewusst, dass ein Teil von dir ein Hase ist? Hast du das immer noch nicht gemerkt? Du hast in mehr als einem Leben einen Hasen zum Lehrmeister gehabt.

Und wie so oft, wenn etwas Unerwartetes plötzlich dicht unter die Oberfläche des Bewusstseins aufsteigt, spürte ich kleine Angstwellen in mir hochkommen.

Zu deiner Angst kann ich dir Folgendes sagen, erklärte das Kaninchen sofort. *Hasen arbeiten mit den tieferen Schichten der Angst. Wir gehen ganz tief hinunter – auf die Ebene, auf der Ängste zuerst entstehen und zugleich schon fast reif sind, losgelassen zu werden. Das ist unsere ›Naturbegabung‹. Wir sind in der Lage, denen, die bereit sind, ihre Ängste loszulassen, zu helfen, das in einem kurzen Moment zu tun. Unsere ›Tarnung‹ dafür ist unsere Unschuld, unser sanftes Wesen. Auf der Oberfläche glaubt niemand, ein Hase oder Kaninchen sei zu so etwas fähig, und dennoch ist das unsere Schattenseite – die scheinbare Unschuld. Die Tarnung durch Unschuld verdeckt im Grunde die Stelle, an der viele Ängste versteckt sind und so anfangen zu wachsen. Viele Menschen verbergen Ängste unter so genannten unschuldigen Vorwänden, und genau da dienen Hasen als hervorragende Lehrer.*

Ausdrücke der Seele

Es dauerte einige Zeit, bis ich die Botschaft des Kaninchens verdaut hatte, denn sie beinhaltete so vieles in einem so kleinen Bündel. Eben typisch Kaninchen! Auch hatte ich das Gefühl, als hätte das Kaninchen mehrere von der Zeit losgelöste Botschaften überbracht – winzige Äderchen, die dazu bestimmt waren, sich zum richtigen Zeitpunkt in meinem (oder eurem) Bewusstsein zu entfalten.

Zudem veränderte die Vorstellung über das Shapeshifting ständig ihre Form. Ich hatte begriffen, dass es in einem größeren Zusammenhang beim Shapeshifting nicht nur darum geht, die Körpergestalt zu verändern, sondern die Form unserer Gedanken, unseres Bewusstseins, unseres Wesens – die gesamte Erfahrung dessen, wer wir sind und wer wir werden, zu verändern.

Wir alle sind Shapeshifter, sagte eine Birke gelassen an einem Herbstabend, als ich auf der Terrasse saß und zusah, wie die Strahlen der schon fast untergehenden Sonne die Berge goldrosa färbten. Ich nickte, da ich die Gestalt des Baums, wie sie sich vornehm durch die Jahreszeiten bewegte, verstand: seine nackten Zweige, die sich von Knospen in Blätter und wieder in nackte Zweige verwandelten. Er brachte mich dazu, über die tieferen Bedeutungen des Shapeshiftings als eine Bewegung nachzudenken. Denn wie Barney anmerkte, ist »Shapeshifting Bewegung, und alles Leben ist Bewegung«. Wie also können wir im Shapeshifting etwas anderes als die Bewegung des sich entfaltenden Lebens ansehen? Nun, vielleicht tun wir das auch gar nicht. Vielleicht ist diese tiefere, subtile Verlagerung so offensichtlich und durchdringend, dass – ach so! Und dann kam es mir.

Vielleicht hat der Schlüssel zum Shapeshifting nicht so viel mit den Formen – den Formen der Entwicklung – zu tun, sondern eher mit dem Übergang, der Verlagerung, der Bewegung an sich. Indem wir der Ort zwischen den Formen werden – was die tiefere Bewegung des Lebens ist, der »Klebstoff« aus Energie, der alles zusammenhält –, erhalten wir nicht nur einen Zugang zum tieferen Wissen, sondern auch ein scharfes Bewusstsein der Mechanik des Shapeshiftings. Vielleicht rüttelt das Shapeshifting uns so auf, weil wir, wenn wir es oft machen, endlich aufwachen und wissen, dass wir wirklich *das* sind – die Essenz in der Form und die Essenz, die über Form hinausgeht.

Es wäre so viel besser, wenn wir uns alle als Ausdrücke der universalen Seele erkennen würden – unglaubliche, vielseitige, unterschiedliche Ausdrücke der Seele, sagte Barney so ruhig wie die schöne hohe Birke. *Die Seele spricht durch uns alle auf eine Weise, die sich ständig verändert. Das ist eine ganz reale Wahrheit auf diesem Planeten Erde. Auch das ist ein Erwachen: das Bewusstsein, dass sich die universale Seele durch uns als Teil der größeren Entfaltung bewegt. Das ist eine grandiose Erinnerung.*

»›Tat tvam asi[2]: Du bist das‹«, bemerkte ich. »Wir sind eins.«

Ja, bekräftigte Barney. *Und zufällig ist es genau das, was die meisten Tiere mit ›Wir sind eins‹ meinen – nicht eins mit der Bedeutung, dass wir alle gleich wären, sondern dass wir alle aus einer Essenz stammen, die sich durch uns ausdrückt.*

In dieser Lernphase hast du dich entschieden, die Vielfalt der Formen zu ›durchschauen‹. Es gibt noch andere Methoden, das zu tun, auch wenn ich die Kunst des Shapeshijtings für eine elegante Weise des Sich-Öffnens halte. Denn sie wird der schöpferischen Vielfalt – das heißt, der Schönheit – auf dieser Welt gerecht. Außerdem bietet sie die Möglichkeit, dich dabei zu unterstützen, dich anderen Welten und anderen Wesensarten zu öffnen.

2 Ein Satz aus dem Sanskrit, dessen Quelle der Chandogya Upanishad ist und der die grundsätzliche Einheit zwischen Seele/Geist (Atman) und der ultimativen Realität zeigt.

Wenn du noch viel weiter reisen willst, musst du jedoch lernen, auf tieferen Ebenen zu vertrauen und mehr auf die Umstände zu achten, die sich um dich herum entfalten. Viele Informationen werden dir in Träumen und über Träume überbracht, denn dein Leben ist tatsächlich ein Traum und du bist die Einzige, die aus ihm erwachen kann. Verstehst du das?

Tief von Meister Barneys sanfter Unterstützung und Überzeugungskunst berührt, nickte ich.

Wir können miteinander kommunizieren, wann immer dir danach ist, und über alles, was du willst, fügte er hinzu. Du brauchst nicht jedes Mal einen Tagesplan. Denn sehr oft tauchen die besten Gedanken und Ideen gerade dann auf, wenn zwei Freunde sich austauschen.

9

Das Mosaik, das sich Erde nennt

Eines frühen Morgens, als ich mir gerade Kaffee machte und das Frühstück für die Hunde vorbereitete, stellte ich etwas äußerst Erstaunliches fest: Zak war nicht mehr Zak.

Natürlich hatte er Zaks vertrauten Körper, aber er bewegte sich anders. Er hielt Kopf und Körper anders als sonst. Er fraß sogar anders als sonst. Doch auch diese Veränderungen waren mir vertraut. Erschrocken wurde mir klar: Es war Barney! Barney steckte in Zaks Körper!

»Bist du wirklich da drin?«, erkundigte ich mich. »Und Zak – bist du auch noch da?« Ich fragte mich, ob dieser geteilte Körper eine Form von Shapeshifting war. Es war mehr als nur das »Mitkommen« eines Bewusstseins, da Barney Zaks Körper zu animieren schien. »Warum tust du das? Und *wie* machst du es? Was geht hier vor?«

So viele Fragen! Lass uns mit einem grundsätzlichen Überblick anfangen. Hier spricht Zak, als wüsstest du das nicht selbst. Oder weißt du es vielleicht doch nicht?

Doch, ich spürte es. Es erinnerte mich an das Hundegebell, als ich Fieber gehabt und gelernt hatte, die energetische Signatur des Wesens zu identifizieren.[3]

Sobald Zak sich meldete, spürte ich ihn wieder in seinem Körper, während nur wenige Sekunden davor Barneys »Signatur« zu spüren gewesen war.

---

3 Siehe Anfang des 3. Kapitels

»Die energetische Signatur zu verfolgen ist also eine Methode, um herauszufinden, wer in wessen Körper steckt?«, fragte ich Zak.

Genau. Es ist das spirituelle Wesen, die Seele oder das geistige Wesen, das den Körper bewohnt. Der Körper ist die Gestalt. Du hast auch eine Verlagerung erlebt und sprichst jetzt, wenn du über Shapeshifting redest, aus der Perspektive des spirituellen Wesens, stimmt's? Das ist eine wichtige Perspektive. Aus diesem Sichtwinkel geht es nicht so sehr darum, dass sich die Gestalt verändert, sondern darum, dass das Wesen in eine andere Gestalt verwandelt wird. Ein kleiner Unterschied – aber von enormer Bedeutung.

Barney und Zak

Stell dir vor, deinen irdischen Körper ruhen zu lassen (ihn sozusagen in den Wartezustand zu versetzen) und mit deinem Bewusstsein in einen anderen Körper zu schlüpfen. Auf diese Weise benutzt du dein Wesen – und nicht deinen Körper – dazu, deine Form zu verändern. Dein Körper ist noch anwesend wie zuvor; es ist dein Wesen, das den Blickwinkel verlagert hat. Das ist eine gute Methode, um das Shapeshifting zu begreifen und sich ihm anzunähern.

Es gibt natürlich die Fähigkeit, die Gestalt des eigenen Körpers zellular umzuformen. Dazu braucht man jedoch viel mehr Energie, und zum jetzigen Zeitpunkt deiner Entwicklung und der Entwicklung der meisten Menschen wäre es nicht sonderlich klug, sich darauf zu konzentrieren.

»Weil wir zuerst eine spirituelle Grundlage aufbauen müssen?«

Ja, im Grunde stelle ich mir das für jetzt bei dir und anderen Menschen vor. Man lässt sich leicht von der Macht und dem Spaß des Shapeshiftings verleiten, aber solange man keinen tieferen Grund oder Plan für dieses Spiel hat, lenkt es ab und dient möglicherweise nicht dem größeren Zweck. Am besten begreift man zuerst einmal die wichtige Bedeutung des Shapeshiftings, warum es von der Menschheit mehr genutzt werden sollte und weshalb es ein essenzieller Aspekt der eigenen Entwicklung ist.

»Und warum ist es das?«

Was glaubst du selbst?

»Ich glaube, es dient als ein Beschleunigungsprozess. Wenn wir unser Bewusstsein für Tiere und andere Wesen öffnen, fangen wir an, einander viel näher kennenzulernen und zu schätzen. Das wird uns zwangsläufig verändern – wie wir die Welt, andere und uns selbst sehen. Und ich stelle mir vor, wenn wir beginnen, die Verbundenheit, die uns alle vereint, wirklich zu spüren, zu kennen und zu leben, könnten wir zu einer ganz neuen Stufe der sich entfaltenden Evolution übergehen.«

Das ist mit Sicherheit ein guter Anfang auf der mentalen Ebene. Mach es zu deinem gegenwärtigen ›Spielplan‹. Du hast die Fähigkeit, Dinge auf der geistigen Ebene rasch zu begreifen. Obwohl, wie du gelernt hast, etwas mit dem Verstand zu begreifen und es mit dem Körper und Herzen zu fühlen, zwei verschiedene Dinge sind, stimmt's?

Ich nickte. »Manchmal bin ich im Fluss und manchmal stecke ich im Flussbett fest.«

Ein Aspekt von dir ist frustriert, weil du das Gefühl hast, die Dinge würden nicht schnell genug passieren. Ein anderer Aspekt deiner selbst hat Angst. Du verbirgst diese Angst recht gut vor dir selbst. Du hast zwar die Fähigkeit, die Dinge mit dem Verstand zu begreifen, aber dein Körper sträubt sich oft, ihm zu folgen.

Hier raten wir dir, zu vertrauen, weiterhin um Unterstützung zu bitten und sich ein bisschen besser zu konzentrieren, wenn du einen bestimmten Lehrmeister darum bittest, mit dir zusammenzuarbeiten. Barney und ich sind bereit, dir zu helfen. In gewisser Weise zielt unser Austausch und das Teilen von Körpern darauf ab, dass du es merkst und daraus etwas lernst.

»Ja, klar interessiert es mich, mehr darüber zu erfahren! Was passiert mit euch?«

Barney nimmt ein paar Feineinstellungen vor, um die spirituellen Schwingungen den körperlichen anzupassen. Ich helfe ihm, indem ich ihm für kurze Phasen meinen Körper leihe. Er wird ein paar Tage lang immer wieder ›anwesend‹ und ›weg‹ sein. Betrachte es als ein wissenschaftliches Experiment. Er sucht die körperliche Form noch einmal auf, um sich wieder daran zu erinnern, damit er das zusammentragen kann, was man als verlorene Daten bezeichnen könnte.

Für mich ist die Sache einfach. Es fällt mir leicht und macht mir nichts aus, meinen Körper zu verlassen, und ich habe ein Abkommen mit Barney. Deswegen gibt es hier keine Angstfaktoren. Manche Tiere lassen diese Art von Teilen für lange Zeitphasen zu. Auch Menschen bringen sich manchmal in diese Übung ein – die als ›Walk in‹ bezeichnet wird. Zu manchen Zeiten ist dies nicht sehr hilfreich, aber manchmal wird es auch auf eine gut vorbereitete und nützliche Art und Weise durchgeführt. Es kann jedoch auch ablenkend wirken, vor allem für diejenigen, die sich für Walk ins halten wollen, um in Wahrheit nur ihrer jetzigen Version der Realität zu entfliehen. So etwas kann ziemlich destruktive Folgen haben.

Lass uns zu einer nützlicheren Schwingung zurückkehren: zu dem, was du gerade lernst – der Verlagerung deiner Perspektive. Wie schon erwähnt, ist es häufig am besten, erst einmal einen Lehrer zu bitten, ob du mit seinem oder ihrem Bewusstsein mitgehen darfst. Das ist eine angenehme Einführung in das innere Zuhause eines anderen Wesens, und du wirst an Sicherheit gewinnen, wenn du öfters aus der ›Innenwelt‹ eines Tieres heraus beobachtest. Wenn du mehr Erfahrung damit hast, werden wir in tiefere Themen einsteigen. Es ist ein echtes Vergnügen, dir dabei behilflich zu sein.

Ich bedankte mich bei Zak und fragte Barney, ob er dem noch etwas hinzuzufügen habe.

Nur, dass ich fast fertig bin und nicht vorhabe, noch lange zu bleiben. Wie Zak dir ja schon gesagt hat, erledige ich ein paar persönliche Aufgaben, die mit der Feineinstellung von Energiefrequenzen zu tun haben. Erinnerst du dich an mein Körperzittern kurz vor meinem Tod? Ich arbeite an bestimmten Aspekten dieses

Zitterns und an der Fähigkeit, nach freiem Willen zu verschwinden … Auch wenn ich vielleicht das nächste Mal als Katze wiedergeboren werden sollte, um es so fein einstellen zu können, wie mir vorschwebt.

Wir mussten beide lachen, als wir an die denkwürdigen Fähigkeiten von Katzen dachten.

Obwohl du schon oft Shapeshifting durchgeführt hast, musst du den Fokus nun darauf richten, deiner selbst bewusster zu werden. Ich werde dir gern dabei helfen, aus meiner Perspektive zu ›sehen‹, und ich kann dir ein paar herrliche Orte außerhalb des Körpers zeigen. Ein Vorschlag zu Beginn ist, die Vorstellung loszulassen, du würdest durch die Augen sehen. Du siehst die Dinge innerlich durch das geistige Auge. Lass auch deine Erwartungen und Vorstellungen über das los, was du vielleicht sehen wirst. Sogar wenn das, was du siehst, (deiner Meinung nach) physikalisch nicht möglich ist, lass es trotzdem zu. Verschiebe dein Urteil und deine Interpretationen auf später. Dafür ist noch Zeit, wenn du zurückkehrst und deine Erfahrung aufschreibst.

Häufig gibt es sehr gute Gründe dafür, warum diese Reisen auf eine mythologische oder sogar unsinnige Weise beginnen. Verlasse dich auf deine fähige Traumarbeit. Lass uns hinein, indem du tief atmest und für das offen wirst, was ist. Vergiss nicht: Wir arbeiten alle zusammen.

Erlebnisse mit Pflanzen teilen

Wie Barney gesagt hatte, wurde der Fluss umso leichter, angenehmer und anregender, je offener ich für das wurde, »was im Leben ist«. So zu leben bringt hinter jeder Biegung unerwartete Freuden und Lehren, es holt die Pracht der Brillanz und des ganz tiefen Wissens aus alltäglichen Dingen heraus.

Während ich eines Morgens einen Philodendron goss, spürte ich eine stumme Einladung. Nun ja, so fängt es häufig an! Mit dem leisesten Gefühl, einer gespürten Ahnung, einem Augenzwinkern, dem Anflug eines Lächelns. Die Geste wird ausgeweitet, und es liegt an uns selbst, ob wir sie annehmen oder nicht.

Ich stellte die Gießkanne ab, setzte mich auf einen Stuhl und nahm den Pflanzentopf mit dem Philodendron vorsichtig auf den Schoß. Als ich die Augen schloss und mich auf die summende Energie einließ, die uns alle verbindet, fühlte ich die tiefere Präsenz der Pflanze. Ich spürte, wie sie mich lenkte und mir half, das fließende Wachstum ihrer Blätter und Schlingarme wahrzunehmen. Sie teilte einen Strom an Bildern mit mir, die üppig und gewunden waren und die auf eine Weise flossen, die dem Keimen und Wachsen ihrer Blätter entsprach. Ich lernte, wie Pflanzen sich verbinden und wie diese Pflanze sich bewegte, indem sie ihre Blätter in die Richtung ausstreckte, in die sie gehen wollte. Die Worte flossen in einem geteilten Strom aus einem hell leuchtenden, flüssigen, grünen Bewusstsein – ein sattes inneres Licht aus Wachstum, Bewegung und Pflanzesein.

An einem anderen Vormittag war es ein Weihnachtskaktus, der mich zum Verweilen einlud. Ich konnte es kaum glauben, aber die Pflanze stellte sich als »Jen« vor. Als ich mit ihrer Energie floss, spürte ich eine beständige, selbständige innere Kraft – ganz anders als die verbundene Energie, die der Philodendron in Beziehung auf andere seiner Art gezeigt hatte. Als ich mich fragte, wie Kakteen miteinander in Verbindung stehen und ob sie sich ihrer Verbundenheit zu anderen Kakteen bewusst sind, zeigte Jen mir das Bild einer Landkarte aus miteinander verschlungenen Armen von Weihnachtskakteen. Ich sah, dass sie sich wie ein unebener Zaun in die Länge streckten und mit roten und rosa, gelben und orangefarbenen Blüten besetzt waren.

Wenn wir die Energie eines Tieres oder einer Pflanze (oder auch jedes anderen Wesens) mit ihm teilen, teilen wir auch uns mit anderen. Manchmal habe ich das vergessen; dann verfiel ich in die Rolle des Beobachters oder der Reporterin. Und daher überraschte es mich, als die kleine Kaktuspflanze die Bemerkung machte, ich sei ihr ähnlich, da ich meine Geheimnisse gern für mich behielte. Es gefalle mir, Dinge festzuhalten, wie sie feststellte, so wie bestimmte Kakteen, die sich nicht gern »unangemessen ausbreiten«. Während ich das verdaute, bot Jen mir an, mir noch mehr über Kakteen beizubringen, wie sie sich mit anderen Pflanzen verbinden und ihre Geheimnisse mit ihnen teilen.

Die Kaktusstory: Eine Geschichte von Anfängen

Jens Lektion für mich am nächsten Tag war, sie in den Händen zu halten und ihre Wurzeln zu fühlen. Auch wenn ich es auf verschiedene Weise versuchte, kam ich nicht weiter. Dann teilte sie mir mit, dass Kakteen ihre Nahrung in den Stängeln und unteren Blättern (dem Stamm) aufbewahren, und dass das der Grund ist, warum ich so oft das Gefühl habe, nirgendwo verwurzelt zu sein.

Du trägst deine Wurzeln wie ein Kaktus, bemerkte Jen. Und bevor ich darauf etwas erwidern konnte, fuhr sie mit ihrem Unterricht fort, indem sie sich anbot, mir eine Kaktusgeschichte zu diktieren:

Zu Urzeiten waren Kakteen noch nicht geformt. Es mag dich überraschen, zu hören, dass wir unseren Ursprung in Lava haben, dem heißen Feuer der Erde. Dies hier sind die Geschichten unserer Entstehung aus der Zeit, in der wir noch keine Form hatten …

Jens Erzählung wurde von lebendigen Bildern einer weiten braunen Erdfläche mit enormen Vulkankratern in der Ferne begleitet. Orangerote Feuerfunken flogen hoch hinauf in den dunklen Himmel. Ich sah, wie ihre glühenden Lichtpunkte in einem Bogen herabregneten, um zischend und flackernd in eine glühende Masse aus geschmolzener Lava zu fallen, die sich träge bewegte. Es gab kein Gefühl für Zeit und Raum, es war einfach der Anfang von Jens Geschichte.

Als die Lava immer weiterfloss, kam sie mit dem Wasserstrom eines Flusses in Berührung. Es war ein Bedarf oder vielleicht auch der Wunsch nach neuen Pflanzen vorhanden – Pflanzen, die das Bewusstsein von Feuer und Wasser zusammenhalten würden, und das ist der Funke der Vorstellung, aus der wir uns geformt haben.

Entlang des Flussufers existierte der Gedanke, die Lava, die mit dem Wasser in Berührung gekommen war, mit grünen Pflanzen zu bedecken. Wenn wir in die Urzeit zurückgehen, erinnern wir uns an den Fluss aus Lava, die auf Wasser trifft, sich am kühlen Fluss entlang weiterbewegt und mit der Vorstellung von grünen Blättern bedeckt wird. Wir alle haben diesen Fluss in unserem Wesen, unserem Kakteenkörper. Wir alle haben einen Fluss in uns, aus dem wir unseren Ursprung bis zum allerersten Fluss des Lebens zurückverfolgen können.

Am Anfang konnten sich viele Pflanzen von einem Ort zum nächsten hin bewegen. Du denkst an Gehen, aber es war ein bisschen anders. Der Boden war flüssiger als heute, und wir besaßen die Fähigkeit, uns zu verändern, uns von einer Stelle zur anderen zu bewegen, um die günstigsten Wetterbedingungen, den besten Boden, die optimale Sonne und den angenehmsten Schatten für unsere Bedürfnisse zu finden. Viele Pflanzen konnten das – nicht nur Kakteen. Das war, bevor es viele Tierarten gab. Aber wir kannten ein paar Insektenarten.

Kakteen wären gerne noch weiter gereist, doch aufgrund der Verkapselung von Feuer und Wasser in uns hatten wir das Bedürfnis, in einem warmen Klima zu bleiben. Ein paar von uns sind hinauf ins Gebirge geklettert; viele von uns ließen sich in Wüstengebieten nieder. Manche siedelten sich zwischen Felsen an. Andere gingen in ein weniger wohltemperiertes Klima, wo wir unsere Methode entwickelten, uns mit den Blättern ›weiterzuhangeln‹, die wir von anderen Pflanzen gelernt hatten.

Jen unterschied zwischen stacheligen Kakteen und »blätterigen« Kakteen (die wie ihre eigene Spezies Blätter entwickeln – auch wenn Menschen sie »Ableger« nennen).

Es gibt noch andere Unterschiede, fügte sie hinzu. *Wir haben ein unterschiedliches Bewusstsein, und vielleicht macht es dir sogar Spaß, dich mit einem stacheligen Kaktus auszutauschen, um seine Sichtweise zu verstehen. Hast du an dieser Stelle irgendeine Frage?*

»Ist die Geschichte, wie ihr entstanden seid, ein wissenschaftlicher Mythos?« Ich fragte mich, welchen Bezug Jen zu der Geschichte hatte.

Es ist eine Geschichte, ein Weg, die Dinge zu sehen. Wir unterscheiden nicht zwischen einem Mythos (in der Bedeutung einer ›erfundenen‹ Geschichte) und der Wissenschaft (als ›wahrer‹ Geschichte), wie manche Menschen es tun. Es gibt viele Wege, die Wahrheit zu sehen, viele Geschichten weiterzugeben. Diese hier ist bloß ein kurzer Blick darauf, wie wir uns entwickelt haben. Der stachelige Kaktus hat vielleicht eine andere Sichtweise. Es ist die Geschichte, zu der unsere Spezies einen Bezug hat, wie wir unsere Entstehung sehen. So wie auch Menschen ihren Anfang unterschiedlich sehen – vom Ursprung in einem Garten bis hin zur Entwicklung von anderen Lebewesen (Menschenaffen) zum Menschen.

»Ja, das stimmt«, pflichtete ich dem Kaktus bei. »Und andere Kulturen haben noch andere Überzeugungen über unseren Anfang.«

Wir glauben, je mehr Geschichten es als Sichtweisen gibt, desto mehr wissen wir das Wunder unserer Entstehung zu schätzen – und wie wir zu dem geworden sind, was wir heute sind.

Ich nickte. »Jeder Aspekt trägt zum Ganzen bei – und wenn wir alles vor Augen haben, können wir etwas noch Größeres, noch Großartigeres wahrnehmen, als nur eine Sichtweise es vermag.«

Das glauben wir auch. Unser Fokus ist auf das Sein gerichtet.

Mehr über die Bewegung

Am nächsten Tag hatte ich noch mehr Fragen, die ich Jen stellen wollte. Ich war neugierig über die Einstellung der Pflanzen zu Energiegittern auf dem Planeten Erde. Verschiedene Tiergruppen hatten mir ihre Vorstellung mitgeteilt, wie sie die Energien bestimmter Gebiete auf der Erde schützen, versorgen und mit ihnen zusammenarbeiten. Sind Pflanzen sich der Rolle bewusst, die sie beim Konservieren von Energie auf ähnliche Weise einnehmen?

Jen bat mich auf ihre besondere Art zu antworten, mich so tief wie möglich mit ihr zu verbinden und meine eigene Antwort zu fühlen. Während ich dies tat, erwiderte sie:

Genauso wie alle Lebewesen haben auch Pflanzen ein Kraftfeld an Energie, die aus ihrem Gewebe und Inneren herausströmt. Verschiedene Pflanzen (so wie auch verschiedene Tierarten) haben das, was du unterschiedliche ›Signaturen‹ der Energie nennst. Generell arbeiten verschiedene Pflanzenarten mit verschiedenen Aspekten der Erde zusammen; sie stehen mit ihr in Verbindung, um bestimmte Bedingungen hervorzubringen, die als notwendig oder wünschenswert erachtet werden.

Pflanzen bewegen sich tatsächlich. Wir verlagern uns und wachsen – nach oben und nach außen, über und unter dem Boden. Manche Pflanzen bewegen sich zwar rascher als andere, aber wir alle sind uns unserer ›Bewegungen‹ in der Erde und auf ihrer Oberfläche bewusst.

Pflanzen haben eine einzigartige Verbundenheit zur Erde. Wir sind physikalisch mit ihr verwurzelt – wir sind ein Teil von ihr und können ohne sie nicht leben. Sogar Zimmerpflanzen empfinden das, da selbst Erde, die vom Erdboden entfernt wird, noch ein Bewusstseinsfeld enthält, das die Erinnerung an Mutter Erde ständig beibehält.

Das Pflanzenreich unterscheidet sich vom Tierreich. Wir arbeiten auf eine Weise mit dem Land und dem Himmel zusammen, die für euch Menschen oft schwer zu begreifen ist. Häufig sehen wir uns als Auswüchse oder Erweiterungen der Erde selbst an. Wir sind ihre Geschmacksnerven, ihre Nervenenden, ihre Sinne – ihr Sehen, Hören, Schmecken, Tasten, Fühlen und viele andere Sinne, die für Menschen unbekannt sind. Wir arbeiten mit den Kernenergien der Erde und auch mit ihren oberflächenbewussteren Aspekten. Viele Pflanzen sind sehr tief mit der Erde verwurzelt, und wir sind in der Lage, Pflanzenmitteilungen – wir scheuen uns, sie ›Botschaften‹ zu nennen, da es sich nicht um Botschaften nach dem menschlichen Verständnis handelt, aber es sind ähnliche Mitteilungen – zu senden und zu empfangen. Krankheiten sind zum Beispiel häufig ein übermitteltes Paket an Informationen. Manche Pflanzenarten bevorzugen, die Erde zu verlassen. Andere werden von Menschen oder Tieren zerstört. Manchmal kommen sie wieder, manchmal auch nicht.

Viele Pflanzen haben wertvolle Informationen für Menschen, und viele Tiere sind sich schon der Pflanzen bewusst, die sie im Gleichgewicht halten oder ihr Gleichgewicht wiederherstellen. Auch wenn einige Tiere (wie Menschen) nicht auf uns hören und manche sterben, weil sie uns fressen oder berühren, erhalten andere ihre Gesundheit, indem sie uns achten und um unsere Weisheit bitten – die wir fast immer weitergeben. Übrigens macht es uns nichts aus, wenn wir verzehrt werden, denn wir haben eine weitere Sicht der Lebenszyklen als ihr. Indem wir gegessen werden, werden wir ein Teil des Wesens, das uns verzehrt, und wir behalten oft ein Gefühl der Existenz zurück, auch nachdem wir von unseren Wurzeln getrennt werden und den Verdauungsprozess durchlaufen. Manche von uns fangen ihr Leben auf diese Weise – als verdaute Saatkörner – an, die später wieder auf den Erdboden zurückkehren, um an einem anderen Ort ein neues Leben als Pflanze zu beginnen.

Unsere Beziehungen zu den Menschen sollen helfen, euch wieder auf eure Verbundenheit zum Land und zu den Kräften dieses Planeten zu konzentrieren und um auf einer größeren Ebene zu sehen, wie sich alle Aspekte der Erde zu einem gemeinsamen Ziel hin entwickeln.

Die meisten von uns teilen unsere Weisheit gern und erfreuen sich an der Gesellschaft von Mensch und Tier. Als Gesamtheit vollbringen wir viele nützliche Funktionen für Tiere und Menschen. Ohne uns wärt ihr nicht hier. Viele von uns wären ohne die Fauna nicht hier. Der Mensch ist einzigartig in der Hinsicht, dass die meisten anderen Lebensformen auch ohne euch überleben könnten. Und dennoch seid ihr Menschen in gewisser Weise das Ergebnis unserer gemeinsamen Evolution – in vielerlei Hinsicht seid ihr unsere Zukunft, da es eure Spezies ist, die sich ent-

schieden hat, sich abzutrennen, um eine andere Wesensform zu erfahren – eine einzigartig bewusste Weise, alles miteinander zu verbinden, was wir haben. Auf diese Weise helft ihr uns allen, das Leben neu zu sehen und zu schätzen.

Die Rolle des Menschen bei der Evolution

Genauso schnell wie Jens Lehren mir überbracht worden waren, endeten sie auch. Obwohl ich spürte, dass ich mich später wieder an sie wenden würde, machte sie deutlich, dass ihre Lektionen für jetzt beendet waren und dass die Entscheidung, wie klar oder tief ihre Botschaften sich entfalten würden, an mir selbst lag. Sie gab mir wahrlich genug, worüber ich nachdenken konnte!

Meine Gedanken wurden immer noch vom Thema Bewegung beherrscht, und über mehrere Tage hinweg fing ich an, darüber nachzudenken, wie Menschen sich vertikal bewegen können, während die meisten Tiere sich horizontal weiterbewegen, wobei ihr Bauch dem Erdboden zugewandt ist. Was sagt uns das? Ist unser aufrechter Gang das Ergebnis eines Entschlusses, uns in eine andere Richtung zu bewegen, den wir irgendwann während unserer Evolution gefasst haben? Hat er mit dem freien Willen zu tun (da unser drittes Chakra – unser Willenszentrum – nicht in direkter Verbindung zur Erde steht?) Und in welchem Bezug steht das zu Jens Aussage, dass sich der Mensch vom Wissen der Tiere löste, um eine andere Wesensart zu erfahren? Welche Rolle spielen wir bei der Evolution aller Wesen auf Erden?

Was für große Fragen!, meinte Barney, der nicht länger in Zaks Körper steckte, aber dennoch deutlich präsent war.

Jede Spezies hat ihre eigene Art, sich durch den Raum zu bewegen und sich mit dem Land und dem Planeten zu verbinden. Manche sind dabei spezialisierter als andere. Du kannst dein Bewusstsein auf einen Regenwurm verlagern und lernen, wie Erde gemischt und die Energie einer bestimmten Stelle angereichert wird. Aale können dir zeigen, wie man neue Gitterlinien kreiert, alte repariert und Kreisläufe umlegt. In gewisser Beziehung sind sie die ›Computertechniker‹ der Unterwasserwelt. Haie haben das Wissen über verschiedene ›Historien‹ der Erde und wie sie sich durch jede der Lernphasen hindurchbewegt hat. (Und lass uns nicht vergessen, dass die Erde selbst wissend ist und sich mit uns allen weiterentwickelt.) Vögel gehen die Sache anders an – und Fische haben eine noch andere Perspektive. Viele

Geschöpfe haben ihre Verbundenheit zu einer bestimmten Gegend fein eingestellt, während andere Tiere (wie zum Beispiel Zugvögel oder Rentiere) ihre Verbindung über einen größeren Raum ausdehnen.

Es ist hilfreich, zu unterscheiden, wie verschiedene Tiere sich bewegen. Du hast Recht: Viele Tiere bewegen sich mit dem Bauch zur Erde weiter – in gewisser Weise eine Peilvorrichtung, eine Erinnerung an unsere Verbundenheit mit der Erde und bestimmte Energieöffnungen. Es ist, als würde die Erde Landkarten bereithalten, damit verschiedene Tierarten bestimmten Spuren folgen. Das ist die ›Zauberei‹, die dahintersteckt, wenn Hunde oder Katzen sogar Hunderte von Meilen weit weg den Weg zurück nach Hause finden. Abgesehen von Unfällen und Hunger können sie nach Hause zurückkehren.

Mir fiel wieder ein, als Barney noch lebte und mir mitgeteilt hatte, wie er den Umzug erlebt hatte. Als ich damals neben ihm auf dem Boden lag, konnte ich zwar nicht mit seinen Augen sehen, während er im Traum rannte, aber ich spürte-sah einen Energiefluss, der ihm beim Rennen die Richtung wies. Jetzt verstand ich, dass dieser Fluss so etwas wie eine lebende Landkarte gewesen war. Es klickte noch mehr bei mir, als ich mich wieder entsann, wie Hasen und Füchse rennen, was auf eine ganz andere, doch ergänzende Weise mit der Fortbewegungsmethode von Pflanzen vergleichbar war. Was für eine reichhaltige Vielfältigkeit!

Menschen sind wieder ein anderes Thema und haben sich tatsächlich in andere Richtungen entwickelt. Sie bewegen sich ›vertikaler‹, um ihre Verbundenheit zur Erde auf eine einzigartige Weise wahrzunehmen. In gewisser Weise geht es um Evolutionsinstinkt und Intuition, das heißt, die angeborene Verbundenheit zur Erde in eine Art bewusste Intuition zu entwickeln. Das bedeutet, Menschen ziehen es vor, gewisse Verbindungen zu verlieren, zu verbergen oder zu verdrängen, um sich wiederzufinden – und bei dem Prozess auch höher zu entwickeln. Das ist eine Wahl, die die menschliche Spezies vor langer Zeit getroffen hat – indem sie einen Teil ihrer angeborenen Verbundenheit zur Erde, den Tieren, Pflanzen und der natürlichen Welt abgetrennt hat, um ihn auf eine andere Weise wiederzuentdecken und sich durch eine weitere Perspektive kennenzulernen.

Jede Spezies hat eine spezifische Verbundenheit zur Erde. Wir alle sind ein Teil dieses Mosaiks, das Erde genannt wird. Wir alle verfügen über Wissen, das wir mit anderen teilen können und woraus sie lernen können. Auch Menschen verfügen über spezifische, detaillierte Informationen über viele Dinge, und so manches Tier wäre über eine Chance dankbar, auch etwas von Menschen zu lernen.

Dies ist eine Sekundärphase der Tierkommunikation[4]*, in der die Menschen ihr Wissen bewusster und großzügiger mit den Tieren – und vielen anderen Wesen – teilen. Wir haben zwar Zugang zu einem Teil des menschlichen Wissens, doch nicht zu dem gesamten Wissen, vor allem, weil unsere Empfänger (das Gehirn und die Sinne) anders eingestellt sind.*

Vieles hängt davon ab, dass Menschen und Tiere zusammenkommen und zusammenarbeiten. Wenn du dich Tieren öffnest, öffnest du dich gleichzeitig tieferen Ebenen des Bewusstseins in dir selbst. Deine Verbundenheit mit dem Himmel, der Erde und dem Meer sowie mit subterranen Orten in deinem eigenen Wesen wird dadurch leichter zugänglich. Wenn ihr Menschen euch der Fähigkeiten der Tiere bewusster werdet – wenn ihr als eine Spezies erkennt, dass wir alle Seelen, Tiefe, ein Bewusstsein und Familien haben –, werdet ihr offener dafür sein, euch mitzuteilen, damit wir alle auf eine neue Art zusammenarbeiten können.

4 Die erste Phase ist das Bewusstsein unserer angeborenen Verbundenheit mit allem Leben und das Sich-Öffnen für die telepathische Kommunikation mit Tieren (und anderen Lebewesen).

10

Grenzenlose Möglichkeiten

Das erste Mal passierte es an einem herrlichen Sommertag. Ich wanderte durch eine Berglandschaft, ohne ein bestimmtes Ziel vor Augen zu haben. Von Zeit zu Zeit schaute ich hinauf und betrachtete die Wolken am strahlend blauen Himmel. Als ein Adler über meinem Kopf hinwegglitt, folgte mein Blick ihm automatisch und ich fragte mich, wie es wohl wäre, die Welt aus seinen Augen zu sehen. Und plötzlich – nur für einen kurzen Moment – sah ich alles aus dem Blickwinkel des Adlers. Es war ein so abrupter Wechsel der Perspektive, dass ich vor Schreck zusammenfuhr und überrascht blinzelte. Dann verschwand die Vision so schnell, wie sie gekommen war. Doch es gab keinen Zweifel: Für ein paar kostbare Sekunden hatte ich die Welt durch die Augen eines Adlers gesehen!

Mein Bewusstsein war noch nicht so flexibel oder erweitert, um dieses Eintauchen in den Adler vollkommen zu integrieren – sonst wäre der Teil von mir, der immer noch mein »Ich« war, nicht so geschockt gewesen, die Welt durch die Augen des Adlers zu sehen. Auch war diese Erfahrung ziemlich spontan erfolgt – sie war weniger gewollt, als einfach nur ein wandernder Gedanke gewesen.

Erst als ich anfing, bewusst mit Barney am Shapeshifting zu arbeiten, wandte ich eine fokussiertere Absicht an, wenn ich darum bat, durch die Augen eines anderen sehen zu können. Als meine Erlebnisse sich häuften – Raben, Goldfisch, Jaguar –, nahm mein Schreck ab und ich war besser darauf vorbereitet, das Bewusstsein anderer für längere Zeitphasen zu teilen.

Jedes dieser Erlebnisse war anders. Der Rabe ließ mich spüren, wie er die Flügel ausbreitete und die Federn sich hoben, das Gefühl der Luft unter unserem Körper nicht nur als stützende Kraft, sondern als lebendige Präsenz. Der Jaguar zeigte mir die Vision »Umrisse der Pflanzenblätter und Äste«, während wir über einen umgestürzten Baum sprangen und einen schattigen Pfad aus Dschungelerde nahmen, der von den satten, gelben Flecken gefilterter Sonnenstrahlen erhellt war. Und durch den Goldfisch lernte ich ein tieferes Gefühl für Flüssigkeit kennen, die durch mich hindurch, um mich herum, als Teil von mir strömte – unsere Kiemen öffneten sich flackernd, unsere Flossen ruderten, unsere lange, schlüpfrige Schwanzflosse zuckte in einem Tanz wogender Bewegungen, die in einem lebendigen Bezug zu der größeren Präsenz, dem Wasser, erfolgten.

Es gab auch kleine amüsante Begebenheiten, wie die seltsame Schwere, die ich zusammen mit dem Goldfisch auf den Augen spürte – bis ich merkte, dass es der Wasserdruck war. Der Goldfisch brachte mich zum Lachen, als ich mein Selbst beim Verlassen der Erfahrung mit ihm teilte, während ich auf dem Rücken auf meinem Bett lag. Ich wurde plötzlich von Wellen der Furcht überrollt: *Nein, nicht auf dem Rücken. Das bedeutet den Tod. Dreh dich um, dreh dich schnell um!*

Manchmal konnte ich meine normale Sichtweise und gleichzeitig die Perspektive des Tieres beibehalten, so als hätte ich in beiden Welten je ein Auge. Zu anderen Zeiten tauchte ich mehr in den Blickwinkel des Tieres ein. Diese Augenblicke waren wahrlich eine Welt für sich. Schwierig daran war nur, das Erlebnis in unsere menschliche Welt der Kategorien und Worte zurückzubringen.

Durch jede Erfahrung wurde ich mir mehr einer subtilen, doch tiefen Veränderung bewusst. Diese waren manchmal schwierig zu beschreiben, da der Sprung vom »Wesen« des Tieres (oder zumindest seines geteilten Bewusstseins) zurück in mein eigenes Bewusstsein oft sehr weit auseinander zu liegen schien. Vieles ging in der Übersetzung verloren. Deswegen können Worte, was ich aus der Perspektive des Adlers sah, nicht das beschreiben, was es tatsächlich war. Vorstellungen wie »Berge«, »Land« und »Wasser« (Begriffe, mit denen ich die Szenerie beschreiben könnte) gehörten nicht zum Bewusstsein des Adlers; sie gehörten nicht zu seiner Sicht der Dinge.

Schließlich lernte ich – nicht nur mit dem Verstand, sondern auch durch Erfahrungen –, dass sich bei der Verlagerung zur Sichtweise eines anderen nicht unbedingt das ändert, *was* wir sehen, sondern die

Art, *wie* wir es sehen. (Und weil die Art, *wie* wir etwas sehen, sich ändert, ändert sich auch das, *was* wir sehen!) So wurde mir ein tieferer Aspekt dessen, was Barney mir schon die ganze Zeit über gesagt hatte, bewusst: der Wert des Shapeshiftings ist nicht einfach nur das Sehen durch die Augen eines anderen Wesens, sondern er liegt im Vertiefen dieser Erfahrung in unserem Inneren – sie als einen Teil des größeren Wir zu erkennen.

Durch Barneys Augen

Als ich eines Morgens mit Barney Verbindung aufnahm, spürte ich eine tiefe blaue Ruhe. Es war, als würde sich eine weite Wolke, angefüllt mit sattem blauem Licht, in mir niederlassen. Sie öffnete mich, erfrischte mich, fokussierte mich auf eine Weise, die zugleich bodenständig und zentriert sowie weit und luftig war. Als ich von dem beruhigenden blauen Licht erfüllt war, kam mir der Gedanke, dass ich mit Barneys Augen sah. Und mit dem Gedanken wurde mir bewusst, dass er sich in mir niederließ – dass er seine *eigene* Wesensform in mich hineinversetzte. Das Gefühl der Unermesslichkeit überraschte mich; es war nicht nur, als wäre sein spirituelles Wesen reifer, sondern auch, als hätte es eine leichtere, luftigere Eigenschaft, die zugleich erstaunlich umfangreich war.

Barney forderte mich auf, mich so auf den Boden zu legen, wie er oft gelegen hatte: auf der Seite, neben meinem Schreibtisch, ein paar Meter von den Bücherregalen entfernt, die Vorder- und Hinterpfoten ausgestreckt. Es war ein komisches Gefühl, das zu tun, aber ich wusste, es gab etwas für mich zu sehen, und so streckte ich den Körper auf dem Teppich aus, so, als wäre es sein Körper, als er noch lebte. Eine zweite Woge der Ruhe überkam mich und dazu das Gefühl, dass ich Barney sei in einem anderen Aktionsfeld im Fluss der Zeit: schlafen und ausruhen, wie er es ein paar Jahre zuvor getan hatte.

Als ich die Augen wieder aufschlug, sah ich die Bücher, wie Barney sie früher gesehen hatte: vertikale Farbstreifen verschiedener Höhe und Dicke, die nebeneinander aufgereiht waren. Natürlich gab es die Kategorien »Höhe«, »Dicke« und selbst »Farbe« in der Sichtweise nicht; sie sind nur übersetzt. Und die Farben waren auch nicht so, wie wir

Menschen Farben kennen, sondern andere Farbtöne – unseren Farben zwar ähnlich, doch mit anderen Eigenschaften.

Auch die Textur der Bücher war nicht so, wie ich sie als Mensch kannte, sondern ein wenig aufgeweicht, so, als könnte ich die Bewegungen leichter Schwingungen statt das Äußere fester Gegenstände erkennen.

Was für mich noch erstaunlicher war, war das Gefühl, das ich beim Betrachten der Bücher empfand. *So speichern Menschen ihre Gedanken!* Ich sah aus der Hundesicht, wie diese schlanken »Streifen« in Form von exakten Rechtecken aus der Wand gezogen und aufgeklappt und umgeblättert werden können, um Markierungen zu enthüllen, die Geschichten und Gedanken enthielten. Was für eine erstaunliche Methode, um Vorstellungen zu lagern! Ich konnte nicht nur sehen, auf welche Weise Barney der Hund dieses Konzept begriff, sondern auch die Vorstellung von Büchern auf eine völlig neue und andere Weise für mich selbst verstehen.

»Ist das also eine weitere Perspektive des Shapeshiftings?«, fragte ich etwas aufgeregt, während ich mich auf dem Boden aufsetzte.

Wir befinden uns jetzt auf dem breiten Pfad, sagte Barney. *Wir haben beschlossen, dir kein spezifisches System beizubringen, damit du einige dieser Definitionseinschränkungen und Scheuklappen, mit denen du die Welt und den Lebensfluss siehst, aufbrechen kannst. Es ist gesund, flexibel zu sein, in der Lage zu sein, von einer Sichtweise zur anderen zu springen und viele gleichzeitig zu haben.*

Mir fiel eine Zeile aus Walt Whitmans Grashalme ein: »Widerspreche ich mir? Also gut, dann widerspreche ich mir. Ich bin groß. Ich bin voller Vielfalt.«[5]

Ja, diese Schwingung ist voller Potenzial und grenzenloser Möglichkeiten, stimmte Barney mir zu. *Eine weitere Methode des Shapeshiftings ist das Zulassen. So wie du mich in dich hineingelassen hast und auf diesem Weg meine Sichtweise deiner Welt sehen konntest (was tatsächlich eine Art von Shapeshifting ist), kannst*

5 Manche Leute glauben, Hunde würden nicht in Farben sehen. Doch wie schon viele Tiere sagen, entspricht das, was Menschen glauben, nicht immer der Realität. Während wir nicht vergessen dürfen, dass wir unsere Erfahrungen mit Tieren mit den Sinnen übersetzen und interpretieren, die unsere Körpersoftware uns zur Verfügung stellt, war dieses Farberlebnis etwas, das Barney (und andere Hunde) mir immer wieder zeigten. So habe ich erlebt, dass Hunde tatsächlich in Farben sehen – auch wenn manche Farben nicht so hell sind wie andere und das generelle Farbspektrum anders wahrgenommen wird, als Menschen es sehen. Jahre später entdeckte ich neuere wissenschaftliche Erkenntnisse, die vieles davon bestätigen.

du auch anderen Zugang zu deiner Sichtweise gewähren. Viele Tiere wollen unbedingt durch deine Perspektive lernen, genauso wie du durch ihre lernst.

Das reicht für jetzt. Verdaue es. Vertiefe es. Sei aufmerksam. Die Erlebnisse werden kommen, wenn du für sie bereit bist. Es trifft absolut zu, dass du deine eigene Realität erschaffst, so wie auch jedes andere Wesen es tut. Das kann man gar nicht genug betonen. Viele Menschen scheinen diese Wahrheit auf eine philosophische, geistige, esoterische Weise zu aufzufassen, aber sie ist buchstäblich wahr. Wenn ihr das mit eurem ganzen Wesen verstehen würdet … ja, dann wäre die Realität tatsächlich etwas völlig anderes!

Teleportation

Während ich immer noch der Schwingung des Potenzials hinterherhing, erlebte ich ein paar Wochen später ein weiteres Beispiel dessen, was möglich ist. Ich entspannte mich gerade zwischen zwei Projekten an meinem Schreibtisch, schloss die Augen und ging in einen Zustand des Sinnierens über. Ich fühlte mich vollkommen ruhig und entspannt, bis ich plötzlich von einem Schauer ergriffen wurde, der mir über das Rückgrat lief. Die Bewegung versetzte mich abrupt in das Bewusstsein, gleichzeitig an zwei Orten zu sein. Ich befand mich wie gewöhnlich in meinem Körper und zugleich ungefähr sieben Zentimeter außerhalb meines Körpers.

Vielleicht hatte ich mich an seltsame Vorkommnisse schon gewöhnt, denn auch wenn dieses doppelte »Ich« sich komisch anfühlte, war es zugleich spannend. Während ich diesen Zustand aufrechterhielt – neugierig, was als Nächstes passieren würde –, spürte ich, wie eine lenkende Präsenz mir vorschlug, ich solle hinsehen und »nach außen projizieren«.

Als ich langsam die Augen öffnete, fiel mein Blick auf ein kleines Spielzeugnashorn, das auf meinem Computer steht. Ich schaute ganz vorsichtig auf die Spitze seines Horns und spürte, wie mein äußeres Ich nach außen »wehte« und mit der Mitte der Hornspitze verschmolz. Dann forderte die lenkende Präsenz mich auf, mich in meinem zweiten Körper umzudrehen und von diesem Punkt aus zu sehen. Bei dem Gedanken – der nur den Bruchteil einer Sekunde dauerte – befand ich mich in meinem zweiten Körper, der jetzt in der Spitze des Horns des Spielzeugtiers steckte, und blickte zurück auf mein eigenes Gesicht.

»Huch!«

Das war für den Augenblick eindeutig die Grenze meines Bezugs zu den unbegrenzten Möglichkeiten, denn mit einem raschen Zittern fand ich mich sofort – als Wesen – in meinem eigenen Körper zurück. Erstaunt sah ich mich in meinem Zimmer um. Noch überraschter war ich, als ich wieder auf das Spielzeug schaute. Ich merkte, dass es sich um gut zwanzig Grad gedreht hatte.

Das ist ein kleines Beispiel von Teleportation, erklärte Barney, bevor ich überhaupt damit anfangen konnte, meine gewöhnliche Salve an Fragen abzufeuern. *Es ist ein Teil und eine Einheit des Shapeshiftings im größeren Sinne. Indem du ein paar alte Gedanken, Vorstellungen und Überzeugungen losgelassen hast, wurdest du für etwas Neues offen. Und durch das Schaudern – in diesem Fall eine äußere Manifestierung des Loslassens – warst du in der Lage, dein Bewusstsein nach außen zu übertragen.*

Während du mit Konzentration und Absicht übst, wird es dir in einem größeren Umfang gelingen. In Wirklichkeit ist es egal, ob es fünf Zentimeter, ein halber Meter oder zweihundert Millionen Meilen sind. Auch wenn es in euren Vorstellungen von Raum einen großen Unterschied machen mag, arbeiten wir mit dem Bewusstsein – und das Bewusstsein wird durch Raum nicht eingeschränkt. Das wirst du selbst feststellen, wenn du es auf andere und tiefere Weise erlebst.

Du spielst mit Raumvorstellungen. Bei einem großen Teil der äußeren Raumprojektion geht es um inneren Raum. Du kannst dir das auf vielerlei Art vorstellen. Eine andere Form von Shapeshijting ist zum Beispiel, das Universum in dir selbst zu sehen – in deinem Körper oder in deiner Essenz.

Das Wichtige daran ist, sich klarzumachen, dass es egal ist, welche Bildmetapher oder Projektion man anwendet. Es geht nicht um die Projektion, sondern darum, was hinter der Projektion – der Verbindung – steckt. Die Projektion ist bloß ein Werkzeug, eine Methode, um dich den tieferen Fluss der Verbundenheit spüren zu lassen. Hast du das verstanden?

»Ja.«

Deine nächste Frage?

Ich lachte. »Also gut, ein Teil von mir will wissen, ob ich es wirklich war, die das Spielzeugnashorn gedreht hat.«

Das war ein kleiner Scherz für dich – und ein Vorgeschmack auf das, was noch kommt. Erinnerst du dich an das, was du über Lehren und Lernen erfahren hast? Beides bedingt einander. Und das trifft auch auf das Shapeshifting mit anderen Wesen zu. Es ist kein einzelner Vorgang. Es geht um Beziehung. Wenn du mit jemandem in einer Beziehung stehst, wirkst du auf sie ein, so wie sie auch auf dich einwirkt. Das Spielzeug hat eine andere Art von ›Bewusstsein‹, auch wenn die meisten Menschen es nicht so ausdrücken würden. Aber ja – indem du mit dem Spielzeug interagiert hast, hast du es zu einem gewissen Grad ›verlagert‹, genauso wie es dir erlaubt (oder ermöglicht) hat, dich zu verlagern.

Während ich darüber nachdachte, mischte sich Zak ein, der in meinem Arbeitszimmer auf dem Boden lag. Ich schrak erneut zusammen, da ich weder gemerkt hatte, dass er da war, noch, dass er zugehört hatte.

Wenn du dich bewusster darauf einstellst, fängst du an, den Humor dieser Erlebnisse zu erkennen, bemerkte er. *In solchen Entfaltungen liegt eine Anmut, eine natürliche Schönheit, eine feine Ironie und witzige Wertschätzung. Es ist wirklich ein lebendiges Spiel. Ein Spiel, das auf vielen Ebenen gleichzeitig stattfindet – geistig, emotional, in deinen Träumen, im Wachzustand, auf symbolischer Ebene, mit Tieren, mit Pflanzen, einfach in jeder Form, die du dir vorstellen kannst, und wahrscheinlich in noch mehr! Das Ganze liegt vollkommen an dir. Es ist so, wie du es entwirfst. Die Lernmethode ist so kreativ, wie du nur sein kannst.*

Wie Wasser werden

Manchmal hatte ich das Gefühl, als wäre die Arbeit mit Barney vergleichbar mit dem Hinuntersteigen einer langen Wendeltreppe, deren jede Biegung uns immer tiefer in das Wesen grenzenlosen Potenzials brachte, während wir uns Material noch einmal ansahen, das wir schon betrachtet hatten, wenn auch aus einer anderen Schicht der Perspektive. Aus diesem Grund war mir klar, dass Barney und ich uns auf eine weitere Biegung begeben würden, als er eines Vormittags vorschlug, wir sollten uns die Rolle des Wasserträgers und seinen Bezug zur »Lösung des Todesgeheimnisses« noch einmal ansehen.

Wasser bedeutet für dich etwas Herrliches und gleichzeitig etwas Gefährliches, bemerkte er ruhig. *Du wirst davon angezogen, aber es gibt einen Anteil in dir, der Angst davor hat. Beide kooperieren miteinander. Das Wasser ist ein Teil von dir, so wie es ein Teil von allen Menschen, Tieren und der Erde an sich ist. Auch trägt Wasser die Saat der Erinnerungen dieses Planeten.*

Wasser kann sich selbst nicht lenken. Wasser lässt sich lenken. Das ist der Schlüssel, das Geheimnis, von dem schon viele Meister gesprochen haben, ein Geheimnis, das Menschen oft nicht hören wollen. Warum das so ist? Weil ihr euch so auf den freien Willen und das Erschaffen konzentriert – was natürlich ein tolles Geschenk ist, auch wenn es euch oft von der tieferen Lehre des ›einfach sein‹ ablenkt. Dann bist du am ehesten die, die du wirklich bist, und der Erinnerung am nächsten: Wenn du einfach ›bist‹. Es ist keine Frage des Werdens – es ist bloß das Sein. Du brauchst nichts dafür zu tun. Und darüber hinaus ist es eine Frage der Lockerung deines Festhaltens.

Deswegen kann es sein, dass es dir in den frühen Phasen des Shapeshiftings so vorkommt, als würdest du zu Wasser werden – und du seinen Fluss, seinen rauschenden Druck, sein Lied spürst. Ich meine vor allem fließendes Wasser, auch wenn es viele Arten von Wasser gibt. Manchmal arbeitet Wasser mit dem Wind zusammen; ihre Beziehung zeigt sich an den Wellen oder Taifunen. Oder aber man erkennt die Kombination von Feuer und Wasser im Dampf oder von Erde und Wasser in Schlamm und so weiter. Doch wenn man in der Anfangsphase zu Wasser wird, dann meine ich einen Strom – das Fließen von Wasser, das einfach nur ist.

Während du in diese Verbindung eintauchst, kann es vorkommen, dass du dich wie ein Punkt im Wasser fühlst, der mit dem Fluss und dem Flussbett strömt. Wenn du noch tiefer gehst, wirst du vielleicht zum ganzen Fluss von seinem Ursprung bis zur Mündung. Dann rauschst du von der Gebirgsquelle hinunter auf die Erde, tröpfelst, fließt, wächst und wirst wieder eins mit dem Meer.

Auf noch tieferen Ebenen bist du eine größere Variante von Wasser: der Regen, der Fluss, der See, das Meer und sogar das Wasser, das von Menschen aufgenommen wird, in die Erde sickert und wieder hinauf in den Himmel steigt, um erneut in Form von Regen herabzufallen. So kannst du dich in einem größeren Kreis bewegen, um dann in anderer Form zu einem kleineren Kreis zurückzukehren. Oder du könntest sogar noch zu mehr werden. Du könntest die Essenz von Wasser werden und einem ausgedehnten Zyklus folgen, der sich von noch weiteren Raumentfernungen bis in tiefere Orte in der Erde und ein tieferes Gefühl des Seins erstreckt.

Verstehst du jetzt, wie das Shapeshifting auf vielen Ebenen erfolgt, sogar als ein Zerfließen in eine andere Form, hm? Und siehst du, dass es keinen wirklichen Anfang oder echtes Ende außer aus der Perspektive kleinerer Zyklen gibt? Es dreht sich alles um Verlagerung und Fließen. Mehr als jedes andere Element enthält das Wasser die Erinnerung daran für den Planeten Erde, für dich und für andere. Ein Wasserträger zu sein, ist eine große Verantwortung – und Ehre.

Sieh, wie das Wasser in dir, als Teil von dir, aus dir heraus in die Welt fließt – was nur ein anderer Aspekt der Tatsache ist, dass du die Welt wirst. Spiele mit dieser metaphorischen Verlagerung, und du wirst sie schon bald auf einem tieferen Level fühlen.

Der Klang der Erde

Mehrere Wochen später hatten meine Erfahrungen, wie Wasser zu werden, ein paar interessante Ergebnisse gebracht. Zum einen war es für mich nicht mehr zwingend notwendig, einen greifbaren Sinn in den Dingen zu finden. Ich hatte begriffen, dass Wissen wie ein Fließen ist. »Die Dinge verlagern sich«, bemerkte ich eines Morgens zu Barney.

Das tun sie wirklich! Wenn du immer tiefer gehst, zapfst du einen riesigen, tiefen Energiespeicher an. Er ist wie ein Fluss im Untergrund – alt, uralt. Er fließt unter der Oberfläche der Dinge, das heißt, auf einer tieferen Schicht als der Anschein. Er bewegt sich auch in einem tieferen Rhythmus, pulsiert näher am Herzschlag der Erde. Aus unserer Sicht ist das, wo der wahre Kern des Wesens liegt – in der Tiefe.

»Unsere Sicht?« Ich spürte plötzlich eine zweite Präsenz neben Barney. »Wer ist denn noch anwesend?«

Wir sind Hüter der Erde – genauer gesagt Hüter der tieferen Natur der Dinge. Wir könnten dir zwar einen Titel nennen, doch wäre es nur eine Kennzeichnung, etwas, womit du die Dinge besser einordnen könntest. Wir helfen Wesen, die an der Wiederentdeckung (oder Enthüllung) der tieferen Natur der Erde arbeiten, die entdecken, wie die Evolution, vor allem die der Tierformen (einschließlich der Menschen) aus einem einzigen Gedankenfluss, aus lebenspendender Form und Energie entstand. Du kannst uns als die Wesen des Untergrundes ansehen, die an der Oberfläche der Erde auftauchen, wenn jemand sich auf das Hören unserer Worte, unserer Gedanken, der Dinge, die wir mit euch teilen können, einstellt.

»Na, dann mal los – das klingt interessant!«, dachte ich, während ich es mir zum Zuhören bequem machte.

Alle Moleküle lebender Wesen verbinden sich mit der Erde, dem Erdboden selbst und sogar noch mit tieferen Schichten – mit tieferen Gewässern und Materie der Erde. Wir sind nicht von der Erde abgetrennt; wir sind ein Teil der Erde. Wenn du dich auf diese Sichtweise, diese tief verbundene Perspektive einstellst, musst du erkennen, dass du dir selbst Schaden zufügst, wenn du der Erde schadest.

Wir schlagen vor, du schaust dir den Kern der Erde an sich an. Das wäre für deine Erforschung nützlich. Denn dort findest du eine Reichhaltigkeit an Kommunikation zwischen den verschiedenen Spezies und, wie miteinander geteilte Formen entstehen. Wenn du die Quelle des Anfangs der Menschheit, die Wege, wie eure bestimmte Gestalt sich entwickelt hat – individuell und als Gruppe, als Spezies und als Planet –, betrachtest, wirst du sehen, dass alle diese Ereignisse miteinander verbunden sind. Es gibt keine Evolutionslinie abgesondert von allen anderen. Es ist äußerst wichtig, das zu verstehen.

In diesem Sinne kannst du dich in die Formen anderer Spezies ›hineinbewegen‹. Diese Art der evolutionären Planung gestattet es dir, am Bewusstsein anderer Spezies teilzuhaben. Es gibt andere Realitäten, die diese … nennen wir sie ›Fähigkeit‹ … nicht zulassen. Die Erde ist in dieser Hinsicht interessant; sie ist im Hinblick darauf, dass sie sich auf eine äußerst kreative und spezialisierte Weise entwickelt hat, einzigartig. Es gibt nicht viele andere Planeten, die sich auf diese Art weiterentwickelt haben.

»Hm«, sagte ich. Das war eine große Vorstellung, über die ich mir noch Gedanken machen müsste. »Gibt es noch mehr, was ihr mitteilen wollt?«

Als Erstes wünschen wir uns Individuen, die mit der Erdenergie zusammenarbeiten – und das beinhaltet weitreichende Aspekte vom Gärtnern und der Landwirtschaft bis hin zur Konservierung, der Wasseraufbereitung, der Behandlung der Luftverschmutzung sowie der Arbeit mit Tieren, dem Shapeshijting und sogar viele Formen von ritueller Energieerzeugung – um sich zuerst auf die Vertiefung zu konzentrieren und Kontakt zu den Erdgeschöpfen herzustellen.

Es gibt so viele, viele Varianten von Erdwesen, die auf unterschiedlichen Schichten arbeiten. Zum Beispiel arbeiten einige Feen nahe an der Erdoberfläche. Auf einer anderen Ebene befinden sich Energiewesen oder Hüter des Landes, die alle einem bestimmten Ort zugeordnet sind. Auch gibt es Energiewesen der Erde, der Bäume und Pflanzen, der Berge, Seen, Flüsse, Sümpfe, Teiche, Wüsten, Regenwäl-

der und so weiter. Und wieder andere Energiewesen verbinden die Erdoberfläche mit ihren tieferen Schichten – aus geschmolzener Energie und Tiefwasserenergie (und in diesen Schichten befinden sich noch viel mehr spezifische Energien, die nur dem Feuer und den Gewässern angehören). Noch ein bisschen tiefer liegen wir, die Hüter der unterirdischen Flüsse und Ströme aus Energie (manche bestehen sogar aus Luft) und aus Stein. Und es gibt sogar noch tiefere Wesen; einige von ihnen leben im Herzen der Erde. Sie sind sehr mächtig, sehr kompakt, sehr hell; ihre Ausströmungen lassen sich bis zur Oberfläche des Planeten und darüber hinaus spüren. Tatsächlich sind viele dieser Geschöpfe dafür zuständig, Kommunikationen von anderen Planeten und Galaxien, einschließlich anderer Dimensionen, zu empfangen.

Zweitens wünschen wir uns, dass alle daran arbeitenden Wesen sich auf den gemeinsamen Zweck einstimmen. Für manche Menschen, die sich auf die Tagesordnung, Terminpläne und Regeln konzentrieren, ist das schwierig. So meinen wir es auch gar nicht. Wovon wir reden, ist eher die Vorstellung einer Stimmgabel: Unser Wunsch ist es, dass alle Wesen nach innen gehen, sich auf die inneren Schwingungen einstellen, die den Planeten Erde verbinden und vereinen, damit wir alle besser zusammenarbeiten können.

Die Erde hat zur Zeit in der Realität dieses Ereignisfeldes gewisse Unstimmigkeiten in Raum und Zeit. Es gibt andere dimensionale Wesen auf der Erde, die bemüht sind, diese Schwingungen fein abzustimmen. Manche haben schon einen Ton für die Erde etabliert und arbeiten daran, anderen zu helfen, diesen Klang der Erde zu ›hören‹.

»Ich glaube, ich habe ihn gehört!«, sagte ich, als mir ein tiefes, hallendes Summen wieder einfiel.

Ja, das hast du. Du nimmst auch andere Klänge wahr.

Und dann zeigte der Hüter der Erde mir eine Reihe von unterschiedlichen Tönen, die ich schon immer gehört habe. Ich lächelte verwundert und empfand es als segensreich, diese Augenblicke in der Erinnerung wieder auferstehen zu lassen.

Um zum größeren Kontext zurückzukehren: Es gibt viele Klänge, auf die sich die Menschen einstellen können, wenn sie nur wollen. Der Akt des ›sich Einstimmens‹ hilft ihnen, sich auf andere Wesensformen einzustellen.

Und wie du siehst, dreht sich in dieser Hinsicht alles auf dieser Welt um das Shapeshifting – darum, die Formen deines Wesens zu verlagern! Überrascht dich das?

»Nein, ich weiß, was ihr meint«, sagte ich. »Als Barney anfing, von Shapeshifting zu sprechen, hielt ich es für etwas ganz Spezielles. Aber je mehr ich erlebe, desto klarer wird mir, dass wir ständig verschiedene Arten des Seins erleben, dass wir die Formen unseres Bewusstseins andauernd verlagern. Und je mehr wir dies tun, umso deutlicher wird uns bewusst, dass wir das alles und noch mehr sind! Das meine ich nicht auf eine vage, formlose Weise, sondern eher auf die Art, von der ihr über den Klang der Erde sprecht. Dieser Ton – diese Art des Seins – ist immer gegenwärtig; er liegt hinter allem, obwohl wir erst dann einen bewussteren Zugang zu ihm bekommen, wenn wir uns bewusst auf ihn einstellen. Dann werden wir ihm nahe sein.«

Richtig, sagten die Hüter der Erde zustimmend.… *Hierin liegt der tiefere Sinn des Shapeshiftings, die tiefere Essenz dessen, wovon wir sprechen. Wenn du so denkst, ist es, als würdest du von unserem Fluss trinken, da es diese Art flüssiger Verbindung ist, die in der Essenz aller Schöpfung, aller Evolution steckt.*

Wir ermutigen alle Menschen, die Schwingung des ›Seins‹ auf essenzielleren Ebenen zu vertiefen, zu erleben und sich mit ihr zu verbinden. Denkt daran, auf die Töne zu lauschen, hört auf den Klang der Erde. Auch das seid ihr, ihr alle – wir alle.

11

Vertiefung des Traumbewusstseins

Eines frühen Morgens wachte ich aus einem so energiegeladenen und greifbar realen Erlebnis auf, dass ich zuerst noch nicht einmal sicher war, ob es wirklich ein Traum oder doch irgendeine Astralvariante des Shapeshiftings gewesen war.

Nur wenige Augenblicke bevor ich aufwachte, hatte ich mich im Körper einer professionellen Ballerina befunden. Sie – wir – hatten auf der Bühne getanzt. Ich hatte die Frau als getrenntes Wesen mit einem eigenen Leben deutlich wahrgenommen und in keinster Weise ihre Gedanken geteilt. Und dennoch war ich vollkommen in sie eingetaucht und reagierte deutlich auf die Bewegungen unseres gemeinsamen Körpers – das schwebende Ausstrecken des Arms, der scharfe Winkel der gekrümmten Zehenspitzen, den gebogenen Hals, der sich leicht vom Rückgrat in die Höhe streckte. Noch nie hatte ich Muskeln und Bewegung so bewusst gespürt! Während wir über die Bühne rannten-sprangen-schwebten, erlebte ich ein ungekanntes Hochgefühl. Unsere Haut rötete sich von der Hitze der grellen Bühnenleuchten; unsere Nasenflügel sogen den modrigen Schweißgeruch der Bühne ein. Feine Talgpartikel wirbelten in der Luft, während wir uns in präziser Eleganz beim Tanz drehten. Die bunten, blitzschnellen Bewegungen der anderen Tänzer ließen die Bühne lebendig werden, und unser Körper spürte mit genauem und fein eingestimmtem Wissen jede Nuance der Verbundenheit in das Bild der tanzenden Mitspieler, das sich ständig veränderte.

Dieser Traum unterschied sich von anderen, denn ich spürte mich nicht nur deutlich, sondern war mir auch bewusst, dass es eine echte Frau war, die irgendwo auf einer echten Bühne tanzte – vielleicht in einer anderen Stadt, vielleicht in einer anderen Zeit –, aber sie hatte auf jeden Fall eine Identität, die nicht nur ein Traumgeschöpf war. So wirkte es jedenfalls auf mich. War es ein Traum? War es ein anderes Selbst? Oder vielleicht eine höhere Art zu träumen? Was immer es auch war, ich nahm es als ein großes Geschenk an. Ich war nur nicht sicher, was ich damit anfangen sollte.

Später am selben Morgen setzte ich mich hin, um die Energie des Traums anzuzapfen – um die Traumschöpfer zu fragen, wie ich mir die Lehren eines solchen Traums bewusst machen könnte.

Deine Fragen werden besser, genauso wie deine Fähigkeiten, in deinen Träumen für längere Phasen bewusst zu bleiben, bemerkte eine Stimme, die leicht amüsiert und zugleich anerkennend klang. *Ich bin ein Vermittler zwischen der Traumwelt und der bewussten Welt des Wachzustands. Ich helfe dir, die tiefere Bedeutung deiner Traumerlebnisse zu deuten und zu wecken.*

Erinnere dich: Manche Träume sind dazu da, um Probleme oder Schwierigkeiten aus dem Unbewussten ins Bewusstsein zu bringen. Andere Träume, so wie deine luziden Träume, dienen als Brücke zwischen der Traumwelt und dem Wachbewusstsein. Und Shapeshifting-Träume sollen dir zusätzliche Erfahrungen mit dem Shapeshifting vermitteln. Sie sind ›für Schüler gedacht‹, mit selbst kreierten Übungen in einer Art von Schablonen. Oft ist es leichter, sich im Traum als im Wachzustand zu verlagern, und deswegen sollen diese Traumerfahrungen dir die Erfahrung – das Gefühl – vermitteln. Sie sind genauso wertvoll wie Erlebnisse im Wachzustand. Darüber hinaus bieten sie ein gewisses Maß an Sicherheit, weil sie in der Traumwelt stattfinden. Es wäre klug von dir, diese Traumerfahrungen als Schablonen zu nutzen, als physische Erinnerung, wie man sich in eine Verlagerung einfühlt, wie man sich in den Körper eines Tieres oder einer Person beim Shapeshifting hineinversetzt.

Eine der wichtigsten *Richtlinien für das Shapeshifting ist, die Verlagerung zu erleben – nicht nur darüber zu reden oder zu lernen, sondern sie im eigenen Inneren zu spüren. Das ist letztendlich der Kern des Shapeshiftings.*

Die Traumarbeit integrieren

Ich nahm mir den Ratschlag des Vermittlers der Traumwelt zu Herzen und fing an, Erlebnisse im Wachzustand und im Traum als Schablonen für andere Bewusstseinszustände zu verwenden. Viele Tiere –

Spinne, Stinktier, Nilpferd – boten mir an, ihr Bewusstsein und Einblicke, wie sie Erfahrungen machten, die voller Schwingungen waren (in jedem Aspekt des Lebens – beim Träumen, im Wachzustand und in den Phasen dazwischen), als eine Art vielschichtiges Sprungbrett, eine Methode, mit der die Erlebnisse im Wachzustand mit der Traumwelt und Traumerlebnisse mit der Welt im Wachzustand verbunden wurden, mit ihnen zu teilen. Es brachte mich dazu, mich zu fragen: Was können wir in Träumen noch alles tun?

Lass uns über die Traumarbeit sprechen und welchen Bezug sie zu Shapeshifting hat, sagte Barney eines Morgens, während sich die Ereignisse und Fragen weiterhin häuften.

Zuerst wollen wir feststellen, dass viele Menschen eine gewisse Methode haben, Traumwelten vom Alltag zu trennen. Außerdem erlebt ihr tagsüber eine Vielzahl an Bewusstseinszuständen, in denen ihr auf verschiedene Weise Informationen über das Leben wahrnehmt, empfangt und verarbeitet. Wie ich anmerken möchte, seid ihr vieler Bewusstseinsarten und -ebenen fähig. In gewisser Weise ist es eure ›Verkabelung‹ und ›Software‹, die manche Zustände ins Bewusstsein rufen, andere unbewusst lassen und wieder andere überbewusst machen. Bis zu einem gewissen Grad sind es auch eure kulturellen Konditionierungen und Gewohnheiten, die diese verschiedenen Bewusstseinszustände voneinander trennen.

In manchen Kulturen gibt es keine deutliche Trennung zwischen Traumzustand und Wachzustand. Von deiner Kultur wird sie jedoch vollzogen. Außerdem finden deine privaten Tagträume und meditativen Übungen (einschließlich Shapeshifting) meist innerlich statt und wirken daher so, als wären sie von deinem Leben im Wachzustand getrennt.

In der Realität – oder nennen wir es in einer anderen Version der Realität – sind alle diese Bewusstseinszustände fließend miteinander verbunden. Und es gibt noch viel mehr, die ihr nicht wahrnehmt.

Wie deine Fähigkeiten, mit Tieren und anderen Wesen zu kommunizieren, müssen sie gelernt und in einem gewissen Maße wiedererlernt werden. Je tiefer du deiner Verbindung auf einem emotionalen Level erlaubst zu fließen, desto leichter wird es sein, in Träumen bewusst zu kommunizieren. In der Traumwelt stellt das Erinnern keine geistige Aktivität dar. Stattdessen ist es eine emotionale/fühlende Handlung.

Doch zurück zur Verbindung zwischen Shapeshifting und Traumerfahrung: Um deinen Traum zu programmieren, was ein Teil deiner Frage ist, musst du dich zu-

erst auf vertrautem Terrain befinden und eine gute Verbindung zu deiner Traumwelt haben. Träume sind Botschaften deines Unterbewusstseins – eines anderen Teils von dir. Sie sind der wesentliche (und ein sehr wirksamer) Weg, um mit diesem Teil deiner selbst zu kommunizieren. Bewusst zu agieren und zu glauben, du wüsstest es besser, führt daher häufig zu einem Desaster.

Die beste Methode, dies anzugehen, ist, dein Unterbewusstsein zu fragen, ob es dir etwas Zeit gibt, mit deinen Shapeshifting-Fähigkeiten zu üben. Eigentlich fängt man mit der Bitte an, eine Verbindung dazu herzustellen. Vielleicht wird dir dafür jede Nacht Zeit gegeben, vielleicht auch nur eine Nacht in der Woche oder so. Das hängt von dir und deinem Unterbewusstsein ab.

Wie du in der Vergangenheit gemerkt hast, hat die Art, wie dein bewusstes Selbst auf Botschaften aus der Traumwelt reagiert, einen direkten Einfluss auf die Kontinuität, den Umfang und die Qualität der Botschaften. Schenkst du deinen Traumbotschaften die Achtung, die ihnen gebührt? Arbeitest du mit ihnen? Oder vergisst du sie einfach wieder? Oder erzählst du sie anderen, als seien sie ein Witz? Das ist eine eindeutige Reflexion deiner Beziehung zu deinem Unbewussten. Und so wirst du wissen, wann und ob du mit deinem Unterbewusstsein auf eine Weise zusammenarbeiten kannst, die Shapeshifting im Traum ermöglicht.

Viele Menschen haben diese Beziehung hergestellt. In manchen Kulturen gehört sie zur Praxis – Kulturen, in denen die Magie und Verbundenheit zur natürlichen Welt nicht vom Wachzustand des ›Alltags‹ getrennt sind. Dort werden bestimmte Personen ausgesucht, um mit Shapeshifting zu arbeiten, und sie ehren die Zeichen und Bilder der Traumwelt ebenso wie die des Wachzustands. Lehren aus der Traumwelt und dem Wachzustand gehen oft Hand in Hand, und es kann passieren, dass die individuelle Person eine Überlappung erlebt.

So eine Überlappung ist ein merkwürdiger Zustand, ein Zustand, in dem man sich in beiden Welten und zugleich zwischen den Welten befindet. In einem fortgeschrittenen Zustand bedeutet das einfach nur, sich seines multidimensionalen Selbst bewusst zu sein. In so einem Zustand entfällt der ›komische‹ Effekt (wie man ihn beschreiben könnte), sich zweier oder mehrerer verschiedener Bewusstseinszustände oder der Präsenz in mehr als einer Welt bewusst zu sein.

Irgendwelche Fragen?

Ich hatte so aufmerksam zugehört, dass ich keinen Raum für Fragen hatte. »Im Moment nicht.«

Dann lass uns fortfahren. In der Traumwelt ist es viel leichter, die eigene Form zu verlagern oder zu verbergen. Diese Erfahrung hast du selbst schon gemacht.

Da fiel mir ein Traum wieder ein, in dem ich mich in einem Bürogebäude befand. Wie immer hatte ich Jeans, einen Pullover und Clogs an. Plötzlich wurde mir bewusst, dass ich für ein Meeting ein Kostüm oder einen Hosenanzug tragen musste. Während ich den Flur hinunterging, machte ich die Augen zu und stellte mir einen dunkelblauen Blazer, einen Rock und Pumps mit hohen Absätzen vor. Sofort veränderte sich meine Kleidung. Auch wenn mir das in dem Traum nicht als etwas Besonderes vorkam (»Denke es einfach, dann passiert es auch«), merkte ich beim Aufwachen, wie nahtlos dieser Kleiderwechsel stattgefunden hatte.

Einen Moment – habe ich das wirklich geträumt? Plötzlich hatte ich das merkwürdige Gefühl, dass ein anderer Teil meiner selbst diesen Traum gerade erst geträumt hatte, sich aber daran erinnerte, als sei er ein Traum »von früher«.

Ja, meinte Barney und schnaubte amüsiert, *und du hast auch eine schnelle Auffassungsgabe, wie Zeit in dieser Hinsicht arbeitet. Du hast dich an den Traum erinnert und ahntest, dass der Traum vom ›Jetzt‹ dort extra hingestellt wurde – was in gewisser Weise auch stimmt. Es ist wie das Verfassen eines Romans – während man die Geschichte schreibt, verbindet man Details oder Figuren von einem Punkt in der Handlung mit einem anderen in der Geschichte, um ein interessanteres Netz zu weben. In Wahrheit funktioniert das ganze Leben so. Eine Seite von dir spinnt ständig verbindende Stränge in Zeit und Raum von einem Selbst zum anderen und zugleich in dieses spezielle Leben von Dawn. Andere Selbste sind auch mit dir verbunden – da sie du sind – und es gibt für alle von ihnen ähnliche Zwischenverbindungen.*

Um auf das Shapeshifting zurückzukommen: Im Traumzustand kannst du teilweise Zugang zu dem Aspekt deines Selbst bekommen, der die Realität erschafft; wenn du ›denkst‹, was du anziehen willst – oder welche Gestalt du annehmen willst. Es gibt keine Hürden des ›Das kann ich nicht‹ oder ›Das ist unmöglich‹. Wenn diese Art von Zauber lebendig ist, kannst du sie akzeptieren, diese Energie nutzen und die gewünschte Veränderung durchführen. Eigentlich ist es ganz einfach. Es ist nur deine Gedankenkonstruktion, die es in anderen beschränkten Versionen der ›Realität‹ für schwierig oder unmöglich hält.

Den Horizont erweitern

Barneys Argument war natürlich richtig, denn es ist eine uralte Wahrheit, dass das Universum das reflektiert, worauf wir unsere Gedanken und Absichten konzentrieren. Das traf auch auf mich zu, und je mehr ich mit der Verbindung zwischen Träumen, Wachbewusstsein und Shapeshifting spielte, umso mehr Gelegenheiten zum Lernen ergaben sich.

Eines Nachts träumte ich, in einem alten, leeren, roten Backsteingebäude zu sein. Das lange, schmale Gebäude schien ein verlassenes Lagerhaus zu sein. Auch wenn ich mich im obersten Stockwerk befand, war kein Dach vorhanden. Über mir erstreckte sich ein blauschwarzer Abendhimmel, in dem winzige strahlende Sterne glitzerten. Und trotzdem fühlte ich mich geborgen, denn auf allen Seiten war ich von hohen Backsteinwänden umgeben. Die Mauern wurden von hohen, schmalen Fenstern durchbrochen, durch die ich problemlos hinaussehen konnte, da sie eng nebeneinanderstanden.

In der merkwürdig eindringlichen Weise, die Träume an sich haben, versuchte ich, von einem Ende des Gebäudes zum anderen zu gelangen – aber es war so weit weg! Während ich rannte, dachte ich an Sprünge, und während ich Sprünge machte, dachte ich an Fliegen, und mitten in diesem kleinen Gedankensprung wachte ich im Traum auf. Wie ich es manchmal in luziden Träumen tue, rieb ich mir mit ausgestreckten Armen die Hände, so als würde ich mich in die Höhe befördern. Mit Leichtigkeit sprang ich hoch – auf eine andere Raumebene. So flog ich nun bequem in horizontaler Lage. Ein Lächeln legte sich auf mein ganzes Wesen, obwohl ich mich ermahnte, den Fluss des Bewusstseins leicht zu lassen – zwar klar, doch nicht zu rational –, damit ich diesen Zustand im Traum aufrechterhalten konnte. Es machte sehr viel Spaß, und ich genoss das Gefühl, unter dem kühlen, dunklen, weiten Himmel durch das Gebäude zu fliegen.

Als ich aufwachte, schrieb ich den Traum in ein Tagebuch und notierte die Verbindungen zwischen Träumen und Shapeshifting. *Das Träumen ist oft eine Form von Shapeshifting,* sagte eine Stimme, die sich zwischen meine Gedanken schob. *So viel ist von Anfang an klar.* Während ich die Augen schloss, um mich besser auf diesen unverhofften Gast einzustellen, hatte ich das Bild eines großen, grauen Felsens vor Augen, der in diesem Moment die Gestalt eines Menschen »annahm«. Als in der Vision die Zeit voranschritt, sah ich, wie die menschliche Gestalt sich im Felsen auflöste und eine atemberaubend schöne Nachtlandschaft von Sternen am dunklen, blauen Himmel enthüllte.

Dieses Bild zeigt eine weitere Facette, was Shapeshifting ist – ein visuelles Beispiel dafür, wie viel hinter dem Offensichtlichen steckt, fuhr die Stimme fort. *Wenn du über Träume und Shapeshifting nachdenkst, dann gibt es da natürlich einen Link. Das ist eine generelle Beobachtung. Aber anstatt aufzusplittern, halten wir es für das Beste, jeden Augenblick als einen Aspekt der Verbindung mit anderen Realitäten zu erleben. Das ist unsere Sichtweise des Shapeshiftings.*

»Wer seid ihr?«, fragte ich.

Wir sind die Wesen, die die Verbindungen zwischen Stein und Himmel ordnen – ein Aspekt der vielen Links zwischen Himmel und Erde. Das Bild (des Menschen im Felsen, der zu den Sternen wird) ist unseres. Wir zeigen dieses Bild, um verschmelzende Realitäten zu illustrieren – das heißt, nicht nur eine Verlagerung von einer Sicht zur anderen, sondern ein Beispiel für ein Sein, in dem man sich beider Realitäten gleichzeitig bewusst ist (und mit mehr Übung sogar vieler Realitäten). Die höchste Lehre über ›Erleuchtung‹, die wir vermitteln, ist eine Haltung, bei der alle Zwischenverbindungen auf einer bewussten Ebene festgehalten werden (auch wenn das nicht ganz mit deiner Vorstellung von Bewusstsein übereinstimmt). Anders ausgedrückt: Man ist sich aller Aspekte seines Wesens vollkommen bewusst.

»Und gibt es darüber hinaus sogar noch mehr Bewusstsein?«, wollte ich wissen, als ich die Bedeutung dieser Worte ahnte.

Es gibt immer noch mehr, versicherten sie mir. *Immer.*

Wenn du dich auf deinen Traum einstellst, siehst du die Aspekte Stein (die Backsteinwände) und Himmel (durchs Fenster). Zwischen den beiden fliegst du – aber beachte, wie du fliegst, nämlich innerhalb der Beschränkungen des Gebäudes.

Da wurde es mir klar, obwohl ich es vorher gar nicht bemerkt hatte: Auch wenn im Traum der Himmel über mir weit gewesen war, war ich nur innerhalb der Grenzen der Mauern geflogen.

Wenn du bewusster wirst, öffnest du dich größeren Möglichkeiten und beschließt vielleicht, über deine Mauern hinweg hinaus ins Freie zu fliegen. Und nach vielen Abenteuern dieser Art bist du womöglich bereit, daran zu arbeiten, den Stein und den Himmel festzuhalten und deine Perspektive auf beides gerichtet zu lassen. Dann würde sich dein Traum natürlich ändern.

Irgendwie war mir, als würden die Wesen lächeln.

Wir wollen diejenigen weiterbringen, die interessiert und offen dafür sind, mehr über die Schnittstelle zwischen offenem und geschlossenem Raum zu erfahren. Damit meinen wir den scheinbar offenen Raum der Luft und den scheinbar geschlossenen Raum fester Gegenstände wie Felsen, Steine, Wände.

Ihr Menschen benutzt die Redewendung ›Gegen eine Wand rennen‹. Sie bedeutet, ihr werdet von scheinbaren Begrenzungen festgehalten. Diese Begrenzungen sind natürlich selbst gemacht. Manche entscheiden sich, ihre Grenzen zu überwinden, während andere sich geschlagen geben. Wir arbeiten mit denen zusammen, die beschließen, die Mauer zu überwinden und zu lernen, sich über die Einschränkungen ihrer Überzeugungen hinwegzusetzen.

Unser Wesen besteht nicht nur aus Stein und Himmel, sondern auch aus äußeren und inneren, sichtbaren und unsichtbaren sowie weiteren Dichotomien. Im Wesentlichen besteht unsere Arbeit darin, sie durch sich verlagernde Realitäten zu verschmelzen.

In den reinen Formen der Natur sind wir Luft und Gebirge. Wenn du einen Berg siehst, der in Wolken oder Nebelschleier eingehüllt ist, dann sind wir am Werk. Unser Wesen ist eine dunstige Präsenz, eine Gegenwart, die Grenzen aufweicht und die Kletterer und Mauernüberwinder dazu ermutigt, sie zu überwinden. Tatsächlich arbeiten wir oft mit Kletterern und Forschern zusammen. In gewisser Weise sind wir der unterschwellige Abenteuergeist, wenn es darum geht, etwas zu tun, was noch nie zuvor versucht worden ist.

Das wäre es für heute. Suche uns in deinen Träumen. Vielleicht das nächste Mal, wenn du versuchst, aus dem Gebäude herauszufliegen? Wir würden uns freuen, dir dabei behilflich zu sein!

Gastredner: Die Traumführer

Du erlebst ja wirklich originelle Abenteuer!, sagte Barney später am selben Tag. *Zwar können wir offene Fragen in gelegentlichen Gesprächen am Vormittag klären, aber vielleicht möchtest du lieber noch mehr Forschung betreiben und dann deine Gefühle mit unserer Gruppe teilen. Wenn du dich in andere Wirklichkeiten vertiefst, dann tun wir es alle. Das reicht für den Augenblick. Wenn du mich brauchst, ›denke‹ einfach an mich, dann komme ich. Aber schau jetzt, wohin deine Erfahrungen dich führen.*

Nach diesen Worten beendete Barney allmählich unsere morgendlichen Unterhaltungen. Ich spürte seine subtile spirituelle Ermutigung während der kommenden Ereignisse, und ich freute mich, wenn er mir andere Wesen vorstellte, Kontakt zu anderen herstellte – zu Tieren, Pflanzen und Wesen, deren Interessen oder Fachwissen sich auf meine wachsenden Abenteuer bezogen.

Eines Morgens stellte sich mir eine Gruppe von Wesen vor, noch bevor ich mich eingestimmt hatte. *Du kannst uns als Gastredner ansehen,* fingen sie an, *denn wir haben schon oft mit deiner Gruppe zusammengearbeitet, und Barney ist ein Freund von uns – und du auch.*

Wir sind Energiewesen – nicht im Sinne, wie man den Begriff normalerweise versteht, sondern eine Form von Energie –, die daran arbeiten, das Bewusstsein anderer Wesen für die subtilen Vorgänge ihres eigenen Bewusstseins, Unterbewusstseins und Unbewussten sowie die Verbindungen zwischen diesen Ebenen zu wecken.

Um deine unausgesprochene Frage zu beantworten: Du kannst uns als Traumführer bezeichnen. Wir arbeiten mit Verbindungen, wir verlinken das Bewusstsein mit der unbewussten Kreativität. Und auf eine spezielle Weise arbeiten wir mit Manifestation. Vielen fällt es weitaus leichter, beim Träumen unbewusst zu sein. Wenn der Träumer scheinbar keine Kontrolle hat, kann er behaupten, er sei für seinen eigenen Traum ›nicht verantwortlich‹. Auf einer Realitätsebene trifft das tatsächlich zu.

Das Gebiet, auf das wir uns jedoch konzentrieren, ist, Individuen wie dich dabei zu unterstützen, sich des Traumprozesses und deiner Verantwortung für die Umsetzung deiner Träume bewusster zu werden. Das meinen wir nicht nur in dem Sinn, wie sich deine Träume auf der inneren Bühne deines Geistes darstellen, sondern was du aus deinen Träumen machst, wie du beim Aufwachen und im Alltag an ihnen ›festhältst‹, und wie du an den heiligen Akt des Träumens und der Traumanalyse herangehst.

Um einige der Punkte, die dir schon bekannt sind, zu wiederholen: Es gibt mehrere Arten des Träumens. Ähnlich der Art, wie es auch mehrere Formen von Shapeshifting gibt.

Ist dir eigentlich klar, dass auch du ein Teil des Shapeshijtings bist, wenn du einen Shapeshifting-Prozess wahrnimmst (nehmen wir zum Beispiel an, du wirst

Zeugin eines ›magischen‹ Ereignisses, bei dem jemand etwas anderes wird – eine Frau zur Wölfin, ein Wesen zu einem Sternenhimmel oder eine Person verlagert sehr schnell den Raum oder scheint zu verschwinden)? Das entspricht den frühen Stadien des Traumbewusstseins, in denen du dich morgens an den Traum erinnerst und ihn anderen erzählst. Beide Ereignisse werden manchmal von Ungläubigkeit begleitet – einem Gefühl von Fremdheit oder Bizarrem. Oft ist dies eine einführende Einladung zur Vertiefung des Bewusstseins. Manche sagen vielleicht, wenn man genügend ›persönliche Energie‹ hat, die zu einer Shapeshifting-Situation führt, kann man das Ereignis bewusst erleben. Das Ereignis hat seine eigene Realität, und das, was man sieht, kann mit der Wahrnehmung des Shapeshifters übereinstimmen oder abweichen. Doch glaube uns, wenn wir sagen, dass man nicht grundlos an die Situation herangeführt wird.

Also, auf einem fortgeschrittenen Level wird man auf irgendeine Weise in das Shapeshifting einbezogen. Ein Teil der Verlagerung betrifft dann dich selbst: Deine Hand oder dein Arm sieht anders aus, du stellst fest, dass sich die Farben in deiner unmittelbaren Umgebung verändern oder sich etwas in der Landschaft verlagert. Das ist eine ›nahe Begegnung‹ mit Shapeshifting. Auf dieselbe Weise lässt sich das mit dem Erwachen aus deinem Traum verbinden. Für einen kurzen Augenblick bist du dir bewusst zu träumen. Dir ist klar, dass gerade etwas Ungewöhnliches passiert. Du wirst zu einem Teil des Traums und hast dadurch einen bewussten Link zu deinem tieferen Unterbewusstsein und den unbewussten Aspekten kreativer Gedanken hergestellt.

Ein weiterer Schritt findet während des Träumens statt, wenn du für einen längeren Zeitraum die Kontrolle übernimmst oder sogar den Traum an sich veränderst. So wie du in einem Traum vor kurzem beschlossen hast zu fliegen und dann geflogen bist. Bezogen auf das Shapeshifting geschieht das, wenn man sich bewusst wünscht, ein Tier zu werden, und es dann wird. Es gibt sehr viele Abstufungen davon, wie dein Freund Barney festgestellt hat. Man vertieft die Kontrolle über das Shapeshifting und über den Traum. In deinem Traum wünschst du dir zum Beispiel andere Kleider oder einen anderen Körper, oder du willst einem Bekannten begegnen oder deine Umgebung verändern. Es gibt hiervon viele verschiedene Formen und oftmals ist einem nicht einmal klar, wie bewusst man sich in einem Traum ist oder werden kann.

Hinter diesem Schritt liegt die bewusste Erschaffung der Traumwelt. In deinem Mottenbuch[1] und auch in anderen Büchern finden sich viele Dinge, die sich darauf beziehen. Aus unserer Sicht ist das mit dem Eintreten in andere Realitäten und dem Aktivieren erweiterter Energiefelder verbunden. Es soll das Träumen auf eine bewusstere Ebene bringen, indem es auf der physischen Ebene in Erscheinung tritt.

Wie du allmählich merkst, gibt es viele Versionen der Wirklichkeit, viele Schichten der Realität, die oft sozusagen nebeneinander existieren. Man muss keine andere geografische Sphäre betreten, sondern eine andere Schwingung.

Im Kern führt all das zu der Fähigkeit, sich deiner multidimensionalen Natur zu jedem beliebigen Zeitpunkt bewusster zu werden. Es beginnt das, was man Durchlässigkeit nennen könnte. Man erinnert sich vielleicht an andere Zeiten oder Leben und steht mit diesen Aspekten des Selbst in jenen Leben ›in Verbindung‹, oder man fängt an, andere Welten zu sehen, in denen die Schichten zwischen den Realitäten dünn sind. Dies kann beim Shapeshifting und beim unbewussten sowie auch beim luziden Träumen passieren.

Um noch einmal auf unsere ursprüngliche Unterscheidung zurückzukommen: Der Unterschied zwischen unbewusstem Träumen und luzidem Träumen ist graduell und eine Frage der Orientierung. In gewisser Weise ist es ein Unterschied der Perspektive, auch wenn beide Arten sich genügend unterscheiden, um eine Definition zu rechtfertigen.

Oft soll das unbewusste Träumen eine Lektion sein, aus der der bewusste Verstand etwas ableiten oder lernen kann. Es ist eine Spiegelung anderer Dimensionen – manchmal eine Aufarbeitung oder Neudarstellung eines Problems, mit dem die Seele kämpft. In vielerlei Hinsicht kann man es sich als ein Anagramm für irgendeinen Aspekt seines Lebens vorstellen.

Es gibt auch prophetische Träume, in denen etwas aus der Vergangenheit in die Gegenwart einfließt oder aus der Zukunft in das Heute oder sogar aus einem anderen Leben in das jetzige Leben. Diese Träume folgen einer etwas anderen Ordnung und zielen eher darauf ab, Hilfestellung zu geben oder die Lösung eines Problems zu bieten.

Klarträume sind in bestimmter Hinsicht eine verfeinerte Form des Träumens, jedoch nur aus der Perspektive, in der man sich jetzt befindet. In anderen Situationen, Kulturen und Zeiten, in denen das luzide Träumen weit verbreitet war, wurde das unbewusste Träumen als höher entwickelt angesehen, da es als Geschenk der Götter galt, das aus der Tiefe des eigenen Wesens aufstieg.

Unserer Ansicht nach kann man weder das eine noch das andere für besser halten; stattdessen handelt es sich um unterschiedliche Formen desselben Vorgangs, und man tut gut daran, alle Geschenke zu nutzen.

12

Die Überwindung der Angst

Meine Träume flossen geradezu über. So sehr, dass es schien, als sei ein intensiver Traumworkshop am Werk. In manchen Nächten durchlebte ich epische Träume mit komplizierten Handlungssträngen und einem Überfluss an Details. In anderen Träumen waren die Botschaften kurz und symbolisch präzise. An manchem Morgen erinnerte ich mich an drei oder sogar mehr Traumgeschichten. Später stellte ich fest, dass sie einen Bezug zu Folgeträumen aufwiesen, die wie in einer Fernsehsendung ein größeres Gesamtbild aufzeigten. Ich begegnete Menschen und Tieren aus anderen Welten und Dimensionen; manche von ihnen gaben mir Ratschläge und Ideen, andere standen nur still und schweigend da. Meistens machten meine Träume mir viel Spaß und boten zahlreiche neue Möglichkeiten, etwas zu verstehen. Es faszinierte mich, wie wahr es ist, dass wir etwas nur bewusst wahrnehmen müssen, um dadurch reich belohnt zu werden.

Von Zeit zu Zeit zeigte ein Traum mir etwas über mich selbst, das ich nicht wirklich sehen wollte. Diese Traumgeschichten wirkten meist an der Oberfläche harmlos, doch ich konnte meine Träume mittlerweile *spüren* – was ein ganz anderes Gefühl ist.

Kurz vor meinem Geburtstag träumte ich davon, zusammen mit drei riesigen Elefanten in einem verschlossenen Anhänger zu sein. Auch wenn es im Anhänger relativ geräumig war, Lebensraum für Menschen vorhanden war und die Elefanten genug Platz hatten, um zu stehen und zu schlafen, trennten mich nur ein paar dünne Drähte von den Tieren. Als ich sie betrachtete, senkte eine Elefantendame den Kopf und schaute mir direkt in die Augen. Ihr tiefer Blick aus braunen Augen war unendlich sanft und einfühlsam. Und obwohl sie ruhig und liebevoll war, bekam ich Angst. Ich dachte daran, wie leicht sie mich zertrampeln könnte, weil sie so groß und ich so klein war.

Beim Aufwachen notierte ich mir den Traum und dazu ein paar Totem-Eigenschaften von Elefanten, zum Beispiel ihre Stärke, Kraft und ihr uraltes Wissen. Das passte zu dem Blick aus den Augen der Elefantendame. Meine Angst im Traum machte mir zu schaffen. Im Wachzustand hätte ich den Blick der Elefantendame sicher freudig erwidert. Als ich meiner Traurigkeit nachging, spürte ich Anzeichen von Leere, eine schmerzhafte Seelentrauer, die durch eine andere Seite in mir hochstieg. Wie erstaunlich, wie tief ein einfaches Bild uns zu berühren vermag! Und so bricht der Traum uns auf …

Später an diesem Tag forderte Barney mich auf, mir den Kern dieser Angst anzusehen. Er fühlte sich alt und mit meiner Kindheit verbunden an, vielleicht mit einer Kindheit, die schon viele Leben zurückliegt.

Woher kommt die Angst?, fragte Barney. *Kannst du sie in deinem Körper spüren?*

»Im Herzen. Sie fühlt sich an wie Verrat.«

Ja, bestätigte er mir. *Das ist ein Hinweis für dich. Wenn du willst, können wir uns das Szenario näher ansehen.*

Aber das war das Letzte, was ich wollte. »Gibt es noch einen anderen Weg?«, fragte ich. »Oder glaubst du wirklich, dass dieser der beste ist?«

Na ja, es ist der interessanteste Weg. Lass es uns versuchen – wenn du dazu bereit bist.

Ich wusste schon, wie das ging: tief atmen, sich der Erfahrung öffnen und berichten, was auch immer mir kam.

Fang an, indem du dich an eine Zeit erinnerst, in der du unter Elefanten gelebt hast oder vielleicht auch zum ersten Mal einem Elefanten begegnet bist.

Es dauerte zwar einen Moment, aber dann – hinter den Nebelbänken vergessener Leben – sah ich eine Elefantendame. Sie lag in der Nähe eines Wasserlochs auf der Seite und rührte sich nicht. »Die Elefantenkuh ist sehr krank«, sagte ich, »vielleicht sogar tot. Ich fühle mich schrecklich. Ich bin mit einer Gruppe von Menschen unterwegs – meinen Leuten. Wir haben den Elefanten zwar nicht direkt getötet, aber wir sind daran schuld, dass das Wasserloch vergiftet ist. Wir haben es uns nicht richtig überlegt und jetzt kann keiner mehr daraus trinken. Wir können die Tiere, die daraus getrunken haben, noch nicht einmal verzehren, sonst werden wir krank.

Ich verspüre eine starke Übelkeit, aber ich kann nichts sagen und nichts tun. Ich bin zu jung, zu klein. Was wir getan haben, war falsch. Alle anderen tun so, als hätten wir es nicht getan und als wäre es nicht unsere Schuld. Ich bin wegen der Elefantenkuh sehr traurig, und auch wegen uns, wegen unserem Stamm. Wir haben eine kranke Seele.«

Lass uns das verändern, schlug Barney vor. *Was wäre, wenn du Macht bekommst – jemand, dessen Stimme im Stamm zählt? Was würdest du dann sagen?*

»Dann würde ich den anderen sagen, dass wir Unrecht getan haben. Dass es unsere Schuld ist und wir das Unrecht an den Elefanten wiedergutmachen müssen. Vielleicht vergeben sie uns nicht, aber wir müssen ihnen zeigen, dass es uns leid tut, und wir müssen versuchen, ihnen zu helfen. Die meisten Leute sehen zwar, dass das der richtige Weg ist, aber es gibt auch welche, die das nicht tun wollen. Ihre Energie ist verschlossen – eine kränklich grüne Farbe, wie Gift. Ihr Herz ist schlecht geworden. Ich rufe die Stammesältesten, und viele der Frauen pflichten mir bei. Ich erkenne, wie wichtig es ist, aus unserer Verleugnung herauszugehen und das Unrecht wiedergutzumachen. Viele wollen das auch tun.

Aber ich werde von dem Mann, dessen Herzen am kränksten von allen ist, zu einem Kampf aufgefordert. Wir nehmen Speere und er tötet mich. Ich war doch noch ein Kind! Ich fühle mich verraten, genauso sehr, wie ich die Tiere verraten habe, ohne es wiedergutmachen zu können. Ich fühle mich von meinen eigenen Leuten verraten.«

Was tust du jetzt?, wollte Barney wissen.

Ich holte noch einmal tief Luft und ließ die Geschichte sich entfalten. »Im Geist gehe ich zu dem toten Elefanten hin und entschuldige mich für meine Handlungen und die Handlungen meines Stammes. Die Elefantendame steht im Geist auf. Wie ich jetzt erkenne, ist sie eine große Lehrmeisterin. Sie sagt, sie sei gekommen, um einigen von uns dabei zu helfen, uns durch unsere Depression, unsere schlafende Seelenkrankheit ›zurückzuentwickeln‹. Ich empfinde ein Gefühl starker Liebe für die Elefantendame! Das erinnert mich an eine Zeit, in der ich als kleiner Junge mit ihr zusammen war – ach! Das ist ja ein anderes Leben! Ich erinnere mich jetzt daran, wie lieb wir uns hatten. Und als ich auf ihren Rücken klettere – so wie ich es in dem anderen Leben immer getan habe –, fängt sie an zu fliegen. Im Geist fliegen wir hinauf in einen goldenen Himmel. Wir empfinden sehr viel Liebe füreinander und ich kenne diese Seele aus vielen, vielen Leben! Ich kenne sie sehr gut.

Jetzt ist sie hier und erfüllt mich mit einem goldenen Licht. Sie sagt: *Wir lieben dich. Wir sind hier. Du bist bei uns immer willkommen. Schau hinter diese Träume, diese Spiele. Lass uns mit dir zusammenarbeiten. Wir können diese Welt so leicht ändern, wie du den Traum in Gedanken geändert hast. Habe Liebe und Vertrauen. Wir sagen dir das immer wieder auf vielerlei Weise, weil es die Wahrheit ist. Folge deinem Herzen. Wir werden mit dir und durch dich strahlen. Wir lieben dich.*«

Wie fühlt sich die Angst jetzt an?, erkundigte sich Barney.

»Als hätte sie sich verlagert«, sagte ich lachend und weinend. »In mir ist eine Öffnung und ich spüre so viel Liebe. Es ist jetzt ganz real; ich habe das Gefühl, als könnte ich in der Wildnis eines jeden Traums oder einer jeden Wirklichkeit mit Elefanten zusammen sein, ohne Angst zu haben.«

Arbeite weiter daran und du wirst auch noch andere Ängste auflösen, riet mir mein weiser Freund und Lehrer. *Wenn ein Tier erscheint, dann hast du es gebeten zu kommen. Nutze die Chance. Es kann sein, dass sie nicht so schnell wiederkommt.*

Dann schwiegen Barney und ich für eine Weile. Seine Gegenwart fühlte sich warm und mir nahe an, genauso wie er sich angefühlt hatte, als er noch in seinem Körper gelebt hatte.

Das alles hat einen Grund, sagte er sanft. *Das weißt du. Vertraue auf das, was dir kommt und auftaucht, auch – vor allem – wenn es dir nicht gefällt. Für alles, was geschieht, gibt es einen Grund. Wie die Elefantenlehrmeisterin dir gezeigt hat, war alles eine Scharade, die dazu diente, das Herz des Stammes zu öffnen. Sei dir bewusst, dass der Stamm die Elefantendame gerufen hat, und dass sie sich bereit erklärt hat, die Rolle zu übernehmen. Vertrauen, Vertrauen und noch einmal Vertrauen – das ist das Schlüsselwort für deine innere Entwicklung.*

Die Angstschublade leeren

Der Elefantengeist blieb viele Tage bei mir. Ich spürte die grenzenlose Liebe der Elefantenwesen – nicht nur mir gegenüber, sondern auch zur Erde mit all ihren vielfältigen Tierarten, Pflanzen, der Natur und den Naturgeistern.

Allmählich begann ich, mich zu fragen, ob manche Seelen lieber in Tiergestalt lehren, weil gerade die menschliche Form so häufig etwas beweisen muss – entweder sich selbst oder anderen. Lernen Menschen womöglich leichter von einem Tierlehrer? Aber was ist dann mit den Menschen, die nicht an Tierseelen glauben?

»Ich bin nicht sicher, ob man das verallgemeinern kann«, sagte ich zu Barney, als diese Gedanken in meinem Kopf kreisten. »Was meinst du?«

Lass uns noch einmal mit der Tatsache beginnen, dass die Seele existiert … ist. Die Seele kann sich nach freiem Willen auf jede vorstellbare Weise ausdrücken: in Tieren, Pflanzen, Bäumen, Engeln, Staub, Stein, Flüssen, dem Wind, den Bergen, dem Land, Planeten, andersdimensionalen Geschöpfen, Ereignissen, Umständen und so weiter. Alles trägt das Seelenwissen in sich.

Man tut gut daran, Vorsicht bei Benennungen und Verallgemeinerungen walten zu lassen. Sobald du deine Perspektive auf eine Sicht verlagerst, die das Leben als etwas sieht, das sich entfaltet, das sich in sich hinein- und aus sich herausschlängelt, das ein flexibles Ereignis ist, brauchst du weniger Regeln. Gesetz und Ordnung helfen, Vorstellungen und Konzepte in Zeitbegriffen zu fixieren und können sehr nützlich sein. Erfahrung aber ist aufgrund ihres Wesens Bewegung, ein Sich-Entfalten, ein Gefühl für das Leben. Regeln halten fest und schränken ein. Leben fließt einfach.

Wenn die Menschen Regeln über Seelen aufstellen – zum Beispiel: ›Eine Seele kann in Menschengestalt, aber nicht in Tierform stecken‹ –, dann spielen sie mit Schubladen. In der Realitätsschublade können sie nur Seelen in menschlicher Form sehen. Solche Menschen unterscheiden dann womöglich zwischen dem ›Wir‹ (beseelt) und ›den anderen‹ (unbeseelt). Diese Unterscheidung lässt Angst entstehen: ›die anderen‹ sind anders, ›die anderen‹ sind Eindringlinge, ›die anderen‹ sind böse. Und in diesem Rahmen dienen ›die anderen‹ dazu, alles, was diese Leute sich in ihrem eigenen gegenwärtigen Wesen nicht zu sehen erlauben, in sich zu vereinen.

Wenn man von dieser Vorstellung zu einer anderen übergeht, bei der Seelen in Tieren, Pflanzen oder Steinen leben – oder wenn man einfach nur wahrnimmt, dass die ganze Natur beseelt ist –, verlagert sich die eigene Realität. Jetzt ist die Seele überall; es gibt nichts, das nicht beseelt wäre. So hat man eine andere Version der Wirklichkeit aktiviert.

»Und keine Realität ist ›besser‹?«

Wir können sagen, dass für diejenigen, die sich an der ›Seele in rein menschlicher Form‹ festklammern, die Situation vollkommen geordnet ist, so dass sie lernen, was sie lernen müssen, dass sie sich auf die Art und Weise, wie sie es wollen und müssen, selbst erleben. Es ist ihre Wahl. Für diejenigen, die in allem eine Seele sehen, ist das die Situation, die sie ausgewählt haben, die sie brauchen und lernen wollen. Auch das ist vollkommen.

»Und wenn die beiden Realitäten aufeinanderstoßen?«

Dann sehen beide den anderen jeweils so, wie es für das Individuum angemessen ist. Die einen sehen ein bestimmtes Gesicht, die anderen ein anderes. Die Herausforderung ist, das Gesicht der anderen Realität und dein eigenes Gesicht zu erkennen. Und das Paradox ist, dass das eine auch das andere ist.

»Wenn ich also jemandem begegne, der glaubt, mit Tieren zu sprechen sei das Werk des Teufels, dann sehe ich ein Gesicht meiner selbst?«

Glaubst du denn, es ist das Werk des Teufels?

Ich musste lachen. »Nein.«

Auch wenn du schon zu anderen geäußert und sogar gedacht hast, es sei verrückt. Ist das etwa keine Angst vor dem Teufel? Könnte der Teufel nicht vielleicht das Ganze heimlich lenken – und dich glauben lassen, etwas wäre real, ohne dass es das ist?

»Der Grund, warum ich die Frage überhaupt stelle, ist also der, dass in mir immer noch ein Fünkchen Angst steckt?«

Richtig erkannt. Warum arbeiten wir nicht daran? Bist du für ein weiteres Experiment bereit?

Ich verdrehte die Augen. Er hatte mich ausgetrickst!

Sieh dir den Teil von dir an, der immer noch glaubt, mit Tieren zu kommunizieren sei ein bisschen durchgeknallt. Fühle dich in den Teil deiner selbst ein, dem es wichtig ist, was andere über dich denken. Welcher Teil von dir sucht sich immer noch in anderen? Warum gibst du die Kontrolle über dich ab? Wann hast du sie das erste Mal abgegeben? Stelle dich auf einer tiefen Ebene darauf ein, auf das erste Mal, als du das in irgendeinem Leben gemerkt hast …

Nachdem ich die Augen geschlossen und ein paar tiefe Atemzüge gemacht hatte, sah ich die Geschichte von Generationen eines Lebens, in dem die Menschen gerade damit begonnen hatten, sich von der Einheit mit der Natur zu entfernen und sich als anders zu sehen als die Tiere und die Natur. Während ich mich frage, wie das geschehen kann, sehe ich ein großes Desaster: Der Himmel verfärbt sich schwarz und es gibt viele Tote.

»Es gibt Feuer und Überschwemmungen«, erzähle ich Barney, »eine Zeit des Chaos und der Verwirrung, in der Nahrung rar wird. Wir wurden von Angst getrieben, die sich in Form von Gier festgesetzt hat – dem Bedürfnis nach mehr, vor allem nach mehr Essen. Aber als es wieder mehr zu essen gab, erweiterten wir das Bedürfnis und wollten Land, und wir verteidigten uns gegen andere Gruppen von Menschen. Und an irgendeinem Punkt packte uns die Angst. Trotzdem erinnert sich ein Teil von mir daran, wie es sich angefühlt hat, ohne diese Angst zu leben.

Und wenn ich jetzt diesen Faden des ›Ich‹ weiterverfolge, sehe ich ein Kind, das seiner Großmutter nahestand. Sie war eine fürsorgliche und liebevolle Frau. Wenn ich mit ihr zusammen bin, erinnere ich mich daran, wie es ist, eins mit der Natur zu sein. Es ist, als hätten wir alle es vergessen, aber von Zeit zu Zeit fällt es mir wieder ein.

Ich erlebe bei dieser sanften Großmutter Lektionen – keine gesprochenen Lektionen, sondern innere, während sie kocht oder geht. Und auch in unseren Träumen. Wir wissen, wie wir unsere Gestalt verändern und eins mit den Geschöpfen werden können – es ist eine Art von Erinnerung, damit wir uns in der Natur wieder selbst erfahren. Manchmal gehen wir spazieren und bewegen uns in die Bäume hinein. Wir werden eins mit den Bäumen und beobachten das Leben im Wald von dieser Perspektive aus.

Aber ich weiß, dass ich nicht zu laut darüber reden darf. In unserer Gruppe herrscht zu viel Verrücktheit. Vielleicht kommt die Angst ja daher – die Angst, dass sie wütend werden könnten, wenn ich etwas sage. Und möglicherweise habe ich in späteren Leben versucht, darüber zu sprechen, wurde jedoch verletzt oder zum Schweigen gebracht.«

Ich machte die Augen wieder auf. »Da steckt die Angst also noch? In einem anderen Leben?«

Es ist ein tief verborgener Knoten, weil du selbst ihn dort versteckt hast. Wenn du dich mit dieser Angst auseinandersetzen willst, kannst du ihren festen Griff lockern – und gleichzeitig das Bedürfnis verringern, in ihrem Griff zu sein.

»Und wie erreiche ich das?«

Indem dir klar wird, dass es nur die Art und Weise ist, wie ein anderer Teil von dir die Welt gesehen hat. Er hat beschlossen zu sehen: ›Sie werden mich nicht verstehen.‹ Daran hältst du in deiner jetzigen Welt immer noch fest. Du hast immer noch die Angst, anderen zu sagen, dass du mit Tieren sprichst, und deine Erfahrungen mit ihnen zu teilen. Es gibt viele, die sich sehr dafür interessieren werden. Es gibt viele, die deine Worte hören oder lesen müssen, um den Funken für ihre eigenen Abenteuer in ihnen zu zünden. Du bist wirklich eine Morgendämmerung und es gehört zu deiner Aufgabe, sich dieser Tatsache bewusst zu werden und mit dem anzufangen, wozu du auf die Erde gekommen bist. Natürlich tust du es schon, doch es gibt noch mehr zu tun. Und wir möchten dich ermutigen, diese bestimmte Angst zu verringern. Das wird die Verbreitung unseres Wortes leichter machen und es dir erleichtern, zu der Fülle deines Wesens zu erblühen.

Bei unserem heutigen Gespräch ging es also weitläufig darum, zu erkennen, dass du dich in deiner eigenen Angstschublade gefangen hältst. Und indem du dich daraus befreist, indem du deine Schublade erweiterst, wirst du eine weitere Sicht der Realität erleben. Du wirst de facto eine neue Welt erschaffen, sie sehen und an ihr teilnehmen.

Was so alles über neue Welten gesagt wird, ist wahr, weißt du. Wenn du sie in der Tiefe spürst und offen dafür wirst, wirst du es selbst erleben. Dann veränderst du dich und damit auch die Welt. Denke nicht über die Worte nach, sondern spüre die Veränderung. Das ist der Schlüssel zum tieferen Erleben.

Wenn du dich öffnest und mehr dieser selbst auferlegten Grenzen loslässt, wirst du – wie auch jeder andere – rundum erfolgreicher sein. Es ist in Ordnung, an Informationen zu zweifeln, die sich nicht richtig anfühlen oder die aus Quellen stammen, die unglaubwürdig oder fehl am Platz wirken. Vertiefe dich in die Informati-

on und sieh sie dir mit der Lupe an. Bitte immer darum, durch eine stärkere, weitere, klarere Linse zu schauen.

Und habe Spaß daran. Lache! Wie du weißt, hilft das Lachen, alte Informationen zu lockern und Platz für neue zu schaffen. Erlebe die Entfaltung. Auch das sind wir.

Die Angst als Hüterin

Das viele Reden über Angst brachte mich dazu, darüber nachzudenken, wie wir uns manchmal so sehr vor unseren Ängsten fürchten, dass wir es nicht zulassen, sie zu erkennen, und sie dadurch unbewusst nach außen auf andere und die Welt projizieren. Ich fragte mich daher, wie wir uns dazu bringen können, die Ängste zu sehen, die wir nicht sehen können. Während ich darüber nachdachte, blickte Zak von seinem Platz auf dem Boden auf.

Dieses Thema könnte man Angst der Wärterin nennen, die Angst der Torhüterin, die Angst der Feindin, die Angst der Freundin. Auch wenn all diese Eigenschaften weniger mit Angst an sich als mit deiner persönlichen Beziehung zur Angst zu tun haben.

Die Energie der Angst ist interessant. Sie beginnt schon sehr früh in der Entwicklung der meisten Spezies. Sie leitet sich von einem wesentlichen Missverständnis ab – und so ist es eine zentrale Wahrheit, dass Missverständnis den Kern der Angst bildet.

Du willst wissen, wie du an einer Angst arbeiten kannst, die du nicht sehen und manchmal noch nicht einmal fühlen kannst, richtig?

»Ja, klar will ich das wissen.«

Als Einstieg musst du einen Weg finden, wie du der Angst begegnen kannst – einen gemeinsamen Raum, in dem du dir ein tieferes Verständnis aneignest, wie Angst für dich funktioniert. Eine Methode, um das zu erreichen, ist, indem du Angst in dein Leben einlässt. Manche tun das, indem sie sich Gefahren aussetzen – zu schnell fahren, riskante Stunts machen, sich auf gefährliche Missionen einlassen. Aber das ist nicht deine Art.

Ein anderer Weg ist, sich einem Thema zu nähern, das sich unangenehm anfühlt, um den äußeren Rand der Angst zu untersuchen. Denn es nützt ja nichts, sich in den Mittelpunkt der Angst zu stürzen, wenn man vor Angst wie gelähmt ist, nicht wahr? Doch man kann ein Detektiv werden und anfangen, Spuren über die eigene Beziehung zur Angst zu sammeln.

Vergiss beim Spurensammeln nicht den Kern des Missverständnisses. Deinem Verstand wird diese Arbeit Spaß machen, da sie analytisch ist und sich auf Muster stützen kann. Doch wenn du dich tiefer hineinbegibst, wird es für dich erforderlich sein, auch emotional daran zu arbeiten. Das ist es, was dich davon abhält, dich in das Shapeshifting zu vertiefen. Eine Methode, mit Angst umzugehen, ist durch Abschalten.

»Du meinst, indem ich Energie woandershin lenke oder an etwas anderes denke, um nicht zu ›sehen‹, was los ist?«

Ja, indem du Aufforderungen ignorierst, tiefer gehende Arbeit näher zu erforschen. Du entschließt dich, lieber zu analysieren, was zwar in Ordnung ist, aber du machst den Fehler, das als Schlussfolgerung oder Antwort zu akzeptieren, während es in Wahrheit erst der Anfang ist. An den tieferen Wurzeln der Angst zu arbeiten, bedeutet, den langen Weg zu gehen, jeden Aspekt deiner selbst neu zu überprüfen und dich tiefer in schattiges Terrain vorzuwagen. Auch bedeutet es, gnadenlos ehrlich zu dir selbst zu sein. Wenn du nicht bereit bist, das zu tun, würde ich dir raten, dich nicht mit der Angst auseinanderzusetzen. Sie wird dich lebendig auffressen.

»Schluck! Hast du noch mehr Ratschläge, Zak?«

Das hier ist dein Traum. Mache ihn zu einem prächtigen Traum.

Karma auf den Punkt gebracht

Mache deinen Traum zu einem prächtigen Traum. Mehr als einmal musste ich über Zaks weise Lebensworte schmunzeln. Und als eine komische Wende seines tierischen Rats, der durch das vieldimensionale Spektrum tappte, begannen meine Träume, einen besonders prächtigen Glanz anzunehmen.

Nach seinen Worten hatte ich mehrere Wochen lang eine Reihe von lebhaften Träumen, in denen ich der Angst in verschiedenen Verkleidungen begegnete. Das Prächtige daran war mein Traumselbst, das sich wie von Zauberhand in eine Superheldin verwandelt hatte. Beim Aufwachen staunte ich meistens über ihre Kühnheit. Jedes Mal, wenn ich der Angst begegnete, handelte mein Traumselbst schnell und mutig mit einem selbstbewussten, inneren Wissen, wofür ich es nur bewundern konnte.

In einem Traum begegnete ich einer zornigen alten Frau, die ein langes Messer zückte, um mich zu erstechen. Ich rannte zu ihr und umarmte sie spontan mit so viel Energie, dass sie das Messer fallen ließ und die Umarmung erwiderte. In einem anderen Traum wurde ich von einem Mann überrascht, der sich in einer Hütte versteckte. Als er sich auf mich stürzte – auch er hatte ein Messer in der Hand –, ballte ich die Faust und versetzte ihm einen solchen Schlag, dass er zurück in die Hütte floh und dort in der Dunkelheit verschwand. Als er erneut auftauchte, versetzte ich ihm noch einen Fausthieb und wieder verzog er sich. Dies wiederholte sich mehrmals, bis er schließlich lächelnd aus der Hütte trat und mir die Hand schüttelte. Wir trennten uns wie zwei Freunde. Als ich von diesen Träumen erwachte, fühlte ich mich, als hätten sich ganze Schichten aus schwerer, dichter Energie aus meinem Kopf, den Schultern, meinem Herzen und Körper gelöst und eine reinere, leichtere innere Klarheit freigelegt.

»Ich habe darüber nachgedacht, wie das mit karmischen Illusionen verbunden ist«, sagte ich eines Vormittags zu Barney. »Es fühlt sich an, als würde meine Psyche einige alte Angststörungen loslassen. Und wenn ich mir all die Methoden ansehe, in denen diese Ängste aufgelöst wurden – mit einer Umarmung, einem Faustschlag, einem Händeschütteln –, dann wird mir klar, dass nicht unbedingt wichtig ist, was wir tun, sondern wie wir es tun, auch wenn das nicht immer die richtige Formel ist. Vielmehr entscheidet es sich im Augenblick der Beziehung. Ist es das? Würdest du das auch so deuten?«

Barney nahm sich Zeit, zu antworten, und ich spürte eine warme Welle, die uns verband und tiefer wurde.

Wir sind an einem Punkt unserer Kommunikation angelangt, an dem unsere Gedanken anfangen, miteinander zu verschmelzen, sagte er schließlich. *Ja – ›es entscheidet sich im Augenblick der Beziehung‹. Genauso würde ich es auch ausdrücken, weil ich es – zusammen mit dir – als einen größeren Gedanken so ausgedrückt habe.*

Ich erwähne das, um dich daran zu erinnern, was auf der Shapeshifting-Reise möglich ist. Sieh es als eine Bewegung von einem Zyklus in einen anderen an. Auf dieser Ebene beginnst du, mit anderen Energien zu verschmelzen, um eine neue Wirklichkeit zu erschaffen. Um das zu tun, musst du dir dessen, was deine eigene Energie ist, ziemlich sicher sein, du musst angstfrei genug sein, um für ein Verschmelzen dieser Art offen zu sein, und du musst spirituell genügend entwickelt sein, um es zuzulassen.

Wenn du auf multidimensionalen Ebenen herumhüpfst, wirkt es vielleicht anfangs so, als hättest du Wissenslücken auf der ›Ebene der Dawn‹, die dir am vertrautesten ist. Und deshalb erinnere ich dich an die Vorstellung, über die wir schon einmal gesprochen haben – nämlich dass multidimensionale Selbste, Ereignisse, Wissen und Erfahrungen einfach auf dich zukommen können, wenn du sie brauchst – und das nicht unbedingt in logischer Reihenfolge. Sich des ›Jetzt‹, das in jedem Moment vorhanden ist, zu erinnern, kann als ausgezeichnetes Mittel dienen, um Zugang zu diesen tieferen Schichten der Verbundenheit zu erlangen, und es ist auch nützlich, sich auf das einzustellen, was in deinem ganzen Wesen passiert – im gesamten größeren, vielschichtigen Kontinuum des Du, die es erlebt.

Doch zurück zu den Träumen: Ja, sie hatten einen starken Effekt, mit gewissen Ängsten aufzuräumen, die du gehabt hast. Aber sei dir im Klaren darüber, dass es nicht nur du warst, die sie erschaffen und aufgelöst hat. Auch andere Selbste waren daran beteiligt, und so hilft es auch dir, dass du dich mit ihnen verlinkt hast. Interessanterweise ist das eine andere Variante der karmischen Illusion, auch wenn wir sie in der Bedeutung von Karma nicht als ›schlecht‹, sondern als etwas ›Gutes‹ betrachten können, das einem hilft, Angst aufzuarbeiten.

Lass uns noch einmal auf die karmischen Illusionen eingehen, die du erwähnt hast. Karmische Illusionen sind emotionale Lasten, die eine Erfahrung oder ein Erlebnis in Zeit und Raum festhalten und an dir in deiner Entwicklung als Wesen ›festkleben‹. Stelle sie dir wie Knoten vor. Während du Fortschritte machst und dich schneller voranbewegst, erkennst du, dass diese Knoten Widerstand erzeugen, und so wird dir klar, dass es für dich vorteilhaft wäre, die Knoten aufzulösen.

Während du daran arbeitest, einen solchen Knoten aufzulösen – vor allem, wenn du dir dessen bewusst bist –, erkennst du, dass das Gefühl, das den Knoten geknüpft hat, eine Illusion war. Vielleicht war es ein Knoten, den du selbst gemacht hast, um dich an etwas zu erinnern, oder ein Missverständnis, an dem du festgehalten hast, um es nicht zu vergessen, oder ein geschaffenes Ereignis, das dein höheres Selbst manipuliert hat – wiederum als Gedächtnisstütze. Alle karmischen Illusionen sind in dieser Hinsicht ›gut‹, weil sie dazu dienen, dich an verschiedene Aspekte deiner selbst zu erinnern, die du irgendwann zu früh loslassen, wegwerfen oder festhalten wolltest, und zwar in einer nicht besonders hilfreichen Art für dein höheres Selbst.

Achte auf Erlebnisse, die Themen von Angst und Schmerz aufwerfen, dann kannst du mehr auflösen, als du für möglich hältst. Große Dinge können sich entfalten, wenn du dich mit dem Fluss dieser Erlebnisse bewegst. Das wird manchmal ein Zeitfenster genannt. Beachte dabei, dass du diese Fenster nicht bewusst erschaffst – das heißt, sie nicht forcierst oder absichtlich erscheinen lässt – und du sie trotzdem auf einer anderen Ebene erschaffst, weil gewisse Anteile von dir sie ›in Szene setzen‹, um deine eigene Entwicklung voranzutreiben. Das ist Karma auf den Punkt gebracht.

Wie viel lebendiger man wird, wenn man sich einfach dem Augenblick des Jetzt öffnet! Während du in eine wachere Beziehung zu allem, was ist, eintrittst, wirst du feststellen, dass die Kommunikation sich vertieft und mehr miteinander geteilt wird. Wie du bald herausfinden wirst, ist das Shapeshifting ein intimes Teilhaben an Erfahrungen anderer.

13

Die Stimmen anderer …

Von Zeit zu Zeit war Barneys spiralförmige Lehrmethode deutlicher zu erkennen, nämlich immer, wenn er Konzepte, mit denen wir uns schon befasst hatten, noch einmal ansprach und detaillierter untersuchte. Auch wenn es anfangs so aussah, als würde er nur eine kurze Zusammenfassung liefern, staunte ich jedes Mal darüber, wie scharfsinnig seine Fäden tiefere und reichhaltigere Perspektiven ans Licht brachten. Es war, als würden sich die Fäden selbst verlagern und plötzlich ein völlig unerwartetes Gewebe der Realität aufdecken.

Auch fand Barney immer öfter Gefallen daran, mir Überraschungsbesuche abzustatten. Er tauchte aus immer neuen Winkeln oder Positionen auf – wie zum Beispiel durch Zaks Körper. Wie er eines Morgens anmerkte, kam er von einer energetischen Ebene, auf der er in der Lage war, mehrere seiner multidimensionalen Aspekte zu sehen und zu aktivieren.

Die Ebene, von der wir reden, befindet sich, wenn du so willst, ›hinter‹ den Formen Dawns und Barneys, erklärte er mir. *Wir kommunizieren auf einem Level jenseits der Form, über die Form hinaus. Das ist eine Art, wie man sich auf das Paradox des Shapeshiftings einlassen kann.*

Wie du weißt, können manche das Shapeshifting auf eine ganz elementare Weise anwenden – das heißt, sie verlagern nur ihre äußere Form. Man kann das als eine gewisse Illusion ansehen, auch wenn es absolut richtig ist, dass man seine Gestalt buchstäblich verändern kann. Ich wende den Begriff Illusion so an, dass sie auf der Ebene der äußeren Erscheinung stattfindet, und eine Erscheinung ist ja sehr oft schon eine Illusion an sich.

Wenn man die Natur des Shapeshiftings weiter erforscht, stellt man fest, dass die Verlagerung von Formen ein Werkzeug ist, das Zugang zu etwas Tieferem bietet. Denn es ist nicht nur eine Lehre, sondern auch ein Mittel zum Zweck. Du denkst hier ganz richtig an die südamerikanischen Schamanen, die zu einem Tier werden oder mit einem Krafttier in andere Welten reisen, um Wissen oder Heilinformationen zu erhalten. Es gibt hier viele Variationen – man kann sich ein Krafttier nehmen, die Energie eines Totems nutzen oder sich buchstäblich in ein Tier verwandeln und mit der Tierseele reisen, um etwas besser zu verstehen oder ein Heilmittel für Körper, Geist oder Seele zu finden. Manchmal reisen Schamanen auch, indem sie in das Bewusstsein eines Tieres schlüpfen und sich mit dem Tier weiterbewegen, um Geheimnisse herauszufinden, die andere Tiere kennen. Man kann auch außerkörperlich reisen und in das Bewusstsein verschiedener Sternführer oder Wesen aus anderen Welten eintreten, die sich als Führer anbieten. Oder man kann in der Form eines Lichtkörpers reisen – eine weitere subtile Form von Shapeshifting.

Für den Zweck unserer Diskussionen und für den größten Teil dieses Buches ist die Art von Shapeshifting, mit der wir uns befassen, die Methode, bei der man das eigene Bewusstsein in eine andere Form verlagert. Indem man in eine andere Form schlüpft, verändert man auch seine eigene Form. Wie wir die Welt wahrnehmen und wie die Welt uns wahrnimmt, ist auf eine tiefere Weise miteinander verbunden, als die meisten Menschen glauben.

»Hm. Können wir das ein wenig näher untersuchen?«, fragte ich.

Bist du denn bereit für eine weitere Erfahrung?

Sehen Sie wie das läuft? Man stellt eine Frage und bekommt als Antwort eine weitere Erfahrung präsentiert! Kann das Leben noch bequemer sein?

Wir wollen uns vorstellen, du wüsstest noch nichts über mich, drängte Barney, als wäre meine Frage in seinem nahtlosen Plan bereits eingebaut. *Wir wollen uns vorstellen, dass du eines Tages einfach die Augen zumachst und eine innere Stimme hörst. Ich bin die Stimme, die gerade zu dir spricht. Wie würdest du dann weitermachen?*

Ich musste lachen. »Ich würde Fragen stellen: Wer bist du? Willst du mir etwas mitteilen? Fragen dieser Art.«

Und jetzt stelle dir vor, ich würde dir sagen, dass ich ein Wesen bin, das aus einer anderen Dimension zu dir spricht.

»Dann würde ich dir wahrscheinlich Fragen über diese Dimension stellen.«

Und wenn ich dir sagen würde: ›Warum probierst du es nicht selbst aus? Warum schlüpfst du nicht in mein Bewusstsein – ich helfe dir dabei – und erforschst es selbst aus meiner Perspektive? Was würdest du dann tun?

»Ohne vorher etwas über dich zu wissen, würde ich wohl sehr vorsichtig sein. Was wäre, wenn das irgendein Trick wäre? Eine Art interdimensionaler Betrug?«

Barney reagierte nicht auf meinen schwachen Versuch, witzig zu sein. Wie ich spürte, wartete er darauf, dass ich selbst die Antwort fand.

»Also gut, anders ausgedrückt: Wenn du etwas bist, das nicht ich ist und aus einer anderen Dimension kommt – wie kann ich dir dann vertrauen? Ich hätte etwas Misstrauen und Angst. Vielleicht bist du nur meine Einbildung – was kann schon passieren, wenn ich dieser Stimme auf den Grund gehe? Außer, dass ich vielleicht unter einer Täuschung leide – würde es mich dann geisteskrank machen, mit diesen Stimmen zu sprechen?

Vielleicht willst du mir sagen, dass wir darum jedes Mal immer nur ein bisschen Shapeshifting betreiben? Dass es Zeit braucht, sich zu entfalten, und dass ich eine allmähliche Entfaltung brauche, vor allem, wenn es um Vertrauen geht, damit ich mich nicht selbst verrückt mache?«

Noch etwas?

»Na ja, vielleicht sind diese beiden verschiedenen Projektionen – dass die Stimme entweder unglaubwürdig ist und von außerhalb von mir kommt, oder eine kranke Stimme aus meinem Inneren ist – nur zwei Seiten derselben Münze?«

Das hast du gut gemacht. Findest du nicht auch, dass es viel lohnenswerter ist, wenn du es selbst erkennst? Wenn du die Schlaufen des Paradigmas in dir selbst entwirrst? Kannst du deinen eigenen Worten und Vorstellungen denn nicht trauen?

»Was willst du damit wirklich sagen?«

Ich spürte Barneys Lachen. *Dawn, du wirst gerade wachgerüttelt! Du schläfst immer noch, dir gefällt deine Träumerei immer noch. Einige von uns – oder vielleicht einige Teile deiner selbst – rütteln dich wach. In deinem Dämmerzustand des Bewusstseins ziehst du es vor, da zu bleiben, wo du bist, dich auszuruhen, deine Träume zu genießen und dir nicht die Liste dessen anzusehen, was du heute erledigen musst. Aber stell dich dir in einer Stunde vor – in einer erwachten Stunde von jetzt ab – auf dem Weg in einen erwachten Tag hinein. Ist es nicht viel bereichernder, erwacht zu sein und in der Welt zu spielen, als immer noch zu schlafen und sich nur vorzustellen, du würdest in der Welt spielen?*

Es gibt hier vieles, woran du zu kauen hast, fügte Barney nach einer Pause hinzu. *Andere haben diesen Weg auch schon beschritten. Lass die Verbindung offen. Du wirst es nicht bereuen.*

Eine Begegnung mit der Gruppe

Die Verbindung offen zu lassen, schien einfach genug zu sein, aber leichter noch, täglich tausendmal in die Fesseln von Gewohnheiten und Routine zurückzufallen! Oft bemerken wir es nicht einmal, weil der Alltag und unsere Gewohnheiten mittlerweile einen großen Teil dessen ausmachen, was wir zu sein glauben.

Man nehme zum Beispiel die Gruppe. Barney erwähnte immer häufiger eine Gruppe von uns, die sich mit der Untersuchung von Shapeshifting befasste. Anfangs fühlte sich das sicher und weit entfernt an – ich dachte, ich sei bloß eine von vielen. Oder vielleicht die Darstellung einer Studiengruppe eine Metapher, statt real zu sein.

Doch allmählich wurde ich mir einer deutlichen Gruppenenergie und Eigenarten bestimmter Gruppenmitglieder immer bewusster. Barney meinte eines Morgens: Ich schlage vor, du fängst damit an, den Abenteuern der anderen Gruppenmitglieder aufmerksamer zuzuhören. Während du andere Realitäten aktivierst, tun sie das auch. Es ist beabsichtigt, dass du dir ihre Abenteuer anhörst oder ansiehst und mit ihnen teilst. Das hat sich unsere Gruppe zur Regel gemacht.

Wer waren also die Mitglieder der besagten Gruppe? Ein Mitglied, das sich schon früh vorstellte, nannte sich Nexus. Es kam mir so vor, als sei Nexus weiblich, auch wenn ich spürte, dass ihre Form nicht menschlich war. Ich hatte ihre kurze Vorstellung schon vor längerem in mein Tagebuch notiert: *Ich arbeite zwischen Materie und Manifestation. Meine Schwingungsrate ist der Klang, aus der Erschaffung von Form durch Klangwellen und dem Gleichgewicht ergänzender Töne. Wenn du dich auf den Engelsge-*

sang einstimmst, stellst du dich auf eine Gruppe ein, mit der ich auch zusammenarbeite. Aus dieser Familie bringe ich unserer Gruppe hier das Geschenk der Stimme, des Klangs, der harmonischen Schwingungen.

Ein anderes Gruppenmitglied war ein Wesen namens Tau. Auch wenn Tau sich ursprünglich als eine frei dahintreibende Tierseele bezeichnete, war mein Eindruck über Tau der eines Abenteurers. Später lernte ich ihn als Gegenstück meiner selbst mit ungewöhnlichem Knowhow kennen. Interessanterweise war es Tau, über den Barney sagte, *er sei mir am ähnlichsten und gemeinsam könntet ihr viel mehr erreichen, als du denkst.*

Unsere Gruppe war klein (ungefähr acht Mitglieder) und Barney beschrieb sie wie folgt: *Wir kommen zusammen, um Shapeshifting zu lernen. Wir sind keine spezialisierte, exklusive Gruppe, denn wir sind für alle offen, die lernen wollen. Und dennoch haben wir uns für spezielle Studien zusammengetan und arbeiten auf einer gemeinsamen Ebene des Fortschritts zusammen, um unsere Erfahrungen, unser Wissen, unsere Einsichten und Wünsche zu teilen. Unser Hauptziel ist Erschaffung, vor allem durch die uralte Kunst des Shapeshiftings.*

Es gibt sehr, sehr viele Wege, Dinge über das Shapeshifting zu lernen, und zahllose Erfahrungen stehen zur Verfügung. Einer der Gründe, warum du unserer Gruppe beigetreten bist, ist, weil du lieber selbständig lernst, das heißt durch direkte Erfahrung und nicht mittels eines Lehrers oder einer bestimmten Lehrmethode. Unsere Gruppe hat sich auf genau diese Art von Lernen spezialisiert. Ein Teil unseres Fokus besteht darin, durch unmittelbare Erfahrungen mehr über die Mechanik der Inkarnation, des Todes und des Shapeshiftings innerhalb eines dreidimensionalen Trägers oder einer Form zu lernen.

Wie bei so vielen Ideen, die mir etwas unbehaglich waren, ließ ich die Gedanken über die Gruppe auf dem kleinen Feuer des Bewusstseins köcheln. Barney blieb jedoch sanft beharrlich und ermutigte mich, vor allem mit Tau zu sprechen. Und wie er mich so gerne erinnerte: *Erfahrungen kommen aus einem bestimmten Grund zu dir, nämlich, wenn du bereit für die Chance bist.*

Die Stimme vieler: Eines Fisches, einer Pflanze, eines Mitschülers

Trotz Barneys liebevoller Anstöße, mich zu konzentrieren, trotz seines sanften Drucks, mich in dies oder jenes hineinzufühlen, und seiner humorvollen Erinnerungen, das Unerwartete anzunehmen, war ich nicht immer eine gute Schülerin. Oft schob ich die Dinge vor mir her, ließ mich leicht ablenken und driftete in die alltägliche Routine des Seins ab. Und dennoch blieben Barney und die anderen beharrlich. Als ich es versäumte, Verbindung zu Tau aufzunehmen, brachten sie Tau zu mir.

Heute probieren wir etwas Neues aus, verkündete eine helle, heitere Stimme eines Morgens. *Du hast dich einer Vielzahl von Stimmen geöffnet. Heute sind mehrere da, die sich zusammengetan haben, damit du die Vielfalt unserer Stimmen in einer kompakten Botschaft fühlen kannst.*

»Ich bin jetzt in Aalgestalt hier, auch wenn ich früher ein Tropenfisch war, mit dem du einmal gesprochen hast.«

»Und das hier bin ich, Jen, der Kaktus in eurem Haus.«

»Und hier bin ich, Tau. Ich komme als Beobachter und um dich dabei zu unterstützen, die Stimmen eines individuellen Musters in Botschaften wie dieser hier herauszuhören.«

Wir möchten über das größere Konzept des Shapeshiftings, wie es sich auf die Gänze von Schwingungsrealitäten bezieht, reden. Um dir ein Beispiel zu geben, empfängst du diese Nachricht in Form einer gemeinsamen Bemühung, auch wenn wir uns drei in unsere individuellen Stimmen auftrennen könnten – so, wie wir es gerade getan haben.

Dies ist unsere Gruppenstimme. Du fragst dich, wie das möglich ist? Es muss doch einer für die Gruppenstimme verantwortlich sein? Manchmal ist es das auch, wenn zum Beispiel eine Herde oder Gruppe von Tieren spricht. Dann übernimmt meist eines der Tiere die Führung und gibt die Botschaft der Gruppe durch seine Stimme, seinen Fokus und seine Persönlichkeit wieder.

Wir wollen dir das anhand des Beispiels eines Schlittenhunderudels erklären. Alle Hunde ziehen den Schlitten, aber nur einer führt die anderen an. Ein Hund hat zwar das Sagen, doch dieser Hund kann den Schlitten nicht allein ziehen. Das ist eine Metapher für die Art, wie manche Tiergruppen funktionieren.

Unsere Stimme erreicht dich jedoch auf eine andere Weise. Wir alle sprechen unseren Teil und formen alles in eine Botschaft, damit die Worte, die du empfängst, dich in Form eines Klangs erreichen. Unsere individuellen Stimmen sind wie Fasern, aus denen ein Seil gedreht wird – jede ist ein Teil des Klangs, den du sprechen ›hörst‹.

Eine Wechselbeziehung ergibt sich dadurch, dass zahlreiche Aspekte von dir diese Nachricht empfangen. In deinem Körper arbeiten verschiedene Körper daran, es deinem Bewusstsein zu ermöglichen, dies zu hören, und dich zu befähigen, diese Eindrücke-Gefühle-Auffassungen durch zahlreiche Impulse in Worte zu übersetzen. Und wir wollen nicht vergessen: Es gibt dabei zahlreiche Übersetzungsmöglichkeiten – ein Fisch, eine Pflanze und eine Gastseele, die alle daran arbeiten, einem Menschen eine Botschaft zu schicken! Die zusammenhängende Art, wie wir sprechen und du uns hörst und niederschreibst, ist eine Kunst. Sie kann heutzutage ganz schnell gemeistert werden, aber das war nicht immer der Fall.

Lass uns zum Shapeshifting zurückkehren und noch einmal betonen, dass die Zeit sich beschleunigt, wenn deine Fähigkeiten sich entwickeln, oder dass Zeit fließender verstanden wird, wenn deine Schwingungen in einer klareren Beziehung zu ihr erfolgen. In Wahrheit kann die Zeit sich beschleunigen oder verlangsamen, je nach dem Zustand deines Bewusstseins. Warum das so ist? Weil Zeit eine Form von Bewusstsein ist – sozusagen ein Softwareprogramm. Wenn du das Programm öffnest und mit den Variablen spielst, wirst du feststellen, dass du die Zeit beschleunigen oder verlangsamen und auf viele amüsante und interessante Weisen mit ihr interagieren kannst.

»Pflanzen haben ein anderes Zeitverständnis. Jetzt bin ich es, Jen, der mittels Verlagerung spricht, und ich will dir mitteilen, dass die Zeit für viele Pflanzen – auch für mich – experimenteller ist, als du sie begreifst. Wir haben nicht so viele Zeitabschnitte – stattdessen sind wir auf eine Zeitbewegung fokussiert. Bei Pflanzen geht es stark um Bewegung, wie ich schon in unserem früheren Gespräch über Pflanzen, die sich durch die Erde bewegen, erwähnt habe. Und Zeit bedeutet uns in vielerlei Bezügen dasselbe. Wir können in Vorzeiten zurückgehen oder uns in zukünftige Zeiten begeben. Wir haben freien Zugang zu vielen Zeitzonen gleichzeitig. Generell sehen wir Zeit in einem weitaus größeren Rahmen als viele Menschen und Tiere.«

»Auch ich werde über die Zeit reden. Ich bin Tau aus deiner Gruppe, auch wenn du mich vielleicht für eine Tierseele hältst. Ich habe schon in anderen Dimensionen gelebt und habe viele Eigenschaften der Zeit kennengelernt. Ich erlebe auch alternative Zeitdimensionen, während ich mich im ›Jetzt‹ befinde. Ich arbeite mit dem, was man Weltallenergien nennen könnte, und mag gewisse Dimensionen, die die Erde im Allgemeinen nicht erkennt, besonders gern. Auch interessiert die Erde mich, weil sie einer der ›zeitcodierten‹ Planeten ist und deshalb auf diesem Planeten auf eine ganz spezifische Weise mit Zeit gearbeitet wird …«

In diesem Augenblick ertönte im Obergeschoss ein lautes Krachen, und ich musste rasch mein Arbeitszimmer verlassen, um mich um zwei freche Hunde zu kümmern, die eine Pflanze auf dem Tisch umgeworfen hatten. Als ich ein paar Minuten später wieder nach unten kam, setzte ich mich wieder hin und nahm das Gespräch an der Stelle auf, an der es unterbrochen worden war.

»Ich finde die Art, wie du mit anderen Wesen mitgehst und interagierst, erstaunlich«, sagte Tau. *»Es interessiert mich, wie du es schaffst, deine Begegnungen über das Bewusstsein voneinander getrennt zu halten. Vielleicht können wir später darüber reden und unsere Erlebnisse austauschen, um Wahrnehmung und Erleben des anderen besser zu verstehen.«*

Als ich seinem Vorschlag zustimmte – zwar vorsichtig, aber auch ermutigt –, übernahm eine andere Stimme die Unterhaltung.

»Und jetzt rede ich, im Augenblick in Form eines Aals, auch wenn ich früher ein tropischer Fisch gewesen bin. Ich habe beschlossen, mich aus dem Gruppenbewusstsein mit anderen Fischen auszuklinken (auch wenn wir jeder unser eigenes Leben und individuelle Ziele hatten) und zu einer einsamen Meereskreatur zu werden. Mein jetziger Körper macht mir Spaß – er ist so lang! –, auch wenn ich immer noch eine starke Fischmentalität in mir habe. Meine Wiedergeburt erfolgte sehr schnell, da ich nicht zu viel Zeit in der spirituellen Welt verbringen wollte. Man könnte sagen, ich befinde mich in Sachen Inkarnation auf der Schnellspur, weil ich mich vor mehreren Leben entschieden habe, als eine Vielzahl von Geschöpfen wiedergeboren zu werden. (Ich spreche im Augenblick aus einer höheren Dimension zu dir; mein Aalselbst ist sich des größeren Plans nur dumpf bewusst.) Ich wollte viele verschiedene Unterwasseraspekte erleben – ich war schon Wal, Delfin, Wasserschildkröte und Seehund; ich war schon viele verschiedene Fische und werde auch mehrere Leben als Hai verbringen. Ich wechselte vom Meeressäugetier zum Fisch, und das tat ich aus einem bestimmten Grund. Ich bin so was wie ein Gelehrter –

ein Historiker – und wünschte viele verschiedene Varianten auszuprobieren, wie ich die Unterwasserwelt der Erde sehen, fühlen und kennenlernen kann.«

Jetzt kehren wir zur Gruppenstimme zurück, weil wir dir zeigen möchten, wie mehrere kleine individuelle Stimmen den Ton einer stärkeren Stimme erzeugen können. Jede Stimme ist für das Ganze von Bedeutung, und wenn eines unserer Mitglieder beim Sprechen nicht anwesend wäre, dann hätte die Gruppenstimme einen anderen Klang und Unterton. Diese Vorstellung findet ihre Parallele im Shapeshifting. Barney und andere werden in zukünftigen Gesprächen darüber reden. Danke, dass du dich für uns geöffnet hast. Bitte halte deine Kanäle offen für mehr.

Von einer Sicht zur anderen, und von einem Du zum anderen

Auch wenn die Vorstellung, meine »Kanäle offen für mehr« zu halten, sicherlich ein guter Rat war, hatte ich häufig den Eindruck, dass Botschaften wie diese einen hintergründigen Humor enthielten. So als hätten die Überbringer der Mitteilungen schon eine Ahnung, was mich erwartete.

In den nächsten Tagen fing ich zum Beispiel an, überall Raben zu sehen: Raben hockten auf Telefonpfosten, Raben hüpften auf Parkplätzen herum, Raben rauschten durch die Luft. Obwohl mich das anfangs an die trickreiche Energie der Raben erinnerte, hatte ich den Eindruck, als sei noch mehr daran. So wie Tau, Jen und der Aal eine Gruppenstimme aus individuellen Tönen gebildet hatten, spürte ich bei dem Auftauchen von Raben in meinem Leben eine weitere »Stimme«.

Als ich nach Mustern suchte, merkte ich, dass das Erscheinen von Raben mit meinen Gedanken über einen Streit zusammenfiel, den mehrere von uns mit einer Nachbarin hatten. Bei dem Problem ging es um etwas Geringfügiges, das völlig eskaliert war. Obwohl ich ein Nachbarschaftstreffen arrangiert hatte, um über das Problem zu sprechen, geriet die Diskussion außer Kontrolle und die Nachbarin rannte hinaus.

Wie oder warum war das mit den Raben verbunden? Ich war mir nicht sicher. Während ich ein paar Tage später im Auto überlegte, wie das Problem gelöst werden könnte, sah ich an einem vorbeifahrenden Wagen einen Aufkleber mit einem Raben. Auch wenn ich beim Wiedererkennen lächeln musste, war ein anderer Teil von mir unsicher und überlegte verzweifelt, wie ich dieses zu interpretieren hatte: Was hatte es zu bedeuten? Und dann – mit perfektem Timing – flog ein Rabe direkt auf mich zu. Es schien, als würde der Rabe einen direkten Zusammenstoß arrangieren: Er flog sehr tief und hob sich erst im allerletzten Augenblick, um nicht von meinem Auto erfasst zu werden. Das war natürlich ein sehr ungewöhnliches Verhalten für einen Raben und eine klare Botschaft, aufmerksam zu sein.

Aber auf was? Wieder begriff ich die Bedeutung nicht. Es schien eine neue Rätselform zu sein – die nicht nur die Lehren der Raben enthielt, sondern auch irgendetwas Persönliches, das mit mir selbst verwoben war.

Wir erinnern dich daran, dir ständig gewahr zu sein, dass das Netz des Lebens mit Strängen von Wesen lebt, die miteinander verwoben sind, bemerkte ein Rabe am nächsten Morgen. *Menschen haben die Tendenz, alles auf sich zu beziehen. Nicht alle Spezies tun das auf diese besondere Weise. Viele von uns bevorzugen es, kreisförmig zu denken, statt in der direkten, geraden Linie, in der ihr so gerne denkt.*

»Meinst du damit meinen Wunsch, eine Bedeutung hierfür zu finden?«, fragte ich. »Wenn ich sage: ›Das bedeutet dies und das‹, oder in der Bedeutung von Ursache und Wirkung denke?«

In gewisser Weise ja. Wenn man es in mathematischen Formeln sieht, könnte man sagen, euch gefällt: ›Dies plus das ist gleich das.‹ Während wir eher so denken: ›Dies plus das, plus dies, plus das‹, und das eine mit dem anderen verbinden, mit weniger Betonung auf was es letztendlich ›bedeutet‹. Auch wenn ich diese Metapher nicht zu streng sehen würde.

Als Feedback bieten wir eine einfache Regel an: Bei Streitigkeiten und Missverständnissen geht es um innere Konflikte, die entstehen, wenn die Wünsche der Innenwelt nicht zur äußeren Realität passen. Innen und außen sind dasselbe. Wenn nicht jedes Individuum das sieht oder spürt, entsteht eine Störung in der Psyche. Dieses mündet in einen Streit, in ein Missverständnis, einen Kampf, ein Problem, in einen Konflikt oder Krieg mit der Außenwelt. Was man sieht, ist das, was man ist: ein Grundprinzip.

Die rabenhaarige Frau ist ein Spiegelbild deiner selbst. Du hast jetzt die Gelegenheit, sie so zu behandeln, wie du einen Teil von dir behandeln würdest – denn das ist sie. Das ist das tiefere Wesen der Kommunikation – nicht einfach nur gute Argumente hervorzubringen oder flüssig zu reden, sondern die Leute zu bewegen, sich selbst zu bewegen. Das ist die Kommunikation der Seele. Es ist der Anfang von Poesie zwischen Herzen. Es ist das tiefere Wesen des Shapeshiftings. Denn wenn du die Frau als einen Teil von dir siehst, veränderst du deine Form, die ›Dawn‹ als die Hauptdarstellerin in deinem Drama verkündet hat. Dawn: Das sind alle Nachbarn – und noch viele mehr.

Was ist etwas anderes und was ist dasselbe? Das sind zwei Aspekte der einen zentralen Frage, die wir haben, während wir versuchen, den tieferen Sinn unserer Bedeutung, unseres irdischen Lebens zu begreifen.

Bei unserer Kommunikation mit dir geht es zu einem großen Teil darum, die Kommunikation und das Verständnis nicht nur zwischen verschiedenen Spezies, sondern auch zwischen Mitgliedern deiner eigenen Spezies sowie auch zwischen den scheinbar unterschiedlichen Aspekten deiner selbst zu erweitern. Während du dich öffnest und mehr Aspekte deiner selbst annimmst, die noch verhüllt sind, wirst du die tiefe Einheit erkennen, die alles durchdringt.

Während ich an diesem Nachmittag über Rabens Botschaft nachdachte, saß ich auf der Terrasse im Garten und sah zu, wie drei Raben unter dem sattblauen Himmel in die Luft aufstiegen und sich im Sturzflug senkten. In der Ferne glitzerten weiße Zackenlinien der Schneekappen auf den Gebirgskuppen, und die dunklen, eckigen Umrisse der Raben bildeten einen scharfen Gegensatz.

Als ich die Augen schloss, sah ich das Gesicht des Raben dicht vor mir; seine schwarzen Augen schimmerten. Er bewegte den Kopf langsam hin und her, von einer Seite zur anderen oder, wie er es ausdrückte, »von einer Sicht zur anderen, von einem Du zum anderen«.

Wir reden über die Poesie der Seele und die Bewegung von einem Herzen zum anderen, weil das unsere Sicht der Welt ist, bemerkte er ruhig und nachdenklich. *Dies ist unsere Art, ein Informationsfluss, in gewisser Weise ein Flickwerk, das sich nicht so sehr auf Bedeutung, als vielmehr auf einen allgemeinen Zusammenhang und tieferes Wissen auf einer symbolischen Ebene konzentriert.*

Eine unserer Eigenschaften ist die des Vogels, der Nachrichten überbringt; wir tragen Informationen von einem Aspekt des Einen zu anderen. Wir arbeiten zwischen den verschiedenen Spezies und innerhalb einer Spezies, um durch das geteilte und gegenseitige Verständnis die Kommunikation auf einem tieferen Level der Intimität zu fördern.

Viele Menschen haben das Gefühl, ihr hättet die Spitze der sprachlichen Entwicklung erreicht, aber wie zahllose Tiere euch immer wieder sagen werden, ist das nicht der Fall. Selbst jetzt, während wir reden, besteht ein vibrierender Puls, der in der Welt widerhallt, von dem so viele Menschen keine Ahnung haben. Man hat ihn dir als Klang der Erde beschrieben, und diese Beschreibung ist zutreffend. Die meisten Tiere können sich jederzeit auf diesen Klang, dieses Lied einstimmen. Wir sind nie allein, weil wir die Fähigkeit haben, jede beliebige andere Spezies zu hören, die in diesem Orchester aus Klang, Gefühl und geteiltem Wissen mitwirkt.

Wir möchten ein paar ungeklärte Fragen über die Kommunikation und das Shapeshifting beantworten. Worte zu benutzen, die ein anderes Wesen erreichen, heißt, sich nach außen zu bewegen und das Wesen zu berühren. Und im Gegenzug bewegt sich das andere Wesen auch nach außen und berührt dich. Wenn ein tiefer und bedeutungsvoller Austausch entsteht, wird ein Kommunikationskanal geöffnet und aktiviert.

Sogar jetzt noch widerstrebt es dir, persönliche Informationen zu teilen, doch wir ermutigen dich, es trotzdem zu tun. Mehr von dir zu verraten, damit auch dir mehr verraten wird. Wir betonen, dass du dich nicht an Shapeshifting beteiligen kannst, solange du ständig auf der Hut bist. Du musst dich öffnen – nicht nur denen um dich herum, sondern der tieferen Natur deines eigenen Wesens. Wenn du tiefer in diese Arena eintauchst, wirst du unendlich staunen, was es in dir zu entdecken gibt.

Wir glauben, beim Shapeshifting geht es darum, für diese Essenz offen zu sein. Sobald du diesen Schlüssel hast, bist du frei, mit jeder Form mitzugehen, mit jedem Aspekt des Seins zu verschmelzen, um dich an den vielfältigen Formen und Varianten der Wahrnehmung und Wesensarten zu erfreuen, die die Einheit manifestiert. Dieses Werden ist die reine Freude.

Als ich die Augen wieder aufmachte, waren die Raben verschwunden. Alles um mich herum war in strahlendes Sonnenlicht getaucht, und der unendlich weite blaue Himmel erstreckte sich klar und offen. Eine kühle Brise wehte die Berge hinunter. Sie strich über mein Gesicht, drang in meinen Körper und flüsterte in der Tiefe meines unendlich dankbaren Wesens.

14

… andere Selbste

Je mehr ich der Vielfalt an Stimmen lauschte, die uns als Menschen auf der Erde zugänglich sind, umso sensibler wurde ich für Fragen des Hörens und der Töne. Das ist natürlich nicht weiter überraschend, denn je mehr wir unsere Aufmerksamkeit auf einen Aspekt des Lebens lenken, desto offener werden wir für seine Schätze.

Ich spürte, dass mein inneres Ohr sich änderte; es stellte sich allmählich auf die Feinheiten der Schwingungen ein. Manchmal hörte ich mehrere Soundtracks gleichzeitig – ähnlich dem Kommentar des Regisseurs über einer Filmszene im Extramaterial einer DVD. Zu anderen Zeiten war ich mir nur der vielen Töne wie Summen, Pfeifen, Rattern, Heulen und anderer vielseitiger Geräusche des Alltagslebens bewusst. Viele, aber nicht alle dieser Töne ließen sich auf Menschen, Tiere oder die Elektronik, von der wir umgeben sind, zurückführen.

Eines Morgens stellte sich mir eine spezialisierte Gruppe von Walen vor: *Wir kommen aus einer Vielzahl von Dimensionen auf der Erde und von anderen Orten im All. Wir arbeiten hauptsächlich mit Klängen und der Energie, die Töne erzeugen, vor allem die, die uns zu anderen dimensionalen Realitäten reisen lässt. Die Klänge sind Durchgangstore, die wir mit der Stimme erschaffen. Und indem wir die Töne erklingen lassen, können wir ihnen durch weitere Räume des Alls folgen.*

Die Wale demonstrierten mir das, indem sie einen Klang erzeugten, der zu einem tatsächlichen Durchgang wurde, der sie (wie sie sagten) in andersdimensionale Welten führte. Sie fügten hinzu, dass, genau wie das Erschaffen und das Hören bestimmter Töne, diese Art von Fortbewegung erlaubt, das Einstimmen in die Stimmen oder Energiefrequenzen seiner ›anderen Selbste‹ die Fähigkeit mit sich bringt, in andere Welten zu reisen.

Während ich noch verwundert den Kopf schüttelte, fragten die Wale, ob ich bereit sei, die Informationen zu speichern, von denen sie noch viel mehr hätten. *Die Informationen sind immens; sie Stück für Stück über dein Bewusstsein zu speichern, könnte für dich zu einem langwierigen und überwältigenden Prozess werden, meinten sie. Die Informationen, die wir aussenden, sind klanglicher Natur und suchen sich den passenden ›Dateiordner‹ in deinem Wesen. Das wird dir in zukünftigen ›Zeiten‹, wenn du dich öffnest, helfen zu verstehen. Außerdem wird dies deine Denkfunktionen beschleunigen und wirksamer arbeiten lassen. Wir bieten dir ein Upgrade an!*

Auch wenn das Upgrade der Wale entspannend wirkte, stellte ich keine sofortigen Veränderungen fest. Ein paar Tage später wachte ich jedoch mit einem stechenden Schmerz im Innenohr auf. Während ich im Bett lag und versuchte, den Schmerz loszuwerden, fiel mir Zaks Rat ein, die Angst zu verlagern, indem ich ihr direkt ins Auge sah. Warum sollte ich nicht den Schmerz bewältigen, indem ich ihm mit der Tiefe meines Ohrs zuhörte?

Als ich mich auf den Schmerz konzentrierte, nahm ich einen kreisenden, schrillen Ton wahr, der sich durch meinen Gehörkanal wand. Es schien, als wäre ich an einen anderen Ort gereist, weit weg von der Realität des Alltags, denn während der Schmerz in meinem Ohr pulsierte, entwickelte er eine höhlenartige Eigenschaft in Bild und Ton. Da kamen mir die Wale wieder in den Sinn, und ich verstand plötzlich besser, was sie damit gemeint hatten, als sie sagten, dass ein Ton die Fähigkeit hat, eine Form, ein Gefühl, einen realen Ort des Seins zu gestalten.

Aus der Höhle heraus spürte ich, wie ein anderer Pfad über den Schmerz hinweg zu einem weiteren Ton pulsierte bzw. sich seinen Weg bahnte. Ich folgte ihm und traf auf eine Reihe von quiekenden, schrillen Tönen – eine andere Art von Schmerz an einem anderen Ort. Auch dieser Klangreihe folgte ich, indem ich mich ihren Schwingungen anpasste, sie erfühlte und tiefer floss.

Es gab viele solcher Windungen und Biegungen, sich in die Höhe schwingende Crescendos und friedliche Diminuendos. Als ich am anderen Ende wieder herauskam, war der Schmerz kaum noch spürbar.

Da wurde mir klar: Ich hatte ein Shapeshifting mit Schmerz durchgemacht!

Als ich das Erlebnis später in meinem Traumtagebuch festhielt, betrachtete ich es aus alternativen Perspektiven. »Vielleicht geht es dabei um die Angst, den anderen Aspekten meines Selbst zu begegnen«, notierte ich in der lockeren, spekulativen Weise, in der die Gedanken aus den leisen, kaum erkennbaren Teilen unseres Wesens aufsteigen. »Vielleicht geht es darum, davon nichts hören zu wollen.«

Während ich diese Worte niederschrieb, hörte-spürte ich den Ton wieder im Ohr – wenn auch diesmal leiser, schwächer, eher wie ein Widerhall. Mit der Fingerspitze klopfte ich mir ans Ohr. Ich weiß nicht, warum ich das tat, doch als ich es tat, übersetzte sich der Ton in diese Worte: *Ich bin die direkte Verbindung zu deinen anderen Selbsten. Es stimmt: Du bist jetzt an einer Stelle angelangt, an der du aufgefordert wirst, bewusster mit deinen anderen Selbsten zu sein, den anderen Aspekten deiner selbst – als eine Seeleneinheit. Das Hören nach innen ist ein Weg, auf dem du diese Informationen erhalten kannst.*

Die Kommunikation mit Tieren ist eine Methode, um Menschen für diese Form der Verbindung zu öffnen. Das ist ein Teil der Aufgabe, die Tiere für den Planeten Erde leisten. Sie bieten einen Link, einen Weg, sich zu öffnen, damit ihr anfangen könnt, andere – und euch selbst – zu hören.

Hab keine Angst. Angst ist das, was dich verschließt und Schmerzen verursacht. Vertraue dem Vorgang. Wir raten dir, dich nicht zu stark auf frühere Erwartungen oder das, was andere denken, zu verlassen. Sei stattdessen offen für das Neue, für das, was du empfängst und die einzigartige Weise, wie du es empfängst. Während du es in deinen Alltag integrierst, wirst du auch die Gelegenheit erhalten, anderen Aspekten deiner selbst zu begegnen und in dieser Hinsicht zu wachsen. Es ist tatsächlich eine große Öffnung zum multidimensionalen Bewusstsein. Deine spirituelle Natur kann tief atmen und sich unter diesen Umständen ausdehnen. Während du dich öffnest, öffnen sich andere. Während andere sich öffnen, öffnest du dich. Das liegt in der Natur der Dinge.

Ein anderes Gesicht von dir

Ich musste nicht lange überredet werden, da mir »die Natur der Dinge« sinnvoll erschien. Mir wurde immer bewusster, wie unsere kollektiven Geschichten nicht nur miteinander verbunden sind, einander reflektieren und illuminieren, sondern auch, wie die Erfahrungen anderer uns so direkt berühren und öffnen können, als hätten wir sie selbst erlebt.

Auf ähnliche Weise zeigten gewisse Ereignisse, wie Teile meiner selbst, die beharrlich gegen das Bewusstsein ankämpften, von anderen Teilen des Selbst, die offener dafür waren, beeinflusst wurden. Denn schon ein kleines Erwachen in einen Teil unseres Selbst wirkt sich auf das gesamte Wesen aus.

Eines Tages traf ich meine Nachbarin mit dem rabenschwarzen Haar – die Frau, mit der ich mich gestritten hatte – auf einem menschenleeren Flur der Schule wieder, in die unsere Kinder gingen. Die Begegnung fand auf eine so seltsame, traumartige Weise statt, dass wir es beide erst im letzten Moment merkten.

Ich ging mit zwei Körben voller Blumen, die mir unverhofft geschenkt worden waren, über den Flur und schwenkte die Körbe übermütig, als eine Frau sich näherte, die ich nur vage wiedererkannte. »Na, Sie sind aber gut gelaunt!«, sagte sie strahlend, und ich lächelte zurück. Erst als sie an mir vorbeigegangen war, merkte ich, dass es sich um meine Nachbarin handelte. In diesem Bruchteil einer Sekunde wurde mir auch klar, dass sie mich für jemand anderen hielt. Ungläubig drehten wir uns gleichzeitig um – so als wären wir das jeweilige Spiegelbild der anderen. Das Ereignis wirkte so inszeniert, dass ich lachen musste, und ich hörte auch sie lachen. Auch wenn wir sofort wieder getrennter Wege gingen, wusste ich in diesem Augenblick: Etwas war geheilt, egal ob es uns bewusst war oder nicht.

Die Frage, wer unsere Nachbarn wirklich sind, wurde noch bedeutender, als die Metapher sich auf andere Aspekte meines Lebens ausweitete. Eines Nachts träumte ich zum Beispiel von mir als einem jungen Mädchen, das die Straße vor meinem Elternhaus entlanghüpfte:

> Obwohl es spätabends ist, ist die Straße von einem silbrigen Schimmer erleuchtet. Ich suche Nachbarkinder, mit denen ich

spielen kann. Als ich niemanden finde, hüpfe und tanze ich die Straße hinunter. Dabei schwenke ich einen langen roten Schal in weiten Kreisen um mich herum und singe:

Ich bin wach, während ihr alle schlaft,
Ich bin wach, während ihr alle schlaft,
Ich bin wach, während ihr alle schlaft.

Doch schon bald läuft mir ein Angstschauer über den Rücken. Ich sehe, wie jemand auf mich zukommt. Also drehe ich mich um und fange an zu rennen, doch die Gestalt verfolgt mich den ganzen Weg zurück bis zu meinem Elternhaus. Während ich versuche, durch eine Schiebetür aus Glas ins Haus zu gelangen, sehe ich ihn näher kommen: Es ist ein Junge mit einer Pistole. Ich schaue ihm in die Augen und erkenne, dass wir in Gedanken miteinander verbunden sind. Genauso wie er erkennt, was ich gerade denke, weiß ich, dass er die Tür aufschießen will.

Als ich am nächsten Morgen mit Barney arbeitete, stellte ich mich dem Jungen vor und fragte ihn, warum er mir gefolgt war.

Ich bin ein Teil von dir, den du aus einer anderen Ära zurückgelassen hast, erklärte er. *Ich habe gelernt, auf der Straße aufzuwachsen. Mir gefällt es nicht, wie du dein Lied singst. Du singst ›ihr alle schlaft‹, aber wir schlafen nicht alle. Manche von uns sind wach. Ich bin gekommen, um dir zu sagen, dass du nicht alles weißt und es nicht nett ist, so über deine Nachbarn zu singen.*

»Du hast Recht. Es tut mir leid«, sagte ich und spürte eine traurige Schwere. »Aber warum hast du eine Pistole?«

Um durch deine falschen Überzeugungen hindurchzuschießen. Sobald du alle Türen und Fenster des alten Hauses öffnest, werden die Ängste deiner Kindheit frei sein. Ich würde dir nie wehtun. Es gibt wirklich nichts, wovor du Angst haben musst. Aber du glaubst es trotzdem, und deswegen bin ich hier. In gewisser Weise hast du mich erschaffen, damit du sehen kannst, wovor du Angst hast. Aber wovor hast du eigentlich Angst? Das hier ist dein Haus, und es liegt an dir, die Türen und Fenster nach Belieben zu öffnen. Du bist dein eigener Herr, aber das willst du nicht einsehen. Sobald du deine Türen und Fenster aufmachst, werden es auch deine Nachbarn tun. Dann könnt ihr alle auf der Straße tanzen.

Während ich darüber nachdachte, spürte ich eine doppelte Wärme: Dankbarkeit dafür, diesen Teil meiner selbst endlich so offen sprechen zu hören, und gleichzeitig Dankbarkeit dieses Teils von mir darüber, dass er gehört wurde.

Du wirst gebeten, dich zu öffnen, deinen Reichtum zu teilen – das heißt, deine Einsichten, deine einzigartige Weise, die Realität und die Welt wahrzunehmen, fuhr der Junge mit einer Stimme fort, die nun reifer klang. *Deine Traumwelt hat dich zum Kern deiner Angst zurückgebracht, damit du mit mir zusammenarbeiten und diese Angst loslassen kannst. Unsere Aufgabe ist es, die Vorhänge, Fenster und Gleittüren zu öffnen und Licht, Weisheit und Liebe eindringen zu lassen.*

Ich werde wiederkommen. Vergiss nicht, meine Hand zu halten, mir freundlich zu begegnen. So können wir zusammenarbeiten. Wir können Dinge erreichen, die dein äußerer Verstand für unmöglich halten würde. Aber ich bin bei dir und war es schon immer. Gemeinsam können wir erstaunliche Dinge tun. Ich bin der Junge – ein anderes Gesicht von dir.

»Wow«, sagte ich zu Barney, als der innere Junge sich wieder zurückzog.

Vielleicht ist es das Beste, wenn du den Traum und dieses Gespräch sich in deinem inneren Wesen weiter entfalten lässt, sagte Barney. *Vergiss nicht: Wenn du auf der multidimensionalen Ebene arbeitest, kann es sein, dass manche Erfahrungen nicht logisch oder chronologisch erscheinen. Aber es gehört alles zum Prozess des Sich-Öffnens, bei dem ein Aspekt einen anderen berührt.*

»Wie Synapsen!«, stieß ich verblüfft aus und lachte, als mir plötzlich ein Bild bunter synaptischer Blitze kam, die ein Feuerwerk des Erwachens veranstalteten.

Ja, das ist eine gute Metapher, bestätigte Barney, *denn sie drückt die tiefere Wahrheit aus, wie die Organe und Systeme deines Körpers in holografischer Einheit harmonisch und kombiniert zusammenarbeiten. Und von da aus ist es bloß eine leichte Verlagerung, um zu begreifen, dass auch die Seele in Verbindung mit dem Körper so funktioniert. Es gibt ständige Inspirationen – unverhoffte synaptische Gelegenheiten –, gleichzeitige Begebenheiten und Erfahrungen auf vielen Ebenen, die von der Seele zum Körper und zurück fließen.*

Es wäre hilfreich, dein Zeitverständnis zu öffnen, um wirklich zu spüren, zu wissen, dass all dies ständig geschieht. Das lineare Zeitmodell war zwar in einer be-

stimmten Phase der menschlichen Entwicklung recht nützlich, aber deine Spezies versteift sich ein bisschen zu sehr darauf.

Wenn du dich verstandesmäßig dem multidimensionalen Naturell deines Wesens öffnest – indem du die Angst verringerst, mehr so zu leben, wie du wirklich bist –, wirst du auch offener für die alternativen Facetten von Realität, Zeit, Dimensionen und so weiter werden. Auch das ist die vielfache Bedeutung von ›Nachbar‹ in deinem Traum: eine Brücke des Bewusstseins zu denen bauen, die noch schlafen – innere Nachbarn und äußere Nachbarn – und während des Prozesses selbst aufwachen. In Wahrheit ist alles eines, aber so verläuft die Illusion des Spiels.

Andere Nachbarschaften des Spektrums

Deine Nachbarn sind deine Herausforderung, erinnerte mich Barney ein paar Tage später. Ich hatte darüber nachgedacht, nicht nur innere und äußere Welten zusammenzubringen, sondern auch das bewusste Ich und das erweiterte Selbst. Doch wie sollte das funktionieren? Wie ist man so? Und wie lässt sich das mit Inkarnation in Einklang bringen – wenn man von einem erweiterten Selbst in einen Körper unabhängig von seiner Form schlüpft? Welche Verbindung besteht zwischen dem schlafenden Selbst und dem erwachten Selbst – im Leben, in der Inkarnation und im Sterben?

Das sind scheinbar schwierige, involvierte Fragen, auch wenn die Antwort ziemlich simpel ist, sagte Barney. *Es kommt darauf an, worauf du deine Aufmerksamkeit richtest – auf welche Bandbreite du dich innerhalb des vollen Spektrums des Seins einstellst. Parallel dazu wollen wir uns die Totalität des Du (was Wir sind) als das Alles-von-Allem vorstellen. Na … wie fühlt sich das an? Das war die erste Frage: der ursprüngliche Wunsch, Alles-was-Ist selbst zu erleben – wenigstens in Bezug auf unser Universum und unser jetziges Tun.*

Um zu erleben, gab es Abspaltungen – nicht unbedingt die Art von Trennungen, wie sie in deiner Welt gegenwärtig gekannt werden, sondern eher so etwas wie graduelle Unterschiede oder Bandbreiten des Seins. Vergiss nicht: Die Wirklichkeit hängt von der Aufmerksamkeit ab. Worauf du dein Bewusstsein lenkst, ist, wie du die Realität erlebst. Und hier kommt das Shapeshifting wieder ins Spiel, weil man sich dabei der Fähigkeit bewusster wird, dass man entlang der vielen Bandbreiten des Seins – vom persönlichen Wesen bis hin zu jeder Wesensform – durch das gesamte Spektrum von Allem-was-Ist reisen kann.

Verstehst du jetzt, warum du dir ausgesucht hast, das Shapeshifting zu ergründen? Es erleichtert die Art, wie du die Wirklichkeit erlebst. Darum ist es eine so alte Wissenschaft und Kunst, denn es bedeutet, Informationen von den Aspekten des Spektrums zu sammeln, die dem bewussten Selbst gewöhnlich unzugänglich sind.

Durch das Shapeshifting wirst du flüssiger und tänzelst im Bewusstsein eines anderen Wesens umher. Du erwachst in einer anderen Wahrnehmung – einer anderen Nachbarschaft des Spektrums. Je öfter du das tust, umso mehr wirst du die einzigartigen Wege schätzen, wie Alles-was- Ist sich selbst erfährt. Und je mehr du das tust, desto besser wirst du die darunterliegenden Schichten der Verbundenheit zwischen dir und Allem-was-Ist erkennen.

Doch um zu deiner Frage zurückzukehren: Inkarnation und De-Inkarnation oder Sterben sind zwei Seiten desselben Ereignisses. Du kannst es dir wie eine Klappe im Bewusstsein, eine Art magische Öffnung vorstellen. Der Tod bedeutet, ein Portal der Wahrnehmung hinter sich zu lassen und sich einem größeren Erinnern an all das, was du bist, zu öffnen. Auf ähnliche Weise bedeutet Inkarnation, ein neues Portal aufzumachen, um einen weiteren Aspekt dessen, der du bist, zu erfahren.

Stell es dir wie einen Ballon vor. Du bläst dich bei der Inkarnation durch das Portal hinein in die Gestalt deines körperlichen Selbst. Und beim Tod lässt du beim Atemholen dein Bewusstsein zurück, während du durch das Portal gehst. Vielleicht ist das keine elegante Metapher, aber es beschreibt den Vorgang auf einfache Weise.

Shapeshifting ist ein Mittel, bei dem du anstrebst, dir der fließenden Verbindung zwischen den vielen Aspekten deines Selbst bewusst zu sein. Zuerst mag es nicht so wirken, aber für viele – mich eingeschlossen – ist das der wahre Wert des Shapeshiftings. Während du dir bei der Inkarnation deiner selbst bewusster wirst, entwickelst du sowohl einen Zugang zu deinen anderen Selbsten als auch zu den Verbindungen anderer Wesen (die auf eine ganz reale Weise auch andere Selbste sind). An einem gewissen Punkt wird das ganz fließend, ganz offen, und du kannst auf dem Spektrum gleiten, wohin du willst. Gleichzeitig öffnest du dich auf vielen verschiedenen Bandbreiten des Spektrums. An diesem Punkt endet jedoch die Metapher des Spektrums, weil es mehr als das ist. Es ist eine Ganzheit, die über die Grenzen der Sprache hinausgeht. Es IST einfach.

Beantwortet das deine Fragen?

»Ja, gut gemacht!«, sagte ich lachend. »Auch wenn eine Stelle mich neugierig macht. Wie oft warst du dir in deinem Leben als Barney als Shapeshifter bewusst, und wie oft warst du dir deiner, so wie du jetzt bist, bewusst – als Seelenwesen?«

Das ist zwar eine persönliche Frage, aber ich werde meine Erfahrungen, so gut ich kann und soweit du diese Gefühle und Gedanken erfassen kannst, mit dir teilen. Wir wollen uns daran erinnern, dass die Realität abhängig ist vom eigenen Bewusstsein, dem eigenen Fokus des Bewusstseins und der eigenen Programmierung – in diesem Fall der Software eines Hundes, der mit einer Familie zusammenlebte. Meine Wahrnehmungen waren als Barney der Hund ganz anders. Häufig scheinen Hunde auf ›Autopilot‹ zu schalten – weil sie es tatsächlich tun. Die Menschen projizieren manchmal auf uns, wir wären gelangweilt oder träge, weil wir herumliegen und schlafen, aber oft stellen wir uns dann auf andere Bandbreiten ein und sammeln Informationen. Viele Haustiere leben in mehr als einer Realität gleichzeitig – im nichtphysikalischen Raum sowie in anderen Leben.

Was mich betrifft: Ich war in meinen ersten Lebensjahren damit beschäftigt, ein paar Dinge zu klären, die mit einer anderen Familie zu tun hatten, bevor ich euch begegnet bin. Ich war damit fertig, aber noch nicht mit meinem Körper, als ich zu euch kam. Kannst du dich noch an die Frau erinnern, die mich als Ersatz für ihren gestorbenen Hund wollte?

»Ja.« Mir fiel wieder ein, wie eine Frau mich, gerade als ich die Papiere im Tierheim unterschrieb, gefragt hatte, ob ich es mir noch einmal anders überlegen würde, weil Barney sie an ihren alten Hund erinnere, der vor kurzem gestorben sei. »Ich sagte nein, obwohl ich das Gefühl hatte, es wäre ein Leichtes für mich gewesen, ja zu sagen.«

Das war eine wichtige Entscheidung für dich. Die Dinge hätten sich anders entwickelt, wenn du mich ihr ›überlassen‹ hättest. Das ist einer der Punkte in deinem Leben, an dem eine scheinbar unwichtige Entscheidung enorme Konsequenzen hatte. Du befandst dich gerade im Leben an einer Weggabelung, und du hast den Weg ausgesucht, der dich dahin geführt hat, wo du heute bist. Ein anderer Teil von dir hat den anderen Weg genommen.

Wie ich spürte, wollte Barney, dass ich mir den anderen Weg, mein anderes Leben, ansah, auch wenn ich nicht sicher war, ob ich dafür schon bereit war. Doch als er mich lockte – *Komm, lass uns das als Experiment machen!* – gab ich nach und erlaubte mir, einen Blick auf einen anderen Aspekt meiner selbst zu werfen, der an dem damaligen Punkt in meinem Leben die andere Richtung genommen hatte: zwei verschiedene Dawns, die zwei ganz unterschiedliche Leben führen.

Es ist nur eine andere Dimension des Shapeshiftings, bemerkte Barney nüchtern. *Wir haben ganz zu Anfang darüber gesprochen – wie manche bei der Inkarnation ihre Selbste verschiedene Wege gehen lassen, um viele verschiedene Möglichkeiten zu untersuchen. Ich weiß, dass du es dir im Augenblick nur schwer vorstellen kannst, aber ich erwähne es trotzdem, weil manche Tiere ihre ›Ruhezeiten‹ dazu nutzen, sich auf ihre anderen Selbste einzustimmen und sozusagen Erfahrungen zu vergleichen.*

Katzen machen das oft. Ich war schon mehr als einmal eine Katze, und wie ich weiß, tut die Katzenform das sehr gern. Das passt auch zu der Beobachtung der Menschen, Katzen würden neun Leben haben. Sie haben tatsächlich viele andere Bewusstseinsformen (oder ›Leben‹), mit denen sie bewusst in Verbindung stehen. Stell dir das vor wie einen unsichtbaren Freund, mit dem du von Zeit zu Zeit Kontakt aufnimmst, Informationen teilst, dich über euren Alltag austauschst, solche Dinge. Wenn sich die Bedeutung und der Fokus dessen vertieft, fangen die Selbste an, zusammenzuarbeiten, das Bewusstsein zu verschmelzen, und werden sich auf eine viel erfülltere Weise der anderen bewusst.

Setze dich eine Zeitlang innerlich mit diesen Vorstellungen spielerisch auseinander. Es geht nicht darum, von einem fremden Körper oder einem anderen Selbst Besitz zu ergreifen – du schaust dir zu viele Horrorfilme an! –, sondern darum, Fähigkeiten und Energien zusammenzuführen, um das Bewusstsein zu erweitern. Stell es dir als die Erweiterung der bewussten Grenzen aller Beteiligten vor.

Ich merkte, wie Barney lächelte, während er überlegte, wie viel ich wohl verdauen könnte.

Du darfst nicht vergessen, dass du die Realität durch ein Wesen mit einem menschlichen Gehirn, dem gewisse Grenzen gesetzt sind, filterst, sagte er überaus liebevoll. *Auch wenn es dir möglich ist, deine bewusste Wahrnehmung auszudehnen, wenn du diese Realitätserfahrungen anderen schilderst oder sie mit ihnen teilst, werden sie durch dein einzigartiges Paradigma gefiltert. Es gibt deswegen nur ein beschränktes Maß an dem, worüber man auf diese Weise reden kann. Trotzdem ist das noch eine ganze Menge!*

Ich lächelte zurück, und Barney und ich saßen schweigend da. Farbenfrohe Gedanken wirbelten in der Luft herum wie eine Parade, die aus der Reihe tanzt, doch selbst die unglaublichsten Gedanken legten sich irgendwann sanft neben uns. Ich fühlte mich wie eine müde Pilgerin, die ungeahnte Gebirgspässe überwunden und abgeschiedene Täler durchquert hatte. Müde, aber auch zufrieden.

Ich wusste, wir waren an keinem endgültigen Ziel angekommen. Weit und breit waren kein Kloster, kein Tempel und auch keine Kirche in Sicht. Und dennoch spielte nichts davon eine Rolle. Ich spürte eine warme Zufriedenheit, weil ich einen Weg gefunden hatte, der zu mir passte, und ein tiefes friedliches Gefühl, einfach mit Barney zusammen zu schweigen.

Lass es uns so ausdrücken, sagte Barney schließlich. *Beim Shapeshifting geht es darum, neue Wege der Kreativität einzuschlagen, über die eingrenzenden Beschränkungen des Bewusstseins hinauszugehen, andere Aspekte dessen, wer du bist und was du erschaffen hast, kennenzulernen. Das ist eine Weise, wie man Shapeshifting betrachten kann, eine Weise, über die wir noch nicht im Detail gesprochen haben.*

Es ist ein Schritt in die tiefere Natur des Multidimensionalen. Denn es bedeutet, mit einem höheren Bewusstsein über das, wer man ist, mit einer größeren Wertschätzung des Allseins durchs Leben zu gehen. Gemeinsam mit vielen Selbsten kann man die gegenseitige Ausdehnung des Bewusstseins berühren und untereinander Kraft sammeln, um für die, die du bist, und alles, was du erschaffst, noch empfänglicher zu werden.

»Und wie kommt dabei Shapeshifting ins Spiel?«

Als ein Mittel. Als Übungsplatz. Erinnerst du dich noch daran, wovon wir am Anfang gesprochen haben? Dass Shapeshifting ein spezieller Lehrgang ist, der dir dabei helfen soll, die Illusion der Trennung zu überwinden – dich die innere Schönheit aller Formen im Allem-was-ist-Szenario entdecken oder aufdecken zu lassen. Indem du eine große Vielfalt an Formen erlebst, wirst du dir nicht nur anderer bewusster, sondern auch deiner selbst. Und wenn du dir deiner selbst bewusster wirst, wirst du dir deiner anderen Selbste bewusster. In gewisser Weise ist das Wahrnehmen der anderen und das Wahrnehmen des Selbst das Gleiche. Der Witz daran ist, dass das essenzielle Einssein alles durchdringt, auch wenn jeder das auf seine eigene einzigartige Art entdeckt und erfährt.

Und das ist unsere Brücke zum nächsten Abschnitt, zum letzten Abschnitt unseres Weges: der Kunst des umfassenderen Lebens. Er soll die Essenz der Erfahrung mit anderen teilen, neue Weisen des Seins in anderen entfachen, bewusste Beziehungen zwischen allen ›Dus‹, die in einer Vielfalt unterschiedlicher Realitäten agieren, erwecken, damit sie sich bewusster gemeinsam entwickeln.

Als ich die Augen wieder öffnete, spürte ich den sanften Schubs einer feuchten Schnauze unter dem Arm. Das war eindeutig Barneys Geste – spielerisch und mit perfektem Timing. Auch wenn kein Hund im Zimmer war, hatten die Vorstellungen, was möglich ist und was nicht, was real und was nicht real ist, schon vor langer Zeit ihre Fesseln verloren. Ein Gefühl des inneren Wissens schimmerte durch und drängte mich weiter. Es warteten noch mehr Abenteuer auf mich.

Sei offen und dir bewusst, riet mir Barney abschließend. *Ich kann dir überall begegnen.*

Teil 3

Die Kunst des erfüllteren Lebens

15

Den Yeti annehmen

Der Yeti: eine große, zottelige, einsame Kreatur, von der gesagt wird, sie würde auf den Gebirgskämmen des verschneiten Himalayas umherwandern – in einem Gebiet, das manchmal »Dach der Welt« genannt wird. In den angrenzenden Ländern Indien, Nepal, Tibet, China und Bhutan erzählt man sich eine Reihe von spannenden Geschichten über dieses flüchtige Wesen, das nur selten gesichtet wird. Manche Leute beschreiben den Yeti als hilfsbereit und scheu – zum Beispiel soll er kranke Forscher, die sich verlaufen haben, wieder gesund pflegen –, während andere ein unheimlicheres Wesen porträtieren und wiederum andere davon ausgehen, bei dem pelzigen Geschöpf würde es sich in Wirklichkeit um einen tibetanischen Bären handeln. Expeditionen, auf denen nach dem Yeti geforscht wurde, haben keine eindeutigen Nachweise erbracht – außer ein paar Fußspuren, verschwommene Fotos und Gegenstände von zweifelhaftem Wert, wie zum Beispiel rotbraune Fellbüschel, Handknochen und Teil eines Skalps. Daher beschränkt sich unser Wissen über den Yeti mehr oder weniger auf Legenden, Spekulationen und Höhenflüge unserer Fantasie.

Als ich Anfang zwanzig war, zeigte sich mir ein Yeti in einer Reihe von denkwürdigen Träumen. Im Gegensatz zu dem traditionellen dunkelhaarigen Yeti hatte der in meinen Träumen langes, seidiges weißes Haar. Meistens verhielt er sich still und ruhig – eher wie ein freundlicher Beobachter als wie eine bedrohliche Präsenz. In den frühen Träumen erspähte ich den Yeti in der Ferne der Wildnis. Doch als die Träume fortschritten, saß ich neben ihm, oft vor einem Lagerfeuer unter dem dunklen Sternenhimmel einer einsamen Gegend. Da fing er an, mir eine Geschichte über den Ursprung der Yetis zu erzählen. Dabei tauschten wir jedoch keine Worte aus, sondern saßen stumm nebeneinander und blickten ins flackernde Feuer. Ich sah alles aus der Sicht des Yetis. Es war nicht so, als würde ich durch seine Augen sehen, sondern als würde ich mich erinnern – an eine Reihe von Bildern aus einer anderen Zeit. Es war, als würde ich einen alten Film anschauen. Die Filme in meinen Träumen wirkten wie alte schwarz-weiße Reisedokumentationen mit fahrigen Bewegungen und dumpfem Monoklang.

Die Geschichte, die der Yeti mit mir teilte, bezog sich auf die Mönche, die in den weiten Bergregionen Tibets lebten. Hohe verschneite Gebirgskuppen und schattige Täler, Siedlungen von quadratischen, robusten Häusern in den rauen Bergfalten bildeten die Landschaft dieser Traumerinnerungen. Wie die Geschichte des Yetis mir enthüllte, erschufen die Mönche in Gedanken Wächter, wenn sie sich auf eine Pilgerwanderschaft oder andere lange Reisen begeben mussten. Mit enormen Kräften, die sie sich durch Meditation und Gedankenkontrolle erworben hatten, zähmten sie ihre innere Vision und stellten sich riesige, abschreckende Kreaturen als Beschützer ihrer Tempel vor. Wie um das noch zu unterstreichen, spielte mir der Yeti Szenen vor, in denen ein oder mehrere Mönche eine Art holografisches Bild kreierten, das sich plötzlich materialisierte, als Gedanke zu Form wurde. Wie der Yeti zeigte, war der nächste Schritt der Mönche, dem Bild Gewicht oder Substanz hinzuzufügen – eine dritte dimensionale Komponente, die die Gedankenform aktivierte und sie zum Greifen real machte. Diese »Realität« konnten die Mönche nach ihrem Willen ein- oder ausschalten.

Der Hüter – der neu erschaffene Yeti – wurde in seiner unsichtbaren Form am Eingang zum Tempel als ein in sich geschlossenes, unbemerktes Kraftfeld aufgestellt. Aber wenn jemand dem Tempel zu nahe kam, wurde die Gedankenform aktiviert und dann tauchte der Yeti auf. Sobald jemand durch die unsichtbare Mauer ging und dadurch die Notwendigkeit für den Hüter aktivierte, wurde die Gedankenform – der Yeti – lebendig und nahm eigene Gestalt an.

Wie der Yeti mir deutlich machte, tauchte das Problem erst viele Jahrzehnte – oder Jahrhunderte – nach der Erschaffung des ersten Yetis auf. Denn es gab Unruhen, Wirren, Krieg – ein Chaos, in dem Frieden und Gleichgewicht des Klosters gestört wurden. An diesem Punkt im Traum brach die Geschichte jedes Mal ab. Manchmal fragte ich ungeduldig: »Was ist denn aus den Yetis geworden?«, und dann hörte der Traum abrupt auf. Manchmal offenbarte der Yeti auch widerstrebend eine Reihe von Szenen, die nichts miteinander zu tun hatten. Beim Aufwachen war es für mich frustrierend und zugleich spannend, mir zu überlegen, was wohl als Nächstes passiert war. Schließlich reimte ich mir den folgenden Ausgang der Geschichte zusammen:

Auf irgendeine Weise brach eine wesentliche Verbindung zu den Yetis ab, als die Mönche ihre Klöster verließen (oder dazu gezwungen waren). Vielleicht war das, weil die Mönche die Yetis über ihre eigene Lebenskraft und die Anwendung ausgedehnter Meditationstechniken am Leben erhalten hatten. Vielleicht verloren die Yetis das Gefühl, eine sinnvolle Aufgabe zu erfüllen, als die Mönche überraschend auszogen. Was auch immer der Grund gewesen sein mag – die zurückgelassenen Yetis verließen schließlich ihre Geburtsorte, wanderten durch die Gebirge, manchmal sichtbar gemacht, manchmal auch nicht; zu manchen Zeiten als Helfer, zu anderen Zeiten nicht.

Auch wenn ich nicht wusste, ob diese Geschichte im konventionellen Sinne »wahr« war, tauchte sie so häufig in meinen Träumen auf, dass sie – genauso wie die durch Gedanken erschaffenen Yetis – irgendwann ein Eigenleben entwickelte. Manchmal fragte ich mich, ob ich darüber etwas gelesen hatte, was ich vergessen und dann in meinen Träumen neu verarbeitet hatte. Meine Recherchen über die Yetis brachten jedoch kaum eine Verbindung zu den Mönchen in Tibet zutage. (Erst viel später las ich in den Büchern der Abenteurerin und Autorin Alexandra David-Neel, die in Tibet gelebt und die Lebensweisen verschiedener Mönchsorden studiert hat, über die Tulpas – Begleiter oder Helfer in Tier- oder Menschengestalt, die durch Gedanken erschaffen wurden.[1]) Und so blieb die Traumgeschichte über die Yetis für mich eine faszinierende persönliche Mythologie – die weder wahr noch unwahr war –, bis sie wie der geheimnisvolle Yeti verblasste.

Lange vergaß ich Dinge wie diese. In meinem Leben passierten andere Ereignisse, und der Yeti und seine Geschichte tauchte weder in meinen Träumen noch in meinen Gedanken auf. Er war vollkommen verschwunden – vielleicht zu fernen Orten aufgebrochen …

Bis ich Jahrzehnte später eines Tages auf einem Massagetisch lag und massiert wurde. In meinem Rücken war eine Stelle, die in unregelmäßigen Abständen Schmerzen verursachte. Ich spürte den festen Knoten direkt über der Wurzel des Rückgrats in der Lendengegend. Während sich die Masseurin auf die Stelle konzentrierte und mit den Fingerspitzen das Gewebe knetete, sah ich plötzlich den Yeti wieder. Er sprang in vollständiger Form und sehr präsent in mein Bewusstsein, so als wäre er nie weg gewesen. Das Einzige, was ihn verriet, war sein nachdenklicher, leicht verblüffter Gesichtsausdruck, so wie ein alter Freund dreinblickt, von dem man lange nichts mehr gehört hat und dem man zufällig wiederbegegnet.

Das Bild löste eine Flut an Erinnerungen in mir aus, die mich wie eine Riesenwoge überrannte. Einen herrlichen Augenblick lang sah – fühlte – ich mich in mehreren Wirklichkeiten gleichzeitig. Es war zwar nur eine Kostprobe, doch in diesem Moment *kannte* ich mich in anderen Formen, als alternative Aspekte des Seins; ich spürte mich als ein Individuum und zugleich als eine miteinander verbundene Sammlung von Wesen. Das Erlebnis verflog im Nu. Mein Verstand bemühte sich krampfhaft, Fetzen der Erinnerung festzuhalten. Ich war gleichzeitig erstaunt, verwirrt und überwältigt. Es fühlte sich an, als wäre so viel so schnell angeschwemmt worden – und plötzlich wieder weg. Allein der sanftäugige Yeti blieb und deutete ein fragendes Lächeln an, das unter dem dichten Haarwuchs kaum sichtbar war.

Ich bin noch nicht so weit!

Auch wenn ich froh war, den Yeti wiedergesehen zu haben, erschreckte es mich, wie schnell ich ihn und seine Geschichte vergessen hatte. Ich staunte über die Fähigkeit unseres Gedächtnisses, Dinge einfach weggleiten zu lassen – *und tschüs, ihr synaptischen Verbindungen!* Auch überraschte es mich, wie wenig man braucht – nur einen Blick, ein Wort, eine Berührung wie die Fingerspitzen der Masseurin, die meine Rückenmuskulatur geknetet hatten –, um eine bestimmte Erinnerung vollständig ins Bewusstsein zurückzubringen. *Was verursacht eigentlich dieses rasche Kommen und Gehen?*

Wenn etwas so Ungewöhnliches wie ein Yeti in unserem Leben auftaucht, ist es wahrscheinlich keine schlechte Idee, ihm Aufmerksamkeit zu schenken. Wir könnten zum Beispiel fragen: *Wer ist dieser Yeti? Was stellt der Yeti dar? Was zeigt mir mein Yeti über mich selbst?* In der größeren kollektiven Sicht ist es einfach, den Yeti als einen reinen Mythos oder eine Legende abzutun, da wir es oft vorziehen, uns von Dingen zu distanzieren, die uns fremd sind, die irgendwo da draußen sind, die anders sind als wir. Jedoch sind Kreaturen, die aus der Tiefe unserer Psyche (Warum eigentlich ein Yeti?) hochsteigen, wertvolle Hinweise, Aufforderungen von Schatten-Selbsten als Einladung zu einem höheren Bewusstsein. So betrachtet bedeutet das Erkennen des Yetis in Bezug auf uns selbst – oder vielleicht den Yeti als einen Teil unserer selbst wahrzunehmen –, über die oberflächliche Fassade des »reinen Zufalls« oder »komisch, hmm?« hinauszugehen. Stattdessen bedeutet es, die Herausforderung dieses Geschenks anzunehmen: Uns der Erfahrung zu öffnen, das Geheimnis des Yetis, der nicht ich ist, aber dennoch ich ist, freudig zu empfangen.

In den nächsten paar Monaten hatte ich viele Träume und Abenteuer mit dem Yeti. Je offener ich für diese Expeditionen wurde, umso mehr erinnerte ich mich an Einzelheiten dieser alternativen Ichformen, die von der plötzlichen Erinnerungswelle angeschwemmt worden waren. Manche kamen in Form eines Traums, andere als übereinstimmende Erinnerungen und wieder andere als gleichzeitig auftauchende »frühere Leben«. Barney erinnerte mich an die »ständigen Inspirationen – synaptischen Spontangelegenheiten –, gleichzeitigen Geschehnisse und vielschichtigen Erfahrungen, die von der Seele zum Körper und zurück fließen.« Und meine direkten Erfahrungen zeigten mir, dass es sich wirklich so verhält.

Tatsächlich wurden viele Vorstellungen und Konzepte über das Shapeshifting klarer – nicht nur vom Verstand her, sondern von meinem ganzen Wesen her. Ich erinnere mich an die Bemerkung der Traumführer: »Alles, wozu das führt, ist die Fähigkeit, sich seines multidimensionalen Wesens jederzeit bewusster zu werden.« Die Traumführer sprachen von koexistenten Realitäten, in denen Selbste aus verschiedenen Zeiten und Orten sich begegnen, miteinander verschmelzen oder sich sonst wie vereinen können – manchmal auf recht amüsante Weise.

Zum Beispiel überraschte es mich bei einer Begegnung, als ich sah, dass die Haare des Yetis nicht mehr weiß und seidig, sondern wie gelbliches Stroh geworden waren. »Was ist passiert?«, fragte ich und streckte die Hand aus, um sein Haar zu berühren. Aber der Yeti schreckte zurück. Dann hob er die große, pelzige Hand mit ausgestrecktem kleinen Finger, so als würde er eine Tasse Tee zum Mund führen. Perplex schüttelte ich den Kopf, doch der Yeti wiederholte die Geste. Durch eine blitzschnelle Assoziation erinnerte ich mich an den Kräutertee, den mein Akupunkteur vor kurzem für meinen Rücken verschrieben hatte. Die chinesischen Kräuter waren zwar bitter und dunkel, doch ich beugte mich dem Rat und trank das unangenehme Gebräu brav jeden Tag. Absorbierte der Yeti den Tee etwa auch? War die Substanz miteinander verbundener Realitäten wirklich so porös? Die Tatsache, dass sich seine schönen weißen Haare gelb verfärbten, kam mir zwar komisch vor, doch die Handlung, mit der er sich auf eine so intime, persönliche Weise mit mir verband, war so freundschaftlich, dass mir der gutmütige Yeti noch mehr ans Herz wuchs.

Auch bestätigte sich seine Geschichte insofern, als der Yeti ein aufmerksamer Hüter war. Mehrere Jahre lang setzte ich die Arbeit mit den alternativen Selbsten fort, die sich in der Flut des Bewusstseins zeigten. Diese Erinnerungsfragmente waren wie kleine, harte Saatkörner, und ich spürte die Notwendigkeit, sanft mit ihnen umzugehen, damit sie zu vollkommen bewussten Erinnerungen erblühen konnten. Oft fühlte ich dabei die Anwesenheit des Yetis, als würde er still und aufmerksam zusehen.

Eines der Erinnerungssaatkörner war besonders aufwühlend und für meine Rückenschmerzen von Bedeutung. Ich erinnerte mich daran, als ein Szenario aus einem früheren Leben in Form eines Säuglings auftauchte, den seine junge Mutter in einer Hütte im Wald zurückgelassen hatte. Das kleine Mädchen lag allein in der Hütte in Decken gewickelt auf einem Holzbrett – wimmernd, brüllend, durchnässt und hungrig sollte es dort sterben. Die Geschichte hatte viele Facetten und Schichten, und viele Gefühle, die sich darin verbargen, waren mit dem starken, verborgenen Schmerz in meinem Rücken verbunden. (Wie tiefe Körperarbeit aufdecken kann, beziehen sich Rückenschmerzen häufig auf Schmerzen aus unserer Vergangenheit – aus dem, was »zurückliegt«. Weiterhin, wie Barney anmerkte, kann eine verkrampfte Rückenhaltung auch ein »Zurückhalten« andeuten: die Angst, sich einer Wahrheit zu öffnen, die wir vor uns selbst verbergen.) Durch Shapeshifting-Techniken lernte ich nicht nur das Baby, sondern auch seine Eltern kennen und teilte schließlich das Bewusstsein mit ihnen. Intensive

Emotionen des Verrats, der Verletzung, der Ablehnung und andere Gefühle kamen in jeder der Persönlichkeiten zum Ausdruck, die wir in dieser miteinander verlinkten, energetischen Beziehung heilten. Durch eine Art temporalen Shapeshiftings erlebten wir auch mehrere unterschiedliche »Endversionen« dieses Lebens.

Als wir ein Gefühl der Vollendung früherer Lebensszenarien erreicht hatten und ein gesundes Gleichgewicht zwischen Mutter, Vater und Baby (und deutlich weniger Schmerzen in meinem Rücken, was mich nicht überraschte) wahrnahmen, tauchte der Yeti in einem weiteren Traum auf. Obwohl er generell noch dieselbe Form eines Yetis hatte, schwebte er nun wie eine flauschige Wolke am strahlend blauen Himmel der bergigen Gegend, in der wir uns einst begegnet waren. Er segelte tief über meinen Kopf hinweg und ließ mehrere kleine, zottelige weiße Yeti-Hunde fallen. Und als er vorbeizog, hörte ich die Worte: *Wenn du dich um sie kümmerst, werden sie gut zu dir sein.*

Eine Unterhaltung mit der Yeti-Seele

Zum größten Teil war meine Kommunikation mit dem Yeti durch geteilte Bilder und Gefühle erfolgt. Dies geschah in der Traumwelt, im Wachzustand und in vielen Welten dazwischen. Auch wenn das gut funktionierte, versuchte ich dennoch, den Yeti zu einem verbalen Gespräch zu bringen. Meistens ignorierte er meine Bitte. Doch eines Tages bot sich eine Stimme »hinter« dem Yeti an, mit mir zu sprechen und verschiedene Fragen, über die ich jahrelang nachgedacht hatte, zu beantworten und zu klären. War die Traumgeschichte, die der Yeti mir mitgeteilt hatte, eine historische Wahrheit, die auf alle Yetis zutraf? Oder war die Geschichte etwas, was ich mir im Traum selbst ausgedacht hatte, weil es für mich passend war? Was war die »Realität« der Yetis? Bevor ich meine Salven an Fragen abfeuern konnte, begann die Stimme mit diesen Worten:

Dies ist die Seele der Yetis. Wir sind in bestimmten Gebirgsregionen der Welt, in gewissen Völkern lebendiger, deren Bewusstsein für unser Wesen – was zum größten Teil einen mythologischen Ursprung hat – offener ist. Das heißt jedoch nicht, dass wir nicht ›real‹ wären. Wenn man sich uns vorstellt und mit uns spricht – auf eine Weise wie diese –, werden wir lebendig, und dann wird unsere Präsenz allen Menschen bewusster.

Auf dieses Thema will ich zu Anfang eingehen. Wie andere so genannte mythische Geschöpfe interagieren Yetis auf vielen verschiedenen Ebenen mit Menschen. Es gibt Menschen, die uns für physische Wesen halten, und es stimmt auch: Manchmal nehmen wir eine physische Form an.

Der Yeti, mit dem du kommuniziert hast, ist ein Yeti der emotionalen und geistigen Bereiche – eine Gestalt, die sich dein einzigartiges Wesen als Mittel der Interaktion zwischen deinen Selbsten ausgesucht hat. Der Yeti barg für dich Erfahrungen auf eine Weise, die dich dazu brachte, weiter zu forschen. Als Antwort auf deine Frage war es zum Teil deine Wesensart, die den Yeti hervorgebracht hat, und zum Teil dein Wissen um Legenden, das diese Form ermöglicht hat. In diesem Sinne ist der Yeti ein nützlicher Mythos, der zu dem passt, was du lernen willst.

Ich holte tief Luft. Auch wenn ich hörte, was die Seele der Yetis sagte, waren ihre Worte seltsam geformt, fast als würde sie eine andere Sprache sprechen.

Nun, ich nenne mich selbst die Seele der Yetis, aber genauer gesagt bin ich die Seele der Verlorenen, der Vergessenen. Ich entspreche der energetischen Realität, die deine Wahrnehmung des Yetis unterlegt. Auf das Shapeshijting bezogen bin ich die Energie der Dinge, die verborgen worden sind, aber noch gefunden werden müssen. Ich kann meine Gestalt in jede passende Form ändern – in ein Ungeheuer, ein verlassenes Kind, einen Nebel oder eine kahle Landschaft. Ich kann in jeder Gestalt erlebt werden, die zu dem Bezug zwischen der Stelle, an der sich ein Individuum auf seiner Suche befindet, und der Weise, wie das Individuum die Suche fortsetzen möchte, passt.

Manchmal sind Worte Gefängnisse, Barrieren. Lass uns beim Weitermachen Gefühle verwenden.

»Gut«, stimmte ich bereitwillig zu. Denn während diese Kommunikation mit den Worten, die ich mir so sehr gewünscht hatte, erfolgte, passierte noch etwas anderes. Es war ein merkwürdiges Gefühl, als würden die Worte, die ich hörte, von einem Gong erzeugt, als würden die Gedanken hinter den Worten aus runden Klangwellen bestehen, die in zahlreichen Ringen voller Bedeutung widerhallten. So etwas hatte ich noch nie erlebt – vielleicht kam es mir deshalb wie eine andere Sprache vor. Doch die Seele der Yetis (die letztendlich weder eine echte Seele noch ein richtiger Yeti war) fuhr fort:

Wie dir der Yeti schon erklärt hat, gibt es, wenn ein schweres Trauma für Körper, Seele oder Verstand besteht, die Option, das Trauma vom Bewusstsein fernzu-

halten. Manche Menschen (und auch andere Tiere) ziehen es vor, sich schon bald nach dem Erlebten durch das Thema – die Lehre, die Lektion, die Erfahrung – hindurchzuarbeiten. Andere sind aus unterschiedlichen Gründen, vor allem aufgrund der Entwicklung ihres Bewusstseins, nicht dazu in der Lage. Das soll nicht heißen, dass das Erlebnis durchdacht oder analysiert werden muss – ganz und gar nicht. Tatsächlich stellt die Analyse in den meisten Fällen ein Mittel dar, um sich von dem Erlebten zu distanzieren – einen Schutzmechanismus. Stellen wir uns zum Beispiel vor, du würdest ein Erlebnis rationalisieren oder analysieren. Vielleicht wird dein Verstand es dann für abgeschlossen halten. Doch nur deine Gefühle werden dir ehrlich sagen, ob du von dem Erlebnis frei bist oder nicht. Wenn dein Verstand darauf besteht, ein Mittel zu wählen, wird dein Körper dich auf ein anderes aufmerksam machen.

In diesem Sinne kommt deine Wahrnehmung der Yetis ins Spiel. Das Ereignis, an das du dich erinnerst – des Verlassen-Werdens –, war für einen Teil von dir zu viel zu ertragen. Deshalb wurde es durch eine Energie von dir ferngehalten, deren Zweck es ist, zu schützen – ein Yeti, wie du sie nennst.

Nun wollen wir von dem mythischen Yeti sprechen. Die Geschichte, die dir gezeigt wurde, lautete, dass die Mönche in Tibet den Yeti erschufen, um ihre Tempel zu hüten. Wir können das auch als eine Energieform ansehen, die kreiert wurde, um die Tore des eigenen Bewusstseins zu bewachen. Der Yeti ist auch ein Wächter, eine manifestierte Form von Energie, die das, was als sicher angesehen wird, einlässt und das, was als gefährlich empfunden wird, draußen lässt.

In deiner Geschichte werden die Yetis verlassen. Es gibt Krieg, Unruhen im Landesinneren – das heißt, eine Art von Chaos im Tempel deines Wesens. Das würde ein Trauma darstellen, nicht wahr?

»Das scheint zu passen.« Obwohl ich es nicht genau verstand, beruhigten mich seltsamerweise die »Bedeutungsringe«, die sich nun in bunten Wirbeln und Wellen überschnitten und miteinander verschmolzen.

Und deswegen geht mitten im Trauma die ursprüngliche Aufgabe des Yetis (zu schützen und als Hüter zu dienen) verloren. Verlassen. Für dich war der Yeti verlassen worden. In anderen Szenarien könnte der Yeti weggeschickt oder beschuldigt werden, etwas Schreckliches getan zu haben, und deswegen verbannt werden. In der Mythologie der Psyche findet diese Trennung immer statt. Der Yeti-Hüter verschwindet.

Und es bleibt die Sehnsucht. Irgendwas ist unvollständig, weil die Aufgabe des Yetis darin besteht, am Tempel, an der Schnittstelle des Bewusstseins, zu sein. Der

Yeti ist eine Schöpfung des Tempelmönchs – was heißen soll, des spirituellen Herrn oder »höheren Selbst«. Doch wenn der Yeti von den inneren Unruhen weggeschickt wird, was soll er dann tun? Der Yeti versucht, auf irgendeine Weise zurückzukommen. Ein Weg ist, indem er dem Selbst hilft. Indem er all das festhält, was das Selbst verlässt. Auf diese Weise hält der Yeti die Geschichte / das Bild / die Erfahrung des verlassenen Babys für dich fest.

Yetis Vergessen bestimmter Einzelheiten hallt in deinem ›Leben‹ als verlassenes Baby wider. Die Art, wie dein Yeti vergessen hat, bietet dir Einblicke, auch wenn sie nicht universal wahr sein müssen. Manche Yetis wissen ganz genau, wo verlorene oder vergessene Dinge begraben sind. Sie zeigen sie ihrem Mönchmeister umsonst – oder für einen Preis. Es gibt hier viele Varianten. Dein Yeti sprach aus dem Schmerz: ›Ach, ich weiß nicht genau, wo deine Erinnerungen sind, weil du mich verlassen hast.‹ Siehst du, wie das zusammenpasst?

Die Ringe der Bedeutung trennten sich jetzt, hüpften umher und schlugen gegeneinander. Es war definitiv die seltsamste Unterhaltung, die ich je mit einem Tier geführt hatte oder mit einem Seelenwesen oder – was war diese Stimme überhaupt?

Du sprichst mit einer Energie, die unter der Musterebene sitzt. Verstehst du, was ich damit meine?

Ich dachte darüber nach. »Ich verstehe, dass du nicht wirklich der Yeti oder die Seele der Yetis bist, sondern eher die Energie, die dieses Muster unterlegt – die, wie du sagst, die Energie dessen, was verloren gegangen ist und gefunden werden muss, ist. Ist das richtig?«

Du bist nahe dran. Sag mir eins: Was hat es zu bedeuten, dass der Yeti kleine weiße Hunde fallen gelassen hat? Was bedeutet ›Wenn du dich um sie kümmerst, werden sie gut zu dir sein‹?

Wieder überlegte ich. »Vielleicht hat es etwas mit unseren eigenen Schöpfungen zu tun. Wenn wir mit unseren Gedanken, unseren Manifestierungen, unseren Worten, mit allem, was wir erschaffen, sorgsam umgehen, kommen sie vielleicht wieder zu uns zurück – nicht als beängstigende Monster, sondern als liebevolle zurückgekehrte Schöpfungen.«

Gedanken sind Dinge. Auch das lehrt der Yeti. Die Mönche haben die Yetis aus Gedanken erschaffen, aber sie dann verlassen (oder weggeschickt). Und daher machten die Yetis jahrhundertelang die Dörfer unsicher, weil diese Gedanken nicht beachtet wurden: ›Ach, das sind doch bloß Gedankenschöpfungen, bloß Yetis!‹

Was du sagst, ist ganz richtig: Man muss alle eigenen Gedanken, alle Schöpfungen, alle Yetis annehmen. Das ist Teil deiner Reise: den Yeti annehmen und wissen, dass der Yeti auch du bist.

Den Yeti annehmen

Danach verstummten wir; es war eine Stille, die sich weit öffnete, und ich fühlte, wie sich meine Gedanken in unvorhersehbare Richtungen ausdehnten.

Wie mir in den Sinn kam, war der Yeti nicht nur ein Hüter verlorener Aspekte des Selbst, sondern auch ein gutes Beispiel für ein legendäres, verloren gegangenes »Selbst«. Ich begriff, warum die Mönche (oder unser höheres Selbst) die beeindruckende Gestalt des Yetis als Hüter erschufen: um weniger entwickelte Selbste oder Aspekte des Bewusstseins davon abzuhalten, den Tempel zu betreten, bevor sie dafür bereit waren. Und ich dachte an die beunruhigten Dorfbewohner – unsere ängstlichen, schweifenden Gedanken, die es nicht schaffen, in die Tiefe zu gehen, um die Lehren unseres eigenen persönlichen Yetis zu befolgen.

Hier war ein cleveres Konstrukt am Werk – die Tatsache, dass mein Yeti seine Geschichte der Erschaffung und des Verlassen-Werdens so vorsichtig mit mir geteilt hatte und dass ich ihn so leicht vergessen oder verlassen hatte – als hätte ich seine Geschichte gespiegelt! Und dennoch war es das Wiederauftauchen des Yetis so viele Jahre später, das mir die verlorenen Selbste wieder ins Gedächtnis rief, mich das zurückholen ließ, was so verloren gewesen war, dass ich nicht einmal mehr von seiner Existenz wusste. Wir gehen ständig im Kreis herum – klopfen, klopfen, klopfen an die Tür des Tempels!

Vielleicht entsteht das unterschwellige Muster, einer legendären verlorenen Kreatur zu begegnen, aus dem Wunsch, die eigenen verlorenen Selbste zu finden – aus der Sehnsucht, diese verborgenen emotionalen Energiereservoirs im Zeit-Raum-Kontinuum unseres höheren Selbst zurückzugewinnen. Doch dafür brauchen wir den Schlüssel – den richtig eingestellten Bewusstseinszustand, mit dem wir durch das Tor kommen. Und dort schiebt der große Yeti Wache; er hütet die zerbrechlichen, gefährlichen Schätze unserer tiefen Innenwelt, während er uns gleichzeitig weiterhin führt und uns in unserem Verlangen ermutigt, auf eine bewusstere Weise ganz zu werden.

Ich dachte an die bunten Bedeutungsringe – an die gongartigen Schwingungen hinter den Worten der Yeti-Seele, in deren Geheimnis die »Energie der Dinge, die verborgen sind, aber dennoch gefunden werden müssen« lag. Und erneut wurde mir klar, dass die Hinweise auf unsere Erinnerung so perfekt in unseren eigenen Geschichten stecken – unabhängig davon, ob es sich um Traditionen oder Legenden, gegenwärtige Ereignisse oder Tagträume, kollektive Erzählungen oder persönliche Mythen handelt. Diese vergessenen Teile des Selbst sind gut verschlossen, schlau verborgen, sicher versteckt, bis wir den Schlüssel finden können: die richtige Einstellung des Bewusstseins, die es uns gestattet, die Geschichte zu entschlüsseln, die Geheimnisse zu bergen, die wir selbst versteckt haben, und uns auf diese Weise daran zu erinnern, wer wir sind.

»Gibt es noch etwas anderes?«, fragte ich mich.

Nur, dass sich der Tempel im Inneren befindet, sagte die Yeti-Seele. So wie er es immer war. So wie der Mönch und der Yeti im Inneren leben. Und als er anfing, auf einen Berg in der Ferne zuzugehen, sah ich, dass er sich in einen alten Mann in langen Gewändern verwandelt hatte – vielleicht einen Taoisten oder tibetischen Mönch auf Wanderschaft, mit ganz langen, weißen Haaren, von denen er ein paar Strände auf dem Kopf gewunden trug. Von seinem Kinn hing ein dünner weißer Bart, und ein gelber Schmetterling tanzte und flatterte zwischen seiner Hand und dem Gesicht hin und her.

Das Shapeshifting ist die äußere Form, die Illusion, rief er, während er sich noch einmal nach mir umdrehte. *Das wahre Shapeshifting findet im Inneren statt. Das ist etwas, was du eines Tages spüren und als wahr erkennen wirst.* Und als er lächelte, verwandelte er sich wieder in einen Yeti.

16

Der Kreis der Projektionen

Der Yeti hatte eine tiefe Wirkung auf meine Abenteuer mit Shapeshifting. Von Zeit zu Zeit fühlte ich immer noch seine Gegenwart – seine große haarige Tatze auf meiner Schulter, seine ruhigen Augen, die mich aufmerksam und scharfsinnig ansahen. Er war für mich nicht nur ein Symbol der Ermutigung, andere verlorene Selbste zu suchen, sondern auch eine Inspiration und ein hilfreicher Leiter.

Als ich mir weiterhin Gedanken über all das machte, was die Seele der Yetis mir offenbart hatte, wurde mir klar, dass es mir mittlerweile leichter fiel, mich in verbindende Assoziationen, die für meinen Verstand nicht unbedingt sinnvoll erschienen, »hineinzufühlen« und mit ihnen zu arbeiten. Ich verstand nun besser, was der Rabe über den Fluss des Seins gesagt hatte, der »sich nicht so sehr auf die Bedeutung konzentriert, als vielmehr auf den allgemeinen Zusammenhang und tieferes Wissen auf einer symbolischen Ebene.«

Ich schaute mir die Vorstellung, die seit meinen Erlebnissen mit dem Kaninchen an der Oberfläche gebrodelt hatten, noch einmal an – nämlich dass wir einander auf genau diese Weise codierte Botschaften und Erinnerungen über verschiedene Zeiten und Leben hinweg senden: indem wir symbolische Teile unseres Selbst in den Geschichten unseres Lebens speichern, bedeutungsvolle Hinweise in unserem Lebensgerüst oder vielleicht auch in den Lebensgeschichten alternativer Selbste aufbewahren, die in anderen Zeiten und Ländern, unterschiedlichen Kulturen und Situationen leben.

Das Abenteuer mit dem Yeti hatte diese Vorstellung noch einen Schritt weitergetragen. Es hatte mir gezeigt, dass manche dieser Botschaften und Hinweise nicht nur gespiegelte Schlüssel oder reflektierende Spuren dessen sind, wer wir sind, sondern richtige Portale, die Begegnungen zwischen den alternativen Selbsten ermöglichen.

Ich erinnerte mich an Unterhaltungen mit Zak über das Verbindungsportal – ein rascher Energiefluss, der wie ein schimmerndes rundes Rohr aussah – und empfand ein tieferes Gespür dafür, was er zu bedeuten hat. Denn er war nicht nur eine visuelle Darstellung, *wie* man sich mit Tieren, Pflanzen, Naturkräften und anderen Aspekten des Selbst verbindet, sondern darüber hinaus ein Mittel, sich in die Energie der Verbindung hineinzubewegen.

Wie mir außerdem klar wurde, sind es diese Portale, durch die wir unsere normalerweise festgelegte Form des Bewusstseins verändern, um über die Grenzen dessen, für den wir uns halten, hinauszugehen. Wenn wir zwischen den Dimensionen reisen – und andere Zeiten und Orte, andere Körper und Leben besuchen –, erweitern wir uns bewusst und öffnen uns für eine tiefere Art von Begegnung.

Der Ort der Begegnung

Lass uns über den Ort der Begegnung sprechen – über den Punkt des Shapeshiftings, an dem sich scheinbar verschiedene Wesen treffen und verschmelzen, schlug Barney eines Morgens vor, als ich mir gerade überlegte, wo genau diese Begegnung zwischen den Selbsten stattfinden könnte.

Wie ich merkte, war nicht nur Barney anwesend, sondern die ganze Gruppe. Und es passierte etwas Merkwürdiges: Ich spürte einen Druck auf meinem Rücken, der zwar sanft, aber beharrlich war.

Wir versuchen gerade, mit dir zu verschmelzen, und das widerstrebt dir ein bisschen, sagte Barney. *Wir wollen uns heute Vormittag auf Erfahrung konzentrieren. Lass uns ein paar Visualisierungen anwenden, um Einblick in deine Mauer des Widerstands zu erlangen. Was siehst du?*

Als ich in den Druck im Rücken »hineinschaute«, sah ich das Bild vieler Hunde, die ihre Schnauzen an eine breite Glastür drückten. Was für ein Ort der Begegnung war das? – kichernd berichtete ich, was ich sah:

»Wenn ich die Tür aufmache, rennen die Hunde – lauter verschiedene Größen, Formen und Rassen – ins Haus. Ich glaube, es ist mein Haus. Und jetzt kommen auch noch ein Pferd und andere Geschöpfe ins Haus.« Ich merkte, dass ich beim Einatmen anfing, mich auszudehnen und mehr von der Vision aufzunehmen. Irgendwie machte es Spaß, so als wäre jeder Atemzug eine Einladung für immer mehr Tiere, ins Haus zu spazieren – scheu huschende Affen, gleitende Schlangen, lange Reihen von Ameisen und Spinnen, Fliegen, Bienen und Schmetterlinge füllten mein Haus.

Während du dich öffnest und einatmest, was durch dich hindurchfließt, beginnst du, mehr am aktiven Leben teilzuhaben, bemerkte Barney.

Es war ein rauschender Fluss – noch mehr Tiere und dazu Wolken, Berge und Blumenwesen, die alle in den Raum strömten – und wieder einmal merkte ich, wie sehr die Fantasie eine Nation aus Bildern ist, eine große Nation aus Bildern. Und jetzt veränderte sich sogar der Raum. Er krempelte sich von innen nach außen, so dass das Haus zu einer weiten, offenen Wiese wurde.

»Wir sind alle da«, berichtete ich. »Viele Tiere und viele Stimmen. Ein Wesen … Das sind also alles Aspekte meiner selbst?«

Ja, bestätigte Barney. *Das sind keine Tiere an sich, sondern deine Tierprojektionen – die Aspekte deiner selbst, die du auf die Tiere ›projizierst‹. Dies ist ein Beispiel für das Durchschauen karmischer Illusionen – auch wenn wir den Begriff nicht ernsthaft verwenden. Du holst deine Projektionen zu dir zurück. Du forderst sie wieder ein, um sie neu zu konfigurieren. In gewisser Weise bringst du deine Realität auf den neuesten Stand, während du die Projektionen neu formst und Varianten von immer neuen projizierten Versionen der Realität nach außen sendest. Das ist der Ort der Begegnung zwischen dem Denken, die Wirklichkeit sei ›da draußen‹, und der Erkenntnis, dass die Realität ›hier drinnen‹ ist.*

Darüber musste ich einen Augenblick nachdenken. Dabei kam mir eine Reihe von Gedanken in den Kopf. Zuerst erinnerte ich mich an die Mönche und Yetis. Hatte ihre Geschichte nicht ein ähnliches Muster aufgewiesen – die Erschaffung von Gedankenformen, die nach außen gesendet wurden, um am Ende in den inneren Tempel zurückzukehren? War dieses Manifestieren und Überprüfen etwa ein ständiger Prozess? Das ließ mich an Wissenschaftler denken, die Realitätstheorien erschaffen, nur um diese Theorien Jahre, Jahrzehnte oder Jahrhunderte später wieder »zurückzuholen«, zu überprüfen und neue Theorien auszusenden. Und *das* wiederum brachte mich dazu, mir eine Parade von Formen der Selbste vorzustellen – eine ähnliche ständige äußere

Darstellung von dem, was wir für uns selbst halten, durch fortwährende Überprüfungen unserer Persona.

Wenn du deine Projektionen zurückholst, forderst du das ein, was du erschaffen hast, um es dir noch einmal mit größerer Klarheit anzusehen, bestätigte Barney. *Das kann auf vielen Ebenen stattfinden – auf der künstlerischen, der wissenschaftlichen, der symbolischen, der emotionalen, der objektiven Ebene und so weiter.*

Bei der Begegnung geht es um innere Zusammenhänge: Es geht darum, diese Aspekte wieder einzufordern, die an der Oberfläche anders als du erscheinen, während du dich (und deine Selbste) wieder an das essenzielle Einssein gewöhnst. Es kann eine Art Schattenarbeit sein – sich an das zu erinnern, was verloren gegangen ist und beschlossen hat, sich im Dunkeln zu verbergen. Wenn du deinen Widerstand dagegen aufgibst, fängst du an, die Beziehung zwischen der ›inneren‹ und der ›äußeren‹ Welt aufzumachen.

In Bezug auf spirituelle Entwicklung lässt der Ort der Begegnung dich unvereinbare Aspekte deines Selbst willkommen heißen, um die Mitglieder wieder zusammenzuführen – um sich zu er-innern. An diesem ›Ort‹ kann auch Shapeshifting erfolgen.

In gewisser Weise ist dieser Begegnungsort der Klebstoff des Shapeshiftings, weil er die Verschmelzung des Bewusstseins zulässt. Für dieses Erlebnis brauchst du natürlich kein Shapeshifting, auch wenn diese Begegnung ein wesentlicher Bestandteil des Shapeshifting-Prozesses ist – und der Transformation eines jeden Wesens bei seiner spirituellen Weiterentwicklung.

Was die Verschmelzung betrifft, handelt es sich um einen einzigartigen Aspekt des Shapeshiftings. Oberflächlich betrachtet könnte man sagen, die bewusste Verschmelzung ist notwendig, um Shapeshifting herbeizuführen. Um zum Beispiel ein anderes Wesen zu ›werden‹ oder mit ihm mitzugehen, muss man zu einem gewissen Grad für die Verschmelzung mit dem Körper oder dem Bewusstsein des anderen offen sein. Auf tieferen Ebenen verschmelzen wir jedoch ständig – durch Auren, Gedanken, Worte, körperliche Nähe. Sogar wenn du ein Buch liest, verschmilzt du mit einem anderen Wesen, obwohl zwischen den Zeitpunkten, an dem die andere Person das Manuskript geschrieben hat, das Buch veröffentlicht wurde und du die Worte liest, Zeit verstrichen ist – aber man sollte nicht dem Irrtum unterliegen, dies nicht als eine Verschmelzung anzusehen!

Wir alle befinden uns in unterschiedlichen Phasen der Symbiose mit zahllosen Wesen. Wir sind ein Ganzes, das miteinander verbunden ist, wir verlagern unsere

Form ständig, wir ändern unsere Verschmelzung mit Vorstellungen, Gedanken, Beziehungen und so weiter dauernd.

In diesem Sinne ist das Shapeshifting ein ewig gegenwärtiger Prozess. Wir befinden uns alle ständig im Prozess des Shapeshiftings. Unser Fokus – der Fokus unserer Gruppe und dieses Buchs – besteht daraus, dies auf eine bewusstere Ebene zu bringen. Um uns all dessen, was wir tun, bewusster zu werden, um ein klareres Bewusstsein unserer Fähigkeiten zu erreichen und – als Folge davon – dieses Bewusstsein für eine noch stärkere Klarheit zu öffnen! Wir sprechen hier von einer Fähigkeit: der kontinuierlichen Lernkurve, die gemäß dem eigenen Bewusstseinsfokus steigt und fällt, sich verengt und erweitert.

Verschmelzung

Möchtest du dieses Gefühl von Verschmelzung mit unserer Gruppe jetzt erleben?, fragte Barney. *Vielleicht erklärst du es dann anderen, setzt es mit Worten in dieses Buch, damit andere es mit dem Gefühl nachvollziehen können und ihren eigenen Ort der Verschmelzung finden können – der natürlich unser aller Ort ist.*

Voller Zustimmung und ohne mir zu viele Gedanken darüber zu machen, was das nach sich ziehen könnte – da ich schon eine Woge von Gedanken, Fragen und Vorstellungen auf mich zurollen spürte –, machte ich die Augen zu und tauchte tief ein …

> Beim langsamen und beständigen Ein- und Ausatmen spüre ich einen Kreis aus vielen Wesen, die sich versammeln. Ich sehe nicht so sehr spezifische Formen, sondern fühle eher die Anwesenheit von Wesen, die sehr konzentriert, sehr bewusst sind. Ich nehme eine summende Energie wahr, die uns in diesem Kreis, dieser Gruppe verbindet. Sie bewegt sich von einem Wesen zum anderen, durch ein Wesen ins andere – immer schneller, mit wachsender Intensität, bis wir keine getrennten Einzelwesen mehr sind, sondern im Gruppenbewusstsein vereint. Und jetzt richten wir in dieser großen Einheit des geteilten Bewusstseins den Fokus erst auf den Raum in unserem Kreis und dann auf den Raum außerhalb des Kreises. Wir gehen hin und her, in den Kreis hinein und heraus und wieder hinein. Und plötzlich – in einem Augenblick der erhöhten

Wahrnehmung, bei der mir ein Schauer den Rücken hinunterläuft – *spüre* ich unser Bewusstsein als die bewusste Membran zwischen beiden. Auf irgendeine Weise kennen wir uns als den Raum im Kreis und den Raum außerhalb des Kreises. Wir sind der herrliche Ort der Begegnung, der nicht nur zwischen Welten vermittelt, sondern beide Welten *ist* – der zentrale Raum und der äußere Raum in einem.

Die Wahrnehmung fühlt sich zeitlos an, und dennoch spüre ich, wie ich in ein Gefühl des locker verbundenen, doch individuellen Bewusstseins zurückverfalle. Ich schaue nun nach innen, zurück in den Kreis, in dem ich eine »Leinwand des Lebens« erkenne. Sie ähnelt dem, was mehrere Tiere nach ihrem Tod über ihren Rückblick aufs Leben mit mir geteilt haben; sie ist auch den Erlebnissen nach dem Tod ähnlich, die in Das tibetanische Totenbuch beschrieben werden. Doch ich erinnere mich nur ganz flüchtig an diese Dinge; sie sind nicht mehr als Notizen des Gedächtnisses. Viel deutlicher ist mein Fokus – meine Präsenz – auf der Leinwand. Es ist, wie wenn man einen sehr lebendigen Film ansieht, in dem man in jedem Augenblick alles, was von dem Wesen auf der Leinwand gesehen und geschmeckt, gehört, gefühlt und erkannt wird, selbst fühlen, spüren und erkennen kann – denn das Wesen ist niemand anders als man selbst!

Wie ich jedoch gleichzeitig feststelle, ist die Leinwand an sich leer; was auf ihr gezeigt wird, sind unsere eigenen individuellen Geschichten – die anderen sehen ihre Geschichten; jeder von uns betrachtet Projektionen der verschiedenen Selbste, zahlreicher Leben. Und ich begreife, dass – genauso wie die »bewusste Membran« ein bewusster, verschmolzener Raum der Begegnung für das innere und das äußere Wissen ist, in dem ich nun stehe – das, was ich jetzt empfinde, ein Zwischenort ist, der den Selbsten ein besonderes Erkennen erlaubt.

Es ist ein angenehmer Ort des Bewusstseins, ein Ort, an dem ich »innen« und zugleich »außen« bin. Wie bei dem gemeinsamen Bewusstsein, das sich in den Kreis hinein- und wieder hinausbewegt, richte ich mein Bewusstsein nach innen und nach außen – in das Leben auf der Leinwand des Bewusstseins und wieder hinaus. Und ich stelle fest, dass »innen und außen« eine Bewegung ist, die Erkenntnis mit sich bringt. Innen – in die Fülle des Bewusstseins der individuellen Lebensgeschichte, und außen – in eine größere energetische Präsenz hinein, die Muster und Lehren sowie das subtile, vollkommene Einsetzen von Lebenslektionen, Erinnerungen und noch mehr beobachtet.

»Das ist es also, was du mit Verschmelzung meinst?«, sagte ich schließlich zu Barney. Es war weniger eine Frage als vielmehr ein Ausdruck meiner Verwunderung.

Die Verschmelzung, von der wir reden, ist ein Erwachen in die Rolle, die man bei der Erschaffung der Realität und der Zurückrufung dieser Schöpfungen spielt, um eine bewusstere Realität neu zu gestalten. Das findet immer wieder und wieder statt, in jedem Leben viele Male. Unser Ziel ist es, sich durch die Erfahrung der Verschmelzung des gesamten Musters bewusst zu werden.

Karmische Illusionen

Wie bei so vielen Erfahrungsabenteuern, in die Barney mich führte, dauerte es etwas, bis ich alles verarbeitet hatte, was passiert war.

Das Gefühl, aus dem Raum einer Gruppe hinaus- und wieder hineinzugehen, in Leinwände hinein- und wieder herauszuspringen und den köstlichen Ort des Bewusstseins zu finden, der das »Innen« und das »Außen« umfasst, erinnerte mich an einen Begriff, den Barney einmal verwendet hatte: *den Kreis der Projektionen*. Er hatte angemerkt, dass jeder Punkt am Kreis eine andere Lebensphase bedeutet; auf diese Weise kann das, was wir an einer Stelle des Kreises sehen, von einem anderen Punkt aus ganz anders betrachtet werden. Das heißt, unser Erleben der Realität hängt davon ab, wo wir uns auf dem Kreis unserer Lebensprojektionen gerade befinden. Shapeshifting, wie Barney sagte, sei ein Mittel, mit dem sich unterschiedliche Projektionen entlang des Kreises untersuchen lassen, und ein wesentliches Instrumentarium, um über den Kreis hinauszugehen.

Ich fragte mich, ob meine Verschmelzungserfahrung im und außerhalb des Gruppenzirkels auch ein Beispiel einer zurückgerufenen Projektion gewesen war: ein wissenschaftliches Neumodellieren meiner Wahrnehmungen der Metapher »Kreis der Projektionen«. Wie Barney es gerne tat, betrachteten wir erneut eine Idee von einem anderen Punkt auf dem Kreis, um sie auf eine neue Weise zu interpretieren.

Das ließ mich an karmische Illusionen denken – Projektionen in unserem Leben, die uns dazu zwingen (oder uns helfen, je nachdem wie unsere projizierte Sichtweise auf dem Kreis ist), »erneut hinzusehen«. In dieser Hinsicht sind karmische Illusionen spezielle Energiebehälter – psychische Knoten, die immer wieder auftauchen, um an unserem individuellen Bewusstsein zu zerren. Sie sind karmisch insofern, als dass sie sich auf unsere einzigartige Reihe von Lebensgeschichten beziehen, und sie sind Illusionen, weil es sich um Projektionen handelt, die an bestimmten Punkten unseres Kreises starr als »real« angesehen werden.

Wenn Karma unser größeres, generelles Muster ist – eine Karte unserer Ängste und Herausforderungen, Hürden und Sehnsüchte, die auf der Seele basiert –, dann sind karmische Illusionen die spirituellen Hinweise, die uns zur Verfügung stehen (und die wir manchmal verbergen). Reflexionen ihrer Gegenwart steigen als die Probleme, Frustrationen, Dramen und intensiven Gefühle hoch, die sich in unserem Leben abspielen.

Auch wenn unsere erste Reaktion die Absicht sein mag, diese Probleme zu lösen, uns durch sie hindurchzukämpfen, sie zu verdrängen, uns ihrer zu entledigen oder sie sonst wie so schnell wie möglich zu überwinden, bieten sie in Wirklichkeit einen Weg zum tieferen Verständnis. Diese manifestierten Ereignisse – persönliche Konfigurationen unserer karmischen Illusionen, von denen wir heimgesucht werden – sind potenzielle Orte der Begegnung, Möglichkeiten, um mit vergessenen Schichten des Bewusstseins Kontakt aufzunehmen, ein Mittel, um uns unseres eigenen Kreises aus Projektionen bewusster zu werden. Als solche sind sie nicht etwas, das wir loswerden sollten; stattdessen überbringen sie uns – wie unser Freund, der Yeti – die Aufforderung zur tieferen Erforschung und Entdeckung, sie sind ein Tor zu den geheimen Wegen zwischen unseren Selbsten.

Doch es ist ein Balanceakt, nicht wahr? Es ist so leicht, sich in der »Wirklichkeit« des Dramas auf der Leinwand des Lebens zu verlieren. Wie aktuell und echt doch alles auf der Leinwand des Lebens wirkt! Kein Wunder, dass unsere karmischen Illusionen uns in ihren Bann ziehen, denn sie wurden für uns gemacht – von uns selbst.

Einer der ersten Schritte, um dem illusorischen Wesen des Selbst zu begegnen, könnte eine Begegnung mit den eigenen karmischen Illusionen genannt werden, merkte Barney an, während er meinen Gedanken zuhörte. *Es ist ein Schattengebiet, in dem man das betrachtet, was noch nicht aufgelöst ist. Hier stellt man sich dem, was tief in der Seele versteckt und/oder zurückgehalten wird – jenen zentralen, motivierenden Ängsten oder Zwängen oder Vorurteilen, die energetische Öffnungen blockieren. Das ist eine klarere Definition von Karma als die Vorstellung von Belohnung und Strafe. Karmische Illusionen sind deine eigenen Ablenkungsmanöver – die du lieber festhältst.*

Nehmen wir zum Beispiel an, du siehst ein Mädchen, das einen Afghanen ausführt …

Ich fuhr auf. »Ist das ein konkretes oder nur ein theoretisches Beispiel?«

Gibt es überhaupt so etwas wie ›nur ein theoretisches Beispiel‹?

Ich lachte. Barneys Fähigkeit, Schlüsselerlebnisse zu finden, die perfekt auf das passten, worüber wir gerade sprachen, amüsierte und beeindruckte mich. Ich hatte tatsächlich nur wenige Tage zuvor ein Mädchen gesehen, das einen Afghanen ausführte. Der Anblick hatte mich zutiefst berührt und ich hatte mich darüber gewundert, warum mich die Schönheit dieser Hunde nicht mehr losließ. Aber das war nur ein kurzer Gedanke gewesen, den ich schon bald wieder vergessen hatte.

Mach weiter, drängte Bareny mich, und mir war klar, was er vorhatte. Er hätte genauso gut *Bring den Ball!* sagen können.

Ich schloss die Augen und öffnete mich dem, was unter der Oberfläche dieses Bilds und Gefühls lag. Schon bald darauf blickte meine Innensicht auf ein viel jüngeres Ich zurück:

Ich bin dreizehn und laufe auf einem Gehweg in der Kleinstadt, in der ich lebe. Ich komme an einem Kino und einer Drogerie, einer Bäckerei und einem Restaurant vorbei. Auf der anderen Seite befindet sich eine große Straße voller parkender Autos und Parkuhren auf beiden Seiten. Als ich einen Blick hinüberwerfe, bemerke ich in einem der parkenden Autos eine elegante Frau. Sie hat seidig glänzendes, blondes Haar, das glatt herunterhängt und ihr Profil einrahmt. Sie sitzt so still und gerade da, dass der Anblick schon beinahe unheimlich ist. Im Vorbeilaufen höre ich oben im Zentrum meines Kopfes ein Lachen, das durch das Rauschen des Verkehrs um

mich herum dringt. Ein elektrisierendes Kribbeln fährt mir über den Rücken und die Arme.
Obwohl es mir peinlich ist, spüre ich einen überwältigenden Drang, zurückzugehen. Ich drehe mich um, werfe einen verstohlenen Blick ins Auto – und weiche vor Schreck zurück. Die Frau hat eine Riesennase! Der Effekt ist so überraschend, dass ich noch einmal hinsehe. Und dann merke ich: Es ist gar keine Frau – es ist ein Afghane! Ich breche so plötzlich in lautes Gelächter aus, dass ich mich vornüberbeuge und mir den Mund zuhalte. In diesem Moment dreht sich der Hund mir ganz ruhig zu und sieht mir direkt in die Augen.
Es ist einer dieser Augenblicke, die man nicht richtig erklären kann. Trotzdem klopft mein Herz heftig, mein Körper summt und vibriert wie wild, als würden alle meine Moleküle auseinanderfliegen und wieder aufeinanderprallen. Für einen Moment befinde ich mich außerhalb meiner selbst, aber gleichzeitig auf eine andere, höhere Weise in mir drin. Ich erkenne irgendetwas. Und auch wenn dieses Wissen – dieses merkwürdige Etwas, das ich zwar fühle, das aber keinen Sinn ergibt – für meine Interpretation der Realität als Dreizehnjährige verloren ist, gibt es in diesem Augenblick eine Öffnung. Ich schaudere, als ich zu der kleineren Version meines Teen-Selbst zurückkehre. Ich hebe die Hand unsicher, um dem Hund zuzuwinken, und entferne mich. Ich beschleunige meine Schritte, während ein Teil von mir versucht, vor dem Erlebnis wegzurennen. Doch noch während ich an den Läden und Autos vorbeilaufe und der Gehweg in der Sonne glitzert, wird mir bewusst, dass sich meine Realität verändert hat.

Eine fliessende und geschmeidige Art des Denkens

»Huch!« Mein Herz raste, und für eine kurze Zeit fehlten mir die Worte, während ich das enorme Transformationspotenzial spürte, das dieses Zeitschlüsselloch barg. Ich hatte das Erlebnis schon so lange vergessen, und trotzdem war ich tatsächlich dort, wenn auch auf eine viel vollständigere und umfassendere Art und Weise.

Durch eine leichte Verlagerung meines Fokus spürte ich, wie ich mich um den Kreis der Projektionen streckte und mich in zahlreichen Zeiten und Selbsten positionierte. Ich fühlte, wie ich einen Fluss anzapfte, der das Portal zwischen dem »Hier« und dem »Da«, dem »Jetzt« und dem »Damals« öffnete. Am aufregendsten war jedoch die elektrisch geladene Schwingung, die ich spürte, als das Verbindungsportal etwas zwischen diesen Selbsten weckte. Ich spürte, wie wir im Gleichklang harmonierten – als würde eine Klanggabel uns alle dazu bringen, auf derselben Frequenz zu schwingen, die uns in einem größeren Strom der Verbindung vereinte. Dieser Strom vibrierte stark und lebendig – im Gefühl und den Eigenschaften der aufgeladenen Energie ähnlich, die mich mit den anderen in einem Ring aus vereintem Bewusstsein verbunden hatte.

Als ich staunend lachte, spürte ich am Kreis ein Ziehen, ein Echo, das nicht nur aus Klang bestand, sondern auch aus Bewegung und noch mehr – aus einer Art höherem Energiehall, der den Selbsten sofortiges Wissen vermittelte. Und in diesem Augenblick der empirischen Erkenntnis wurde mir klar, dass das Gelächter, das ich jetzt lachte, dasselbe Lachen war, das mein jüngeres Selbst »damals« gehört hatte. Ich spürte ein Schaudern, das auch das Kribbeln auf ihrer Haut gewesen war – eine körperliche Verbindung in der Gleichzeitigkeit. Im Kreis des vereinten Bewusstseins war das ein gleichzeitiges *Jetzt*.

»Toll!«, stieß ich aus, während ich im Puls einer Art von Integration badete, für die mir die Worte fehlten.

Wie lässt sich erklären, was geschehen war? War es Shapeshifting gewesen? Eine Erinnerung an Projektionen? Eine Begegnung verschiedener Selbste? Oder alles zusammen? Durch die vielen, sich steigernden Erlebnisse der Bewusstseinsverschmelzung, des Gruppenfokus auf das Innere von Kreisen und das Äußere, bewusster Membranen und der Verbindungsportale wurde meine Vorstellung von definierten Begriffen innerhalb der fließenden Grenzen der Realität eindeutig aufwändigen Renovierungen unterzogen.

Wenn man die Multidimensionalität untersucht, braucht man eine äußerst fließende und flexible Art zu denken, bemerkte Barney freundlich.

Ich stimmte ihm mit einem stummen Nicken zu.

Und deswegen sind solche Erlebnisse und Wahrnehmungen auch so wichtig. Sie helfen uns, tiefer zu werden, alle Aspekte des Selbst in eine bewusstere Gegenwart zu bringen. Auf diese Weise unterstützt du die Erleuchtung sämtlicher Aspekte deines Selbst. Du erhöhst dein Bewusstsein, indem du zum Beispiel ›frühere Versionen‹ deiner selbst und die, die du wirklich bist, bewusster einschätzt.

In diesem Beispiel geht es um das Wecken anderer Selbste innerhalb deines Zeitrahmens als Dawn. Du forderst sie auf, in dir präsent zu sein, alle Aspekte von dir – das Baby, das Kind, der Teen, die Jugendliche, die Erwachsene, die alte Frau: Alle sind präsent und stehen in jedem Alter, das du auf dem Kreis bist, zur Verfügung.

Ich rieb mir dir Stirn. »Bei dieser Erfahrung geht es also nicht vorrangig darum, in der Zeit vor- oder zurückzugehen. Stattdessen ist es eher wie das Erwachen in eine ständige Präsenz im Jetzt.«

Das ist eine hübsche Definition. Und jetzt kannst du diese Metapher auch benutzen, um zu verstehen, wie man auf gleiche Weise für andere Selbste erwacht.

Wenn du in das fließende Wesen der Zeit eintrittst (im Gegensatz zu einer geraden, chronologischen Zeitlinie), betrittst du eine andere Art des Seins – und eine andere Realität. Das meine ich buchstäblich. Während du in einen anderen Bewusstseinszustand überwechselst, wirst du ein anderes Wesen. Durch deine neue Präsenz bringst du ein neues Element in die Öffnung ein, und dadurch erschaffst du eine neue Realität.

In vielerlei Hinsicht geht es bei den Shapeshifting-Lektionen genau darum: ein Mittel, um zu entdecken, wo, wie und warum die Realität für dich passt – für alle von dir, das heißt für uns alle – die Menschheit, die Tierwelt, das ganze große Bewusstsein.

Während du dich auf der multidimensionalen Ebene entwickelst und öffnest, kannst du dir auch alternativer Selbste bewusst werden. Wenn du dich entschließt, diese Richtung einzuschlagen, wirst du dir dieser ›anderen‹ bewusster – die niemand anders als du selbst sind! Ihr könnt das, was jeder von euch im Leben tut, miteinander teilen – jeder hat (wie auf einer Webseite) Zugang dazu und kann es als Erfahrungsbereicherung nutzen (herunterladen). Und noch mehr: Ihr alle fangt an, euch in jedem Augenblick des Jetzt der anderen bewusster zu werden. Eure Fähigkeiten und euer Bewusstsein werden Schritt für Schritt erweckt. Auch der Kanal zwischen dem spirituellen Wesen und dem Menschen wird Stück für Stück aktiviert. Und genau da fängt es an, Spaß zu machen!

17

Sich immer weiter entwickeln

Wir könnten anfangen, einen Kreis vollständig zu schließen, schlug Barney eines Vormittags vor. *Ich würde gern ein paar Informationen mit dir teilen, während ich mich darauf vorbereite, in einen anderen Körper zu inkarnieren.*

Sofort wurde ich hellwach. Eine Seite von mir war mit Barney, dem spirituellen Hund als Führer, Helfer und Freund, völlig zufrieden; ich war nicht sicher, wie mir die Vorstellung eines »neuen« Barney schmeckte.

Ich bin zwar noch nicht geboren, bereite mich aber schon auf mein nächstes Leben vor, fing er nüchtern wie ein Geschäftsmann an. *Doch lass uns zuerst ein paar der Informationen, die ich mit dir über meinen Tod geteilt habe, noch einmal durchgehen:*

Als der Hund Barney arbeitete ich an einer bewussten Form des Sterbens. Ich war mir meines Todes bewusst und hatte viele Erlebnisse, in denen ich aus meinem Körper herausschlüpfte und in andere Existenzzustände überwechselte. Ich sprang vor und zurück – manchmal befand ich mich in dem einen Zustand, dann in einem anderen, und relativ oft erlebte ich viele verschiedene Zustände gleichzeitig. Das hat meine Fähigkeiten gestärkt, mich der Seele im Körper sowie der Seele außerhalb des Körpers bewusst zu sein.

Genauso wie man bei der Inkarnation dazu tendiert, zu vergessen, wie es sich anfühlt, in einem spirituellen Körper zu sein, verliert man als körperlose Seele ein wenig das Gefühl dafür, wie es sich in einem physischen Körper anfühlt. Zak hat mir nach meinem Tod für kurze Phasen seinen Körper geliehen. Das hat mir sehr geholfen, weil ich mich dadurch aus einer anderen Perspektive wieder an das physische Gefühl gewöhnen konnte.

Ich bin dabei, einen Teil meiner Energie über die Inkarnation in ein anderes Leben zu verlagern. Doch ein Teil meiner Energie als Barney wird dir und der Gruppe immer zur Verfügung stehen. Das ist so eine Sache, die Menschen nicht immer begreifen oder für die in ihrem Schubladendenken kein Platz ist: Unsere individuelle Gegenwart – die eines jeden von uns – währt ewig. Deswegen kannst du mich genauso als Barney, den Leiter dieser Gruppe, kennen, wie du durch deine Möglichkeit, dem ›Hund Barney‹ zu begegnen, mit meiner persönlichen Energiepräsenz in Kontakt treten kannst. Und du kannst dich weiterhin auf verschiedene andere Weise auf mich einstimmen – über viele meiner ›anderen‹ Selbste. Diese Tür steht dir so offen, wie du es möchtest.

Du fragst dich zum Beispiel, ob wir uns in menschlicher Gestalt begegnen werden, und meine Antwort lautet: Ja – wenn wir es wollen. Da wir alle uns auf eine bewusstere Ebene hin entwickeln, werden diese ›Begegnungen‹ immer interessanter, glücklicher und amüsanter – und voller Kreativität!

Viele Wesen in unserer Gruppe sind sich ihrer alternativen Selbste bewusst. Auch ich habe andere Selbste, die in der Gegenwart ›leben‹. Aber es ist der Aspekt Barney der Hund, der zu einer neuen Person wird – den wir Hahmend nennen wollen, was seinem Namen ähnelt –, und wir werden von diesem Aspekt aus mehr über das Wesen der Inkarnation lernen.

Gerade prüfe ich die Möglichkeiten und arbeite mit einigen besonderen Wesen zusammen, die mir helfen, verschiedene Entscheidungen zu treffen.

Wie mir klar wurde, mussten diese »besonderen Wesen« Barneys Lehrer sein. Auch das überraschte mich, da es mir noch nicht in den Sinn gekommen war, dass Barney auch einen Lehrmeister haben könnte, so wie ich Barney als Führer habe.

Das stimmt, sagte er. *Diese Wesen sind zurzeit für dich unsichtbar, weil es für dich beunruhigend wäre, den Lehrer deines Lehrers zu sehen. Aber es ist wichtig, zu wissen, dass wir alle Lehrer und Helfer haben, die uns unseren Weg manchmal klarer erkennen lassen.*

Zum Glück hast du kein Verlangen nach ›Barneys‹ Rückkehr. Das würde ich als ein Zeichen des Fortschritts ansehen und als das innere Wissen, dass alles jetzt hier ist und man sich nicht an Gegenstände, Menschen oder Ereignisse zu klammern braucht, weil alles wahrlich erreichbar ist. Deswegen rede ich gern mit dir über die Entscheidungen meiner Inkarnation und über ein paar der Energien, die an der Veränderung meiner Formen beteiligt sind. Wir sollten jedoch nicht vergessen, dass das nur eine Methode ist – und dass wir diese besondere Entfaltung der Form durch die Zeitlinse betrachten.

Barneys nächstes Leben

Ich habe die menschliche Gestalt gewählt, um Mitglied einer Nomadenfamilie zu sein, die in einer Gebirgsregion lebt, welche an eine Wüste und an ein Gebiet mit gemäßigtem Klima grenzt. Während ich meinen Eintritt ins Leben orte (meine Eltern, meinen Geburtsort und meine grundsätzliche Lebensaufgabe), trete ich in das sich entwickelnde Wesen ein. Das heißt, ein Teil meiner Präsenz hilft mir dabei, meine Seele allmählich im Körper zu verankern, während andere Teile von mir Verbindung zu Geistwesen aufnehmen, die eine Rolle in meinem Erwachen als Hahmend spielen werden. Diese Verbindungen sind nicht so konkret, wie du es dir aus der Sicht der Menschen vielleicht vorstellst – stattdessen sind sie eine Berührung des Geistes, eine Anmerkung, eine Erinnerung, manchmal auch eine Vorwarnung oder ein Gruß. Sie helfen uns, diejenigen von uns zu vereinen, die unser vernetztes Bewusstsein auf eine bestimmte Weise öffnen wollen.

Ich treffe mich auch mit meiner physischen Mutter und anderen Mitgliedern der engsten Familie. Da ich eine körperliche Behinderung haben werde, ist es wichtig für mich, vor meiner Ankunft ein paar Informationen in der Familie zu verankern. Auf diese Weise werden sich gewisse Ereignisse und Umstände in einer bestimmten Weise entwickeln.

Ein großer Teil meines Lebens wird sich darauf beschränken, kurze Entfernungen zurückzulegen und anderen auf oft unbemerkte, aber wirksame Weise zu helfen. Als junger Mann werde ich mit Schafen und anderen Tieren, auch mit Hunden arbeiten. Ich werde tierlieb sein – was ganz natürlich ist, da ich schon so oft selbst ein Tier war. Ich habe mir einen Körper ausgesucht, der das aufweisen wird, was ihr Menschen eine Missbildung oder Behinderung nennt – vor allem beim Sprechen.

Hier bietet sich die Gelegenheit an, zu erklären, warum manche Wesen sich solche Behinderungen – oder Chancen – aussuchen. Für mich bedeutet es, mich besser der inneren Arbeit widmen zu können. Ohne den Zwang einer traditionellen Schulbildung werde ich mehr Zeit und Energie haben, mich auf meine Verbindung zur Erde und anderen subtilen Arenen zu konzentrieren. Viele Menschen ahnen gar nicht, wie viel Energie ihr darauf anwendet, euren Intellekt auszubilden, um zu lernen, wie man differenziert, kategorisiert und so weiter. Ihr baut eure Illusion von Trennung so vollständig auf, dass ihr es euch sehr schwer macht, sie später loszulassen. Und trotzdem ist der Verstand eine mächtige Waffe, was der Grund dafür ist, warum so viele Menschen sich entscheiden, diese Fähigkeit zu entwickeln.

Meine Wahl, in dieser Form zu inkarnieren, entspricht teilweise dem Bedarf nach einem Wesen mit meinen Fähigkeiten in dieser Zeit an diesem Ort. Stell dir bestimmte Wesen mit bestimmten Qualifikationen vor, die sich eine Liste von Stellen ansehen, die frei sind, wo Hilfe gebraucht wird, und das auf Gebieten, auf denen wir Profis sind. Dazu wird es noch ein paar persönliche Herausforderungen geben, die mir nützlich sein werden. Ich werde meine Beschäftigung mit dem bewussten Sterben fortsetzen und mehrere Wesen bei ihrem Übergang und einem klareren Verständnis der Natur des Todes unterstützen können.

Obwohl ich noch mehr erfahren wollte, beendete Barney an dieser Stelle unser Gespräch. Er versprach mir, mir später noch mehr mitzuteilen, und ermutigte mich dazu, mich erst einmal mit anderen auszutauschen, um mehr über ihre Erfahrungen mit dem Übergang von Tod zu Leben zu lernen. Insbesondere schlug er vor, *ich sollte mich auf den Übergang vom physischen Leben ins Bewusstsein auf der ›anderen Seite‹, wie es manchmal bezeichnet wird, konzentrieren. In Wirklichkeit gibt es zwar keine andere Seite, doch wir wollen das als nützliche Fiktion verwenden, während wir versuchen, diese ›Seiten‹ näher aneinander anzugleichen, um sie zu begreifen.* Es folgen drei Varianten über dieses Thema.

Helfer in die und aus der Inkarnation

Einmal unterhielt ich mich mit einem Leithund, der mir von seinem Mentor erzählte – einem spirituellen Wesen, das Leithunden hilft, sich an ihr ganz spezielles Leben mit Menschen anzupassen. In einem späteren Gespräch mit dem Mentor erklärte mir dieser, dass es schwierig sein könnte, den Fokus im Blick zu behalten und sich während der Inkarnation ständig an seine Aufgabe zu erinnern, weil der Tierinstinkt einen so großen Teil der Programmierung eines Hundes ausmacht. Deswegen bedarf es eines Mentors oder Leiters.

Das weckte natürlich meine Neugier. Wie kam er zu seinem »Job« als Mentor? Und wie genau half er den Hunden, ihre Aufgabe nicht zu vergessen? Als ich von meiner Arbeit am Shapeshifting und meinem Lernen aus anderen Blickwinkeln berichtet hatte, erklärte sich der

Mentor bereit, einige meiner Fragen zu beantworten und näher auf das Thema einzugehen, wie es ist, aus einer spirituellen Perspektive heraus mit körperlichen Wesen zusammenzuarbeiten.

Ich bin nur einer von vielen, die diese Arbeit ausführen, fing er an zu berichten. *Betrachte mich als einen Übersetzer, der dazu beisteuert, eine klarere Kommunikation zwischen den physischen und den spirituellen Wesen zu fördern. Ich arbeite auch auf der emotionalen und der geistigen Ebene, aber meine Hauptaufgabe ist es, das spirituelle ›Ziel‹ im Körperwesen zu verankern.*

Man könnte mich als ein Elementarwesen bezeichnen (wenn du den Begriff verstehst), weil ich mit dem Körper des Hundes und mit der Seele oder Essenz seines Wesens arbeite, während sie versucht, sich im Körper zu manifestieren und durch das Hundeleben mit einem Menschen zu lernen.

Mit manchen Hunden lässt sich leichter arbeiten als mit anderen – so wie du vielleicht feststellst, dass ich für dich nicht so präsent bin, wenn dein Fokus abnimmt, als wie dann, wenn du eine tiefere Verbindung eingehst. So arbeite ich mit den Wesen meiner Gruppe. In Wahrheit bin ich immer präsent; es hängt nur von ihrer jeweiligen Fähigkeit ab, sich auf meine Anwesenheit einzustimmen und sich so mit mir zu verbinden.

Der größte Teil meiner Aufgabe richtet sich auf die ersten Phasen, nämlich das spirituelle Wesen dabei zu unterstützen, sich im Körper zu verankern, um die Kommunikation zu erleichtern. In gewisser Weise ist es so, als würde ein spezielles ›Übersetzerprogramm‹ eingerichtet und aktiviert.

In den späteren Phasen stehe ich als Leiter oder Rückmelder zur Verfügung; das beschränkt sich jedoch hauptsächlich auf den engen Fokus des Aufgabenbereichs. Das heißt, während das erweiterte Selbst des Hundes sich vielleicht auch mit anderen Themen befasst, besteht meine Hauptaufgabe darin, den Hund daran zu erinnern, sich auf die Verbindung mit seinem Menschen zu konzentrieren.

Wie ich zu dieser Aufgabe gekommen bin? Du kannst dir sicher vorstellen, dass ich schon oft ein Leithund war. Ich war auch schon andere Tiere, vor allem solche, die im Team mit Menschen zusammenarbeiten. Ich war schon ein Ackerpferd, ein Ochse, eine Ente. Ich habe auch Zeit in der Vogelwelt verbracht – zum größten Teil als Singvogel in der Wildnis und in einem Käfig, um Menschen glücklich zu machen. Auch war ich schon ein Mensch, der mit Tieren zusammengearbeitet hat, hauptsächlich, indem ich ihnen Futter und Unterkunft gewährte – kleine Hilfestellungen, die das Bewusstsein aller Wesen um uns herum fördern.

Nach meinem letzten Leben als Leithund nahm ich diese Tätigkeit als energetischer Helfer oder Unterstützer an. Ich habe einen leichten Körper, der jede Form annehmen kann. Meistens erscheine ich den Wesen in meiner Obhut als großer Hund – oft als ein großer weißer Schäferhund.

Ich war bereit, die Aufgabe als Helfer zu übernehmen, wenn Bedarf bestand. Man braucht dafür ein bestimmtes Maß an Bewusstsein und Verantwortungsgefühl. Es ist weniger eine Sache des Denkens als eine des Fühlens, die mich hierzu gebracht hat. Verstehst du das?

Mir fiel ein, was Barney über Wesen mit besonderen Fähigkeiten berichtet hatte, die eine Liste von Stellenangeboten durchsehen. »Du hast etwas gesehen, was getan werden muss, und deswegen hast du es dir ausgesucht?«

Genau, und das ist die Freiheit, von der aus Wesen die Aufgabe als Leithunde annehmen. Die meisten Leithunde werden aus gutem Grund Servicehunde genannt – sie beschließen, einen Service auszuführen. Natürlich lernen sie dabei auch unglaublich viel, und das erfüllt einen spirituellen Zweck. Und außerdem haben viele einen Nutzen davon – nicht nur die Hunde und die Menschen. Es ist ein ganz spezielles Lernen; nicht alle Wesen werden auf Anhieb für diese Art der Inkarnation angenommen.

Manche Wesen werden mehrmals Leithund, um ihre Fähigkeiten zu verfeinern. Es interessiert dich vielleicht, zu erfahren, dass viele Leithunde auch als Showhunde oder in der Unterhaltungsbranche inkarnieren, was eine andere Möglichkeit ist, die eigenen Fähigkeiten auszubauen und zwischen Mensch und Tier zu übersetzen.

Wir wollen nun die Einzelheiten ansprechen, wie wir daran arbeiten, die Aufgabe eines Leithunds durch Inkarnation zu integrieren. Der Instinkt und die instinktiven Triebe gehören zum Inkarnationsprogramm dazu. Es ist wie beim Autokauf: Man kann mit dem Wagen nur bestimmte Dinge machen und es gibt gewisse Einschränkungen. Aber das heißt nicht, dass man nicht auch Änderungen vornehmen kann …

Ich musste lächeln, als ich mir Chitty Chitty Bang Bang (aus dem Kinderbuch und -film) als witziges Beispiel eines Schrottautos vorstellte, das in eine Flug-, Segel- und Fahrmaschine umgewandelt wurde.

Ja, fuhr der Mentor fort. *Etwas Ähnliches lässt sich auch mit Körpern machen. Manche Veränderungen sind machbar, aber es ist die spirituelle Essenz – der Teil der Seele, der inkarniert –, die die Sehnsucht hat, zu lernen und bestimm-*

te Dinge zu erleben. Ich arbeite an dieser ersten Begegnung zwischen Körper und Seele, an den Änderungen des ›Fahrgestells‹, damit die optimale Leistung erzielt werden kann.

Das geschieht in vielerlei Hinsicht: als ›spirituelles Herunterladen‹, durch das Anzapfen von Erinnerung und persönlichen Geschichten, über Gedächtnisstützen auf der emotionalen und der körperlichen Ebene – auf allen möglichen Wegen, sogar durch Training, gesprochene Befehle und menschliche Beziehungen. Generell gilt: Sobald wir ein Fahrzeug / einen Körper anpassen, ist alles startklar. Dann geht es im Leben um die Feineinstellungen und darum, tiefere Verbindungen zu knüpfen und die Gefühlsarten zu verfeinern.

Meine Arbeit beschränkt sich im Allgemeinen auf die ersten Lebensjahre des Wesens. Danach könnte man es als unabhängiges Studium bezeichnen, auch wenn ich gelegentlich um Rat, eine Gedächtnisstütze oder eine Auffrischung gebeten werde.

Als wir das Gespräch beendet hatten, dankte ich dem Mentor, so wie auch er mir dafür dankte, »unsere Worte den Menschen verständlicher zu machen«. Wie ich ihm sagte, war es mir ein Vergnügen, und er antwortete darauf mit einem Bild von sich. Einem weißen Schäferhund, der zu lächeln schien.

Die Freude des goldenen Glücks: Die Lehren des Liu Tu

Das zweite Gespräch verlief in meinem näheren Umfeld. Einer meiner Goldfische war dabei, zu sterben – ein Goldfisch, der mit mehreren anderen in einem großen Aquarium gelebt hatte. Als ich ihn in ein kleineres Glas setzte, teilte er mir mit, dass es noch nicht so weit war. Er würde mir ein paar Dinge über seinen Sterbeprozess berichten, den ich mit anderen Menschen teilen könne.

Der Sterbeprozess beginnt im Bewusstsein; das ist immer der Anfang, erklärte er und merkte an, *dass er schon eine Bewusstseinserweiterung spüren konnte, obwohl er noch mit seinem Körper verbunden war. Vor allem der Tod kann uns alle erweitern,* sagte er, als ich mich neben ihn setzte und mich so mit ihm verband, *selbst diejenigen, die nicht im Sterben liegen, da er sie für die Todeserfahrung offen macht.*

Als Erstes möchte ich allen sagen, dass es herrlich ist, ein Fisch zu sein. Ich liebe es, als Fisch zu leben. Ich weiß, die meisten Menschen halten das für kein sinnvolles Leben, aber wie ich aus eigener Erfahrung bestätigen kann, sind Fische sehr kluge Geschöpfe. Wir können hervorragend beobachten. Vielleicht glaubt ihr, wir seien nicht sonderlich intelligent, weil ihr uns mit Angelhaken und Würmern oder mit euren Fischernetzen fangen könnt. Aber Fische sehen das anders als ihr Menschen. Aus unserer Perspektive zerlegt ihr so vieles in Einzelheiten, während wir mit dem Fluss kommen und gehen. Wir wissen mehr über das Recycling der Natur als viele andere Tiere. Wir verstehen, dass wir ein Teil von euch werden, wenn ihr uns fangt und verzehrt. Dieses Immer-wieder-Werden lieben wir! Viele von uns werden immer wieder als Fisch geboren, weil das Leben im Wasser eine wahre Freude ist – das, was Dawn ›Spaß‹ nennen würde.

Während ich seine Worte aufschrieb, lachte ich. Ein paar Sekunden lang schwiegen wir und fühlten uns auf eine wunderbare und herzliche Weise verbunden. Ich spürte seine flüchtige Sehnsucht, ein größeres Wesen des Wassers zu sein – vielleicht ein Aal oder irgendeine lange, zappelnde Kreatur im Meer. Er schickte mir Bilder vom Leben als Salzwasserfisch in einem Aquarium, eines davon in einem öffentlichen Aquarium, in dem ihn viele Menschen fasziniert anstarrten. Er sei auch eine Schlange gewesen, die als Haustier gehalten worden war, aber dieses Leben habe er langweilig gefunden und das Wasser sehr vermisst, da er, wie er sagte, vor allem ein Wesen des Wassers sei.

Ich hatte schon viele Leben in Gewässern. Ich habe jetzt Zugang zu diesen Erinnerungen, weil ich zum Teil schon aus meinem Körper herausgeschlüpft bin. Ich wurde schon mal verspeist, noch bevor ich überhaupt ein vollendet geformtes Wesen war. Ich war auch schon mal der, der andere verzehrt hat. Ich war schon viele Aspekte von Tieren in Seen und Teichen, Flüssen und sogar im Meer. Ich bin zum Zeitpunkt meines Todes von einem Vogel hinauf in die Lüfte getragen worden – und wurde so ein Teil der Vogelwelt. Ich wurde von Tieren an Land aufgefressen. Und ich wurde auch schon von meinen eigenen Geschwistern des Wassers verzehrt.

Meine Botschaft über den Tod ist die des Recyclingprozesses – das Alte wird wieder in den Kreislauf der Natur gebracht, um Teil des Neuen zu werden. Wenn mein Körper stirbt, bleibt meine Seele übrig. So würde ich gerne von Nutzen sein: ein Teil von etwas Lebendigem werden.

Aus meiner Sicht ist der Tod ein Aufsteigen von allem in ein höheres Reich und ein Wiederwerden der Form. Meine Erfahrung mit dem Tod erfolgt auf vielen Ebe-

nen. Auf einem Level sinke ich auf den Grund des Fischtanks, des Sees, des Ozeans, und erlaube meinem Körper, sich zu erneuern. Ich bin Pflanze, Fisch, Erde, Schlamm und werde immer wieder neu. In diesem Leben habe ich Dawn gebeten, meinen Körper in der Nähe einer Pflanze zu beerdigen, damit ich erblühen und mich an diesem Haus erfreuen kann, das ich als Heimat erlebt habe, und um sie daran zu erinnern, dass wir alle uns immer wieder erneuern. Das ist meine Lehre der Weisheit als Fisch.

Auf anderen Ebenen befinde ich mich längst in der bunten Welt der ätherischen Dimensionen. Im Wasser zu schwimmen ist das Fliegen der Seele – und so fliege ich in den Äther, wenn ich schwimme. Ich möchte dir das durch Poesie verdeutlichen:

Bunte Blasen, die nach oben steigen,
Mit der goldenen Schwanzflosse wenden,
Kreise ziehen,
Luftblasen,
Tanzende Freude.

Genau das ist es, wer ich bin, wer ich schon immer war, wer ich immer werde.

Goldfische erzählen den Menschen von Freude und Glück. Die alten Chinesen haben uns gut verstanden. Esst Fisch mit Freuden und erinnert euch an unsere Weisheit und unser Glück, wenn wir eins mit euch werden. Wenn ihr je Weisheit oder Orientierung braucht, stimmt euch auf Fische ein. Wir haben ein Gefühl für die Welt, das tief reicht und seelenvoll ist. Ich bringe euch allen Weisheit und Glück, während ich mich ins Jenseits erweitere. Ich bin: Liu Tu, der Goldfisch, die Freude des goldenen Glücks.

Max erzählt seine Geschichte des Werdens

Ich möchte dir eine Geschichte über das Shapeshifting erzählen, eröffnete mir mein großer schwarzer Labrador Max eines strahlenden Morgens, als ich mich an den Computer setzte. *Eine Geschichte, die du in dein Buch aufnehmen kannst.*

Max lag behaglich in meiner Nähe auf dem Boden. Als ich ihn anschaute, hob er den Kopf und legte mit einem lauten Wuff los. Das ist typisch für Max: Er gibt gerne Laute von sich. Auch wenn ich schon oft versucht habe, mit Max zu kommunizieren, um sein Gebell etwas einzuschränken, verliefen diese Gespräche nie so, wie ich gehofft hatte.

Auch wenn man denken könnte, viel Bellen bedeutet, er hat viel zu sagen, ist Max kein besonders kommunikativer Gesprächspartner. Wenn man ihm eine Frage stellt, antwortet er mit einem kurzen Ja oder Nein. Wenn man ihn um eine ausführlichere Erklärung bittet, verzieht er sich meistens. Deswegen überrascht – und ehrt – es mich meistens, wenn Max von sich aus eine Geschichte mit mir teilen will.

Auch wenn seine Art zu kommunizieren in meinem Ohr amüsant und kindlich klingt, passen die Themen, die er anschneidet, stets auf tiefsinnige Weise zu den Dingen, über die ich gerade nachdenke. Das lässt mich vermuten, dass Max ein viel weiserer Lehrer ist, als er zugibt.

Guter alter Max

Dies ist eine wahre Geschichte über mich, Max, und über die Zeit, bevor ich zum großen schwarzen Hund wurde, der ich heute bin, begann er. Hier ist sie:

Früher war ich einmal ein kleiner goldener Fisch. Kein Goldfisch, sondern ein kleiner goldener Fisch, der im Meer schwamm. Ich wurde von einem größeren Fisch

gefressen und fürchtete mich. Aber die anderen Fische im Bauch des großen Fischs sagten mir, ich brauche keine Angst zu haben. Wir alle schwammen eine Weile im Bauch des großen Fischs umher, und dann fingen wir an, aus unseren Körpern herauszuspringen und ein Teil des großen Fischs zu werden. Wir waren wie leise Stimmen oder Aspekte unserer selbst, aber gleichzeitig auch ein Teil des größeren Fischs. Wir erfuhren Dinge von dem großen Fisch. Also waren auch wir jetzt der große Fisch!Wir absorbierten Leben und wir wurden absorbiert. Schon bald wurden wir der große Fisch, so wie der große Fisch aus anderen Wesen er selbst geworden war – genauso wie wir alle! Damals begriff ich das noch nicht; das Verständnis kam erst viel später.

Bald darauf starb der Fisch und wurde von einem anderen Fisch gefressen. Die Essenz von uns allen hatte nun die Wahl, entweder beim Bewusstsein unseres neuen, werdenden Fischs zu bleiben – oder in eine andere Existenz zu schlüpfen. So läuft es immer: Teile von uns bleiben, Teile gehen weiter und werden zu Neuem. Selbst wenn man bleibt, wird man zu etwas Neuem. Ich wurde größere und größere Wesen. Ich lenkte mein Bewusstsein darauf, sich in immer größere Wesen zu entwickeln – ich meine größere Tiere. Ich war ein Seehund, ein Wal, ein Aal, ein Delfin und viele andere größere Fische und Meeressäugetiere.

Einmal war ich ein Lachs, der fast völlig lebendig von einem Bären verspeist wurde. Was für eine Erfahrung! Ich ging direkt in den Bären über und war von diesem ›Bär-Sein‹ so fasziniert, dass ich blieb und zu einem Teil des Bären wurde. Und so wurde die Weisheit des Lachses ein Teil des Bären. Deswegen ist es wichtiger, als du denkst, auf das zu achten, was du isst, denn was du isst, ist ein Teil dessen, was zu dir wird und was du wirst!

Ich genoss es, Bär zu sein, und blieb viele, viele Leben dem Bär-Sein treu. Manchmal starb ein Bär, und dann beschloss ich, sofort wieder ein Bär zu werden. Ich wurde auch auf andere Arten ein Bär, zum Beispiel in der spirituellen Welt, ganz so, wie menschliche Schamanen vom Bärengeist sprechen. Wenn ein normaler Bär stirbt, geht ein Teil seines ›Bärenwesens‹ in die größere Seele ein, und manchmal nahm ich diesen Weg und wurde Teil des Großen Bärengeistes. Dasselbe tat ich auch mit dem Lachsgeist, dem Seehundgeist und dem Walgeist. Einige dieser größeren Geistwesen haben Verbindungen zu anderen Welten (Planeten) und Di-

mensionen, und es gibt Bärengeist-Präsenzen in anderen Welten (und auch Tiergeister anderer Spezies), deren Teil ich wurde.

Zurzeit bin ich über mehrere Welten verteilt. Eine ist hier bei dir im großen schwarzen Hund des Maxwesens, doch ein anderer Teil von mir ist immer noch hauptsächlich Bär, und deswegen belle ich so gern, weil das wie das Brüllen eines Bärs klingt und weil das immer noch ein großer Teil von mir ist. Das ist meine Geschichte, warum Max, der Bärenhund, so gern brüllt!

»Das ist eine tolle Geschichte, Max«, sagte ich und nahm seinen großen schwarzen Kopf in beide Hände. »Danke, dass du sie mit mir geteilt hast!«

Das hab ich gern getan, sagte er und stupste meine Hand an, um am Kopf und den Ohren gekrault zu werden. *Und du kannst sie gern mit anderen teilen. Ich wollte dir diese Geschichte erzählen, und jetzt bin ich froh, sie dir erzählt zu haben, damit du sie aufschreibst.*

Ich lächelte und sah Max zu, während er sich ein paar Mal im Kreis drehte, um sich dann wieder hinzulegen. Mit einem Seufzer ließ er sich auf den Boden sinken, schloss die Augen und nahm wieder seine Stellung als Bürowächter ein. »Der gute alte Max«, dachte ich. »Max, der Fisch, der Lachs, der Seehund, der Wal, der Bär, Max, der tolle, brüllende, bellende, träumende Hund, der sich anmutig im Fluss bewegt, der uns alle miteinander verbindet und der sich darin immer wieder erneuert.«

18

Hinter dem Spiegel

Mehrere Monate lang fuhr ich damit fort, das bewusste Sterben und die Inkarnation mit vielen verschiedenen Tieren und Wesen zu ergründen. Manche, wie der Goldfisch Liu Tu, teilten ihr Bewusstsein des Übergangs beim Verlassen ihres Körpers mit mir. Andere, wie Max, teilten Erkenntnisse über frühere Leben, an die sie sich erinnerten, aus dem körperlichen Sichtwinkel. Und wieder andere – wie der Mentor und Leithund – gewährten mir einzigartige spirituelle Einblicke in ihre Arbeit mit Wesen in der Inkarnation und außerhalb davon.

Wenn du tiefer in die Mysterien von Leben und Tod und den Nexus zwischen den beiden vordringst – die nicht wirklich zwei, sondern eins sind –, begibst du dich in eine viel direktere Beziehung zwischen Seele und Manifestierung, sagte Barney mir eines Morgens. *Vielleicht fängst du sogar an zu erkennen, dass die Leinwände des Lebens (oder des Todes), die du bisher gesehen hast, nun zu Toren geworden sind.*

Das war eine dieser merkwürdigen Aussagen, die in dem Moment, in dem man sie hört, wahr zu werden scheinen, denn plötzlich erlebte ich genau das, was Barney prophezeit hatte. Während ich in der Vergangenheit die Leinwände des Lebens als irgendwie flache Darstellungen gesehen hatte, in die man dennoch »eintreten« konnte, um ein Leben zu fühlen-spüren-erleben, und aus denen man »hinaustreten« konnte, um es zu beobachten, nahm ich diese Leinwände jetzt als ausgeformte Tunnel wahr – echte Passagen durch Dimensionen.

Das ist ein weiteres Beispiel für eine Öffnung der Zeit-/Raum-Modalität, erläuterte Barney. *Aus diesem Blickwinkel durchdringst du den Schleier und kannst ein direktes Atmen zwischen Geist und dem manifestierten Körper wahrnehmen.*

»Ein direktes Atmen zwischen Körper und Seele«, wiederholte ich, da die Formulierung mich erschütterte. Sie glitt in mich hinein und erblühte in meinem Bewusstsein, während ein weiterer Aspekt des inneren Wissens, den ich bisher nur dumpf wahrgenommen hatte, plötzlich erwachte.

Hier geht es darum, im Selbst klar zu sein, um diese Energie in einem selbst und in anderen auszudehnen, fuhr Barney fort. *Manche von uns sind sogar ›Spione‹ im Sinne davon, dass sie nach Schwachstellen im Schleier suchen, durch die der Atem des Geistes vollständiger eindringen kann.*

In meinem Leben als Hahmend werde ich auf diese Weise arbeiten – mit einer weitaus direkteren und offeneren Beziehung zur Seele. Als Barney hatte ich das Bewusstsein einer spirituellen Ebene und konnte es nutzen, auch wenn es nicht immer in meinem bewussten Verstand präsent war. Mit dem Bewusstsein eines Hundes zu arbeiten, ist etwas ganz anderes, als mit dem Bewusstsein eines Menschen zu arbeiten. In mancher Hinsicht war der Lebensstil des Hundes Barney die Vorbereitung auf die Lebensweise eines Nomaden, der eine Herde hütet und Sprachprobleme hat, und der sich darauf spezialisiert, andere in energetischer Beziehung zum Tod und Sterben zu öffnen. Es war deshalb wichtig, dass einige meiner ›Dateien‹ von Barney ins Bewusstsein geholt wurden, damit sie Hahmend eingepflanzt werden können, und dass ihm dieses Bewusstsein in gewissen Phasen seines Lebens zur Verfügung stehen wird.

Zeit und Übergänge

Lass uns noch mehr über den Übergangsprozess reden, beharrte Barney. *Aber zuerst wollen wir klarstellen, dass ich eine Erklärungsweise verwende, die symbolisch und nicht wörtlich zu nehmen ist. Außerdem ist es wichtig, zu verstehen, dass es viele Methoden gibt, mit denen sich die Wege des Übergangs beschreiben lassen, und ich werde mein Bestes tun, mehrere aufzuzeichnen. Auch der Faktor Zeit muss berücksichtigt werden.*

Ihr seid von eurer Zeitversion so fest überzeugt, dass es schwer ist, sie loszulassen, und dadurch wird diese Zeitstruktur zu einem Teil eurer (menschlichen) Denkweise. Wenn ihr jedoch neue Zeitversionen ausprobiert, erweitert ihr eure Fähigkeit, bewusster zu sein.

Zum Beispiel konzentriert sich Zeit-Überlappung auf die Gleichzeitigkeit von Zeit: das ist, als würdest du zwei oder mehr Zeitsegmente überlappen. Wie du er-

lebt hast, werden bei einer Version verschiedene Schichten des Selbst – als Kind, Teen und älteres Selbst – zur gleichen ›Zeit‹ und im selben Bewusstsein erlebt.

Eine andere Variante nennt sich Zeitfenster. Ein Fenster lässt sich öffnen oder schließen; es ist ein besonderer Rahmen, durch den man hindurchsehen kann – von innen nach außen, von einem Zimmer in ein anderes, von einer Wand an die andere. Während es bei sich überlappender Zeit um Gleichzeitigkeit geht, handelt es sich bei Zeitfenstern eher um so etwas wie Portale, die es einem ermöglichen, Zeitrahmen miteinander zu verbinden oder von einem zum anderen zu reisen. Zeitfenster können sich auch auf eine Phase beziehen, in der ein bestimmtes Ereignis stattfindet. Das heißt, ein Zeitfenster erlaubt es dir, Dinge fixiert zu sehen. Das ist nützlich für Menschen, die eine innere Struktur brauchen, in der sie eine bestimmte Aufgabe ausführen. Manche spirituellen Lehrer sind aus diesem Grund sehr daran interessiert, Zeitfenster zu verwenden.

Erinnere dich daran, dass die Zeit eine Software ist, durch das du bewusst wahrnehmen kannst. ›Zeit‹, wie du sie kennst, ist nur ein Programm – eine Methode, mit der sich die Realität erleben lässt, damit sie einen Sinn ergibt. Aus so manchem Blickwinkel der Seele existiert Zeit nicht; auf anderen Ebenen verläuft Zeit viel fließender, als du sie verstehst.

Lass uns eine Position fließender Zeit einnehmen – das heißt, wir werden die Methode oder den Begriff ›Zeit‹ anwenden, um bestimmte Vorstellungen und Abfolgen auszudrücken, obwohl wir ein größeres Zeitkonstrukt einbeziehen werden und nicht die buchstäbliche (chronologische) Interpretation, an die ihr gewöhnt seid – um den bewussten Übergang besser verstehen zu können. In Ordnung?

Ich nickte interessiert.

Wir wollen das nützliche Konzept der Zeitüberlappungen innerhalb eines flüssigen Verständnisses von Zeit anwenden. Als ich noch der Hund Barney war, zitterte ich mit dem Körper und starrte in die Ferne als Mittel, einen Teil meines Bewusstseins mit meinem Übergang zu überlappen. Während der Vorbereitungen auf den bewussten Tod versuchte ich, mein Bewusstsein (die Summe meiner Erlebnisse als Hund Barney) mit dem spirituellen Körper zu verlinken, den ich als Leiter unserer Gruppe annehmen würde. Du musst jedoch berücksichtigen, dass der Leiter dieser Gruppe schon immer existiert hat und dass es ihn immer geben wird – wann immer diese spezifische Art des Seins aktiviert wird.

Der Hund Barney versuchte, bewusste Informationen im Geistführer Barney zu speichern – in gewisser Weise einen Kanal zu öffnen, damit die Informationen in beiden Richtungen strömen konnten. Das kommt dem sehr nahe, worum es beim bewussten Sterben geht: Es geht darum, einen offenen Kommunikationskanal zu schaffen – eine echte Öffnung des multidimensionalen Portals. Und wenn sich ein Aspekt öffnet, wird es auch für andere Aspekte leichter und zugänglicher, sich ihm zu öffnen. Nenne es einfach die ›Theorie des hundertsten Affen‹[6] auf der Ebene der vieldimensionalen Selbste.

Ich lächelte über den kleinen Scherz, während Barney fortfuhr.

Während ich nun eine weitere Inkarnation beginne, kann ich diesen Kanal nutzen – das Wissen anwenden, wie man das tut, und den eigentlichen Kanal nutzen – und einen Zugangsfluss in ein anderes Wesen legen. Ich spreche hier vom bewussten Sterben; das tun nicht etwa alle Wesen.

Nebenbei wollen wir uns eine typischere Art der Inkarnation ansehen. Sie kann eine Öffnung zum Tod sowie die Erinnerung und den Rückblick auf die Lebenshandlungen beinhalten, die Integrierung von etwas ›Zeit‹ und die Erneuerung der eigenen Energien, gefolgt von Plänen für einen weiteren Ausflug ins körperliche Leben. Bei der Geburt findet ein Abschalten oder Vergessen statt, da der Fokus darauf gerichtet wird, den neuen Körper und die neue Welt kennenzulernen, um auf diese bestimmte Weise mehr über sich zu erfahren.

Viele Wesen der Erde werden immer wieder in diese Welt hineingeboren. Es ist, als wäre das ihr einziger Fokus: die Erde. Es existieren keine anderen Optionen für sie. Das heißt jedoch nicht, dass keine anderen existieren würden, denn wenn man sich bewusst öffnet, sieht man viele andere Möglichkeiten: andere Planeten, Galaxien, Dimensionen; andere Realitäten des Seins. Aber das ist wieder ein anderes Thema.

Lass uns bei der Erde bleiben, ohne zu vergessen, dass es diese anderen Möglichkeiten gibt. Auch hier sind viele Fäden zu finden, und um überhaupt darüber sprechen zu können, muss man sie auf eine Art und Weise in Kategorien unterteilen, die nicht unbedingt akkurat ist.

Irgendwelche Fragen?

Auch wenn das Ganze ziemlich schnell ging, machte mich eines neugierig. »Kannst du die Verbindung zwischen dem bewussten Tod und dem, was man eine bewusste Geburt nennen könnte, näher erklären?

6 Der »hundertste Affe« bezieht sich auf eine notwendige Anzahl von Wesen, die ein neues Bewusstsein erlangen. Wie die Theorie besagt, ist das Bewusstsein an diesem Punkt nicht länger auf den bewussten Bereich dieser bestimmten Individuen beschränkt, sondern wird ein Teil des Gruppenbewusstseins und daher leichter verständlich und zugänglich für alle.

Anders gesagt: An wie viel wirst du dich in deinem nächsten Leben noch erinnern?«

Gute Frage. Und es ist richtig, die beiden miteinander zu verbinden, denn der Sinn und Zweck des bewussten Todes ist, sich mit einem intakten Bewusstsein durch die Realitäten zu bewegen. Ich möchte dich erneut daran erinnern, dass das ›Bewusstsein‹, von dem ich als einem Übergang zwischen den Leben spreche, etwas anderes ist als das, was du im täglichen Leben als Bewusstsein verstehst.

Das Bewusstsein, von dem ich rede, befasst sich weitaus mehr mit einer multidimensionalen Sicht auf die Realität. Es geht eher darum, alle Selbste ins Bewusstsein zu bringen – anders ausgedrückt: Es geht nicht so sehr um das Wissen ›Zuerst war ich diese Person und dann jene und danach die‹. Es ist vielmehr die Anerkennung vor dem fließenden Wesen der Zeit und ein gleichzeitiges ›Festhalten‹ an den Aspekten seines Selbstes innerhalb des bewussten, angenommen Körpers. In gewisser Weise bedeutet es, ›das höhere Selbst‹ der Seele in die physische Existenz einzubinden.

»Ist es das, was manche Leute mit Aufstieg meinen – nicht unbedingt, dass der Körper in den Tod hinübergenommen wird, sondern das Physische zu spiritualisieren im Hier und Jetzt?«

Ja, es geht darum, spirituelles Bewusstsein ins eigene körperliche, geistige, emotionale Wesen einzubringen, also diese spirituelle Dimension auszudehnen in das, was gewöhnlich als Gegenwart, in diesem Zeitrahmen, bekannt ist. Wieder ist das nicht ganz einfach zu erklären, da eure Sprache diese Konzepte auf bestimmte Weise einschränkt. Nebenbei bemerkt ist es sinnvoll, im Auge zu behalten, dass eure Sprache durch ihr Wesen ziemliche Vorurteile aufweist, da sie gewisse Realitäten voraussetzt und dadurch auch bestimmte Wirklichkeiten erschafft.

Barney hielt inne, und ich spürte, dass gleich ein kleiner Umweg folgen würde.

Hast du gewusst, dass das Lernen und Studieren verschiedener Sprachen auch ein Weg ins Multidimensionale ist?, fragte er. *Solange das Individuum bereit ist, jenseits des buchstäblichen Verstehens hinauszugehen, darüber hinauszugehen, immer nur eine Fremdsprache in die Muttersprache zu übersetzen – solange ein Individuum willens ist, die einzigartige Realität, die von jeder Sprache erzeugt wird, zu betreten und anzuerkennen, setzt dieses Individuum einen Fuß in die Tür des Multidimensionalen.*

In gewisser Weise dient auch die Tierkommunikation dazu. Wenn man mit Tieren spricht, öffnet man sich einem ganz anderen Verständnis der Welt. Manche Menschen glauben es dir aus diesem Grund nicht – es unterscheidet sich zu sehr von der Realität ihres Alltags. Wie du weißt, ist es für das Ich nicht einfach, sich zu ändern.

Auch Shapeshifting ist aus diesem Grund wichtig. Darauf sind wir zwar schon eingegangen, aber es ist so bedeutend, dass ich es noch einmal betonen will: Indem man in einen anderen Körper wechselt, indem man das Bewusstsein oder eine alternative Perspektive teilt, kann man die unterschiedlichen Variationen der Realität, die gleichzeitig existieren, besser verstehen. Die Wirklichkeit ist in diesem Sinne wahrlich eine ganz individuelle Erfahrung. Doch welche tollen Realitäten lassen sich individuell und im Gruppenprozess erschaffen! Dazu steuern alle individuellen Realitäten zur größeren Wirklichkeit bei, unabhängig davon, ob man sich dieser Tatsache bewusst ist oder nicht.

Hahmend

Um zu deiner Frage zurückzukehren: Wie bewusst werde ich in meinem Leben als der Nomadenschäfer Hahmend sein? Manche Wesen behalten über ihre Geburt hinaus ein waches Bewusstsein. Es gibt Geschichten und Legenden von Babys, die mit vollem Wissen über sich selbst sprechen, und so etwas ist tatsächlich möglich. Doch meistens ist das nicht der Fall, und erwachte Wesen ziehen es häufig vor, es für eine gewisse Zeit zu ›vergessen‹, um andere nicht zu beunruhigen. Meistens sprechen Babys nur aus einem bestimmten Grund, wie im Fall von Buddha oder bestimmten tibetanischen und buddhistischen Mönchen, die auf diese spezifische Weise die Verbindung aufrechterhalten wollen. Andere Kulturen weisen ähnliche Merkmale auf, die von neugeborenen Wesen als Mittel angewendet werden, um die Gemeinschaft auf ihre spezifische Rolle hinzuweisen.

Was mich betrifft, so werde ich mich als Hahmend am Anfang in den Schleier des Vergessens hüllen. Es wird während meiner Kindheit Öffnungen des Bewusstseins geben. Sie dienen mir als Gedächtnisstütze, und alle wurden von mir selbst ›ausgelegt‹. Das berührt die überlappende Natur der Zeit. Aus einer Perspektive könnte man sagen, dass Barney als Seele sein nächstes Leben vorprogrammiert, damit Hahmend sich an bestimmten Punkten zurückerinnert. Es gibt davon Varianten – andere Helfer können in spiritueller Form auftauchen, entweder durch Tiere oder Menschen oder als plötzliche Erinnerungen, Träume, Déjà-vu-Erlebnisse und so weiter, um das Vehikel Hahmend zu öffnen. Es ist wichtig, zu verstehen, dass die Erinnerungen schon vorhanden sind. Tatsache ist, es bedarf Energie, um den Schleier des Vergessens intakt zu halten.

Hahmend wird den zusätzlichen Vorteil genießen, keinen Bedarf an der konventionellen Sprache zu haben. Seine telepathischen Fähigkeiten werden sich früh entwickeln, auch sein emotionaler Körper. Er wird Gefühlen gegenüber sensibilisiert sein – in einer Weise, die man als Aura und andere energetische Realitäten bezeichnen würde. Da von ihm keine große Kommunikation mit anderen Menschen erwartet wird, besitzt er die Freiheit, sich auf eine tiefere Weise zu erforschen. Er erhält das Geschenk der Freiheit, von der generell als gültig angesehenen Realität ausgeschlossen zu sein. Als ›Außenseiter‹ kann er mit anderen Methoden arbeiten, die aus energetischer Sicht für die gesamte Gemeinschaft sehr notwendig und wertvoll sind.

Wenn Hahmend es beschließt, wird er vollends in seine anderen Leben erwachen. Das wird ihm überlassen bleiben, und es wird interessant sein, zu sehen, ob und wann er es tut. Wir werden alle im Hintergrund anwesend sein. Das sind wir immer – genauso wie alle deine Dawns ständig in deiner Umgebung anwesend sind, und so wie die Selbste aller Menschen immer bei ihnen präsent sind. Es kommt auf den bewussten Fokus des Individuums an, wie viel davon das individuelle Vehikel sehen will – und wie deutlich.

Wenn man kontinuierlich mehr seiner Selbste erlebt, beginnt man auch, für andere Selbste offen zu werden. In Wahrheit sind wir alle eins. Das wurde zwar immer wieder gesagt, doch es zu sagen und es mit dem Mentalkörper zu verstehen, ist etwas ganz anderes, als es im physischen Bewusstsein zu erleben. Aber wenn man dafür erwacht, integriert sich das spirituelle Selbst tiefer in das körperliche. Das entspricht den Vorstellungen vom Himmel auf Erden sowie von Aufstieg und Erleuchtung – in allen Variationen. Man erwacht in eine größere Wahrnehmung, in ein tieferes Verständnis und zu einer bewussteren Sicht der eigenen Gegenwart in der Realität – in die eigene Gegenwart als Schöpfer der Realität. Und das ist wirklich eine wundervolle Entwicklung.

Kreative Inkarnationswege

Wir wollen noch einmal wiederholen, dass das Shapeshifting einen zentralen Fokus beinhaltet, während ein verwurzeltes ›Du‹ stattdessen die Perspektiven verlagert, begann Barney wie erhofft am nächsten Morgen seine Zusammenfassung. *Unsere Vorstellung von Shapeshifting umfasst das Verschmelzen mit anderen Bewusstseinsformen, damit ein tieferes, vollständigeres Erleben verschiedener Weltansichten, Gedankenprozesse, emotionaler Vorgänge, Gefühle der körperlichen Existenz und vieler anderer Aspekte erforscht werden können. Mit anderen Worten: Das Zentrum deines verwurzelten Du verschmilzt mit anderen, um das Wesen dieser anderen zu erfahren. Dann kehrt das Du ins ›körperliche Zuhause‹ zurück, um die so gewonnenen Informationen zu verarbeiten und zu lernen, was es für dich im Laufe deines Lebens und deiner Entwicklung bedeutet.*

Eine weitere Form des Shapeshiftings konzentriert sich darauf, verschiedene Aspekte des höheren Du zusammenzubringen. Diese Version lässt dich mit deinen anderen Selbsten zusammenarbeiten – sie erlaubt es dir, durch ihre Augen zu sehen, den Rahmen ihres Lebens (in anderen Zeiten, in anderen Körpern) zu erkennen, damit du deinen eigenen besser verstehst.

Wir wollen uns daran erinnern, dass es viele kreative Wege gibt, wie ein spirituelles Wesen inkarnieren kann. Zum Beispiel wählen manche Wesen eine Serie von Inkarnationen in einer Reihe aus Zeit- und Raumkoordinaten aus. Eine Variante ist die Inkarnation im selben Raum (Ort), jedoch zu unterschiedlichen Zeiten. Das ist häufig der Grund, warum einige sich mit einem bestimmten Ort stark verwurzelt fühlen – nämlich weil viele der anderen Selbste dieses spirituellen Wesens dort schon leben, wenn auch in anderen Zeiten. Eine ähnliche Methode ist die Inkarnation in dieselbe Zeit, aber in verschiedene Raumkoordinaten. Stell dir diese Wesen als gleichzeitig vor, auch wenn sie an unterschiedlichen Orten ›Raum einnehmen‹.

Bei einer anderen Version startet man in denselben Zeit-/Raumkoordinaten, aber in verschiedenen ›Arten des Werdens‹. Das bedeutet, dass das spirituelle Wesen in einen Körper inkarniert, wenn auch auf vielen Flüssen oder Strömen von Zeit/Raum. An bestimmten Stellen, an denen das Wesen eine Wahl treffen muss, trennt sich ein Wesen ab und folgt einem bestimmten Kurs, so dass jedes der Wesen über das eine Leben verteilt (das dann zu vielen verschiedenen Leben zu werden scheint) eine andere Richtung einschlägt. Da die Anfänge gleich waren, ermöglicht dies eine Vielzahl an Erfahrungen, vielseitige Wege, die gegangen werden, und das alles in einem Leben (aus dem viele Leben entstanden sind).

Bei einer weiteren Variante finden die Inkarnationen in ähnlichen Zeit-/Raumkoordinaten statt, wenn auch in unterschiedlichen Formen – wie zum Beispiel als Tier, Pflanze, Mensch und sogar als Wetterzustand. Das scheint eine fortgeschrittenere Methode zu sein, doch lass uns nicht vergessen, dass Shapeshifting von Natur aus eine sehr flexible Kunst ist und wir in Wahrheit alle die oben beschriebenen Methoden anwenden.

Um zum Kern des Shapeshiftings zurückzukehren: Wir wollen uns für einen Augenblick vorstellen, das Ziel einiger dieser unterschiedlichen Inkarnationen sei, die Wahrnehmung der Selbste eines höheren Geistwesens zu öffnen. Manchmal beschließt ein spirituelles Wesen, zwei oder mehr Aspekten seines Selbst zu begegnen, um ein Erwachen zu beschleunigen oder zu intensivieren. Das dient als Erinnerungsstütze, weil jeder das Bewusstsein des anderen anstößt.

Wen man erwacht, vor allem im Zusammenhang mit Shapeshifting, fängt man an, Kontrolle zu erlernen. Das erlaubt es dem Schüler – und ermutigt ihn oft sogar –, bewusst andere Aspekte seines Selbst kennenzulernen. Die jeweilige Prägung einer solchen Begegnung hängt vom ursprünglich verwendeten Format ab. Das heißt, manche konzentrieren sich auf ›vergangene‹ und ›zukünftige‹ Leben, weil es ihre Art war, zu verschiedenen Zeiten zu inkarnieren. Manche fühlen sich zu einem bestimmten Ort hingezogen, während andere womöglich den Drang verspüren, bestimmten Individuen zu begegnen, um das Wesen zu suchen, das sie noch nicht kennen (das Konzept ›Seelengefährte‹ spielt hier häufig eine bedeutende Rolle). Und in anderen Versionen treffen wir auf Wesen aus der Tier- oder Pflanzenwelt und so fort. Es gibt so viele mögliche Varianten, wie man sich auf kreative Weise ausmalen kann – und noch mehr. Die Möglichkeiten sind unerschöpflich!

Ein anderer Weg, wie man sich das vorstellen kann, ist die eines großen spirituellen Wesens, das mehrere Aspekte seiner selbst ausweitet, um die Realität auf unterschiedliche Weise zu erfahren. Jeder Aspekt hat ein Leben – eine Persönlichkeit mit einer bestimmten Aufgabe. Während jeder Aspekt an spirituellem Bewusstsein gewinnt, wird er sich der anderen bewusster. Viele Wesen haben vor, diese Aspekte des Selbst miteinander zu vernetzen – um ›Treffen‹ zu veranstalten, damit das bewusste Erwachen, die Erfahrung und die spirituelle Entwicklung in einer größeren Form erfolgen können.

Das bedeutet, wenn du deinen anderen Selbsten begegnest, lernst du nicht nur verschiedene Perspektiven und mehr über die Welt um dich herum (und in dir) zu schätzen und zu verstehen, sondern es gibt dir auch die Möglichkeit, dich durch Co-Erfahrungen – beide Seiten von dir (das heißt, alles von dir) – über diese Begegnung und Verschmelzung weiterzuentwickeln.

Interessant ist, dass dies in früheren Zeiten auf der Erde eine Schlüsselrolle des Shapeshiftings war. Das zeigt sich häufig vor allem in der Erschaffung neuer Welten, oder wenn die Evolution sehr schnell stattfindet. Viele Tier- und Pflanzenarten praktizieren Shapeshifting, um sich mit anderen Spezies vertrauter zu machen und dadurch das Entwicklungspotenzial zu fördern. Das Teilen gemeinsamer

Ressourcen, von Wissen, Weisheiten und Erfahrungen ist immer möglich, auch wenn manche Spezies öfter davon Gebrauch machen als andere. (Bakterien gehören zum Beispiel zu den stärksten Shapeshiftern unseres Planeten.)

Wenn du dich entschließt, die ganze Tonleiter der evolutionären Möglichkeiten (das meistens bei der Auseinandersetzung mit unterschiedlichen Spezies anfängt) zu erforschen, stellst du vielleicht fest, dass es bei der Evolution einfach darum geht, immer mehr Aspekte des Selbst auszuprobieren. Es geht darum, dass der Geist oder die Essenz sich durch verschiedene Formen, Gesichter, Körper, Gedanken und Vorstellungen erlebt.

Shapeshifting bedeutet, sich diesem Ganzen zu öffnen, damit das Ganze erlebt werden kann. Es macht keinen Unterschied, welchen Körper man trägt – auch wenn manche physischen Formen einzigartige Fähigkeiten ermöglichen, dem Ganzen Ausdruck zu verleihen und es zu begreifen. Und deswegen ist Shapeshifting im Körper so lehrreich, weil man anfängt, die unglaubliche Vielfalt der Lebenserfahrungen über die unbegrenzten Wege zu erleben, die das Leben bietet.

Die Kunst des Höheren Lebens

Ich lehnte mich mit einem Seufzen zurück. Barney hatte die Angewohnheit, den Fokus auf so viele unerwartete gewundene Wege zu richten, dass ich manchmal das Gefühl hatte, als wäre allein unser Gespräch eine Form von Shapeshifting. Und trotzdem brachte Barney es wieder einmal auf den Punkt:

Wenn man die Kunst des bewussten Sterbens beherrscht und anwendet, wird man zu einem gewissen Grad in die Kunst des Höheren Lebens eingewiesen. Wir verwenden diesen Begriff auf eine lockere Art, um einen Schritt in eine andere dimensionale Perspektive zu beschreiben. In Wahrheit gibt es immer einen weiteren Schritt hin zum ›Höheren Leben‹ – das heißt, einen Übergang, eine Verbindung, einen Schritt hin zu etwas Erweitertem. Für dich bedeutet das etwas, das noch mehr Spaß macht.

Ich lachte, während Barney sich verabschiedete und mir eine Ruhepause gab, um das zu verarbeiten. Auf einem langen Spaziergang am Nachmittag wurde mir klar, dass *die Kunst des Höheren Lebens* ein Begriff war, den Zak und Barney schon früher verwendet hatten – wenn auch auf subtile Weise. Nun spürte ich darin die Anfänge einer viel größeren Entfaltung.

›Die Kunst des Höheren Lebens‹ ist ein Hingucker, bestätigte Zak ein paar Tage später nüchtern. *Es ist ein ›Lockmittel‹ – eine Methode, um deine Gedanken und Vorstellungen, wie du das Leben auf eine Weise leben kannst, die dich fähiger macht, tiefere, größere, bessere, fokussiertere und lebendigere, herausfordernde und verbindlichere Aspekte des Wesens, das du bist, wahrzunehmen, zu empfangen und zu erfahren. Ich spreche hierbei jeden an – jeden, der diese Worte liest.*

Ich habe schon mal die Notwendigkeit kleiner Tode erwähnt, kleiner Chancen des Loslassens, um leichter zu werden und die Lasten loszulassen, die einen herunterziehen. Shapeshijting ist ein Mittel, um das zu erreichen, denn wenn man den Griff lockert und aus immer mehr Perspektiven sieht, gewinnt man ein umfangreicheres Wissen und Verständnis – und Erfahrung – all dessen, wer wir sind.

Das Leben auf diesem Planeten entfaltet sich auf eine einzigartige Weise. In dieser Entfaltung liegt Humor – sowie Schönheit und Geduld, Liebe und Angst. Die Art, wie du deine Welt siehst, hängt davon ab, welchen Bezug zur Welt du hast. Das ist auch der Bezug, den du zu dir selbst hast. Ist dein Bezug der eines Opfers? Eines Eroberers? Einer Mutter oder eines Vaters oder eines Kindes? Eines Liebhabers? Eines Heilers? Oder vielleicht der eines Yetis? Es gibt viele Möglichkeiten, Variationen und Geschmacksrichtungen.

Wie deine Erfahrungen mit Shapeshifting dir womöglich gezeigt haben, sind alle Perspektiven berechtigt. Alle Geschmacksrichtungen sind wunder-voll. Alle Blickwinkel bieten Offenbarungen.

Die Kunst des Höheren Lebens ist so etwas wie ein Selbststudium. Sie bedeutet, dass du dich fragst, wie du einen tieferen Bezug zur Welt und gleichzeitig einen weiteren Bezug zur Welt herstellen kannst. Damit meine ich, eine Anzahl von Zielen, eine Vielfalt an Perspektiven zu haben und auf eine Weise vorzugehen, die dich der Zwischenbezüge von allem bewusst macht.

Mit einem leisen Stöhnen schloss Zak die Augen und Barney übernahm.

Wovon Zak spricht, ist eine Verlagerung des Bewusstseins – eine Angleichung an eine andere Ebene der Zusammenarbeit mit der Welt, mit sich selbst und anderen. Eine andere Art des Bezugs zu allem, was ist. Wir sind seiner Meinung: Das Shapeshijting ist ein Werkzeug, eine Methode, anhand derer manche lernen und die Prüfung für die nächste Ebene des Lebens schaffen können. Oder wie man es noch ausdrücken könnte: Sich in diese Art des Lebens auszudehnen.

Genauso wie der Tod ein Übergang von einem Raum zum nächsten ist, steckt in dieser Erweiterung die Verlagerung von einem Zustand des Seins zum nächsten. Wenn du in den nächsten Raum eintrittst – den wir die Kunst des Höheren Lebens nennen – wirst du aufgefordert werden, dich zu erinnern, dich für eine breitere, vollere, ›bewusstere‹ Bewusstseinserfahrung zu öffnen. Eine Erfahrung, bei der du dir nicht nur der vielen Facetten deines täglichen Lebens (einschließlich deines unbewussten Lebens, deines Traumlebens, deines geistigen und emotionalen Lebens und so fort) bewusst sein wirst, sondern auch der vielen Selbste, die mit dir als alternative Ausdrücke deiner selbst auf der Seelenebene zusammenarbeiten.

Wenn du mit einem anderen Wesen verschmilzt, verschmilzt du mit einem anderen Aspekt deiner selbst, des einen, von dem du ein Aspekt bist. Zak hat Recht: In dieser Entfaltung steckt Humor. Hier gibt es nichts zu ›lösen‹ – hier gilt es nur, immer mehr Facetten von dir herauszufinden und anzuerkennen.

19

Neue Ichs

Barney hatte mich schon eine ganze Weile dazu ermutigt, mit dem Mitglied unserer Gruppe, das Tau genannt wurde, in Verbindung zu treten. Obwohl ich Barneys Ansichten und Empfehlungen schätzte, widerstrebte es mir immer wieder, mit Tau zu sprechen. Ich war mir zwar über den Grund nicht im Klaren, aber ein Nebel aus Gleichgültigkeit hatte mich bisher davon abgehalten, von mir aus mit ihm ein Gespräch anzufangen.

Also blieb es Barney überlassen, diese Begegnung eines Vormittags herbeizuführen, indem er ohne Umschweife sagte: *Tau würde gern mit dir reden und einen Dialog über verschiedene Arten der Realitätswahrnehmung anfangen.*

Und ohne mir die Chance zu geben, darauf zu antworten, begann der Dialog: *Ich bin Tau. Hast du irgendwelche Fragen vorab?*

»Hm«, zögerte ich widerstrebend. »Vielleicht kannst du mir ein bisschen mehr über dich und woher du kommst sagen?«

Es ist hochinteressant, deinem Leben zusehen zu können und der Art zu folgen, wie du deine Gedanken denkst und die Welt wahrnimmst. Wie ich schon erwähnt habe, ist das ganz anders als die Art, an die ich gewöhnt bin, mit einer bestimmten Realität zu interagieren.

Ich existiere in der spirituellen Welt – das heißt, das Ich, das gerade mit dir spricht, ist in der spirituellen Welt verwurzelt. Ich bin mir jedoch mehrerer meiner Selbste bewusst; die meisten von ihnen leben in anderen Galaxien und andersdimensionalen Welten. Ich bin mir fünf dieser Selbste bewusst, auch wenn mir gesagt wird, dass es noch zahlreiche weitere gibt. Ich war schon früher in dieser Gruppe, war dann aber für längere Zeit abwesend und bin jetzt zurückgekommen, um Informationen auszutauschen. Man könnte mich mit einem Anthropologen vergleichen, der weggeht, um ferne Kulturen zu erforschen, und dann nach Hause zurückkehrt, um Vorlesungen über sie zu halten.

Ich beteilige mich nicht nur wegen meines Interesses an der Art, wie du und andere die Wirklichkeit wahrnehmen, an der Shapeshifting-Gruppe, sondern auch, weil ich an dem interessiert bin, was ihr ›Träume‹ nennt. Das ist die Art und Weise, wie ich mich mit dem Shapeshifting verbinde. Ich habe viel Reiseerfahrung als Shapeshifter in der Traumwelt – manchmal als große schwarze Raubkatze, die sich im Dschungel bewegt und in die Bäume springt. Ich habe auch schon andere Formen angenommen, aber in dem Gebiet, das ihr Südamerika nennt, arbeite ich mit Schamanen und Reisenden; ich helfe ihnen, durch bestimmte Tiere Informationen zu sammeln. Die Informationen beziehen sich hauptsächlich auf das Weltall – ich unterstütze sie oft dabei, wenn sie aus ihrem Körper schlüpfen und über den Dschungel hinaus nach oben in den Außenbereich dessen, was als der Kosmos bekannt ist. Dort arbeiten wir mit allen möglichen Traumbildern – wenn auch nicht mit nächtlichen Träumen, wie ihr sie kennt –, sondern mit einer Art von Träumen, die in der Tiefe der Seele erzeugt werden und sich in der realen ›Raum-Zeit‹ manifestieren. Manchmal reisen wir in vorexistente Traumlandschaften, an Orte, die in anderen Dimensionen schon existieren. Zu anderen Zeiten erschaffen wir Traumlandschaften oder reichern sie an, und manchmal bauen wir auch neue Welten auf, errichten neue Landschaften, wenn auch meistens nur gemeinsam mit sehr erfahrenen Schamanen und Shapeshiftern.

Wenn du dir ein Bild von Schamanen im Dschungel vorstellst, kann ich dir helfen, dich mit ihnen zu verbinden. Dann kannst du mehr über das lernen, was ich in diesen Traumreisen tue. Ich würde es auch zu schätzen wissen und als Ehre ansehen, wenn du mir erlaubst, deine Welt zu sehen, ein ›Gast‹ deines Bewusstseins zu sein – wenn das für dich akzeptabel ist. Dadurch könnten wir Informationen teilen und dir eine bewusste Erfahrung darüber geben, wie es sich anfühlt, Gastgeber einer Verlagerung dieser Art zu sein.

»Du bist als Gast jederzeit willkommen«, bot ich ihm an.

Danke. Ich werde in eurer Zeit der Zukunft Verbindung mit dir aufnehmen, und dann tauschen wir noch mehr aus.

Der Illusion nachgeben

Hier ist Tau, verkündete er am nächsten Morgen. Ich musste über seine höfliche Beharrlichkeit lächeln und zugeben, dass mir seine Gegenwart weitaus mehr gefiel, als ich erwartet hatte.

Du fragst dich vielleicht, warum wir beide von unserer Gruppe als Team zusammengebracht worden sind. In vielerlei Hinsicht befinden wir uns auf derselben Entwicklungsstufe, wenn auch in einer anderen Erfahrungssphäre. Deswegen haben wir vieles, was wir miteinander teilen können. Ich möchte dir ein paar der Sichtweisen mitteilen, wie ich die Welt wahrnehme. Und vielleicht tust du dasselbe für mich. So können wir durch den Dialog und gewisse Erlebnisse miteinander wachsen, uns gegenseitig Dinge beibringen und voneinander lernen. Würde dich das interessieren?

»Natürlich«, sagte ich. »Das weißt du doch.«

Also gut, dann fange ich an. Wie ich schon erwähnte, bin ich so was wie ein Abenteurer, vor allem, wenn es darum geht, von anderen Kulturen zu lernen. Ihr auf der Erde denkt dann hauptsächlich an das Erforschen fremder Kulturen, aber da, wo ich herkomme, untersuchen wir Völker von anderen Planeten, Galaxien und Realitäten und auch aus anderen Zeitperioden und Dimensionen. Darauf habe ich mich spezialisiert. Ich reise in beidem, in Zeit und Raum, um von anderen Wesen durch eine Vielfalt ihrer Leben und manchmal auch eine Vielzahl ihrer Selbste zu lernen.

Hier sind einige der Grundsätze, so wie ich sie sehe: Die Seele erlebt sich auf vielseitige Weise. Die Individuation der Seele – was ihr eine Seele oder eine Gruppe von Selbsten nennen würdet – lässt sich als ein Strang vorstellen, so etwas wie eine kosmische DNS, die beschließt, sich weiterhin zu individualisieren, sich einer Vielfalt von Leben und Lehren zu unterziehen.

Die Vorstellung vieler Menschen auf der Erde – nämlich dass es eine Seele gibt, die Lebenserfahrungen macht – ist eine simple Version davon. Nach meinem Verständnis ist deine Person nur ein Beispiel deines höheren Wesens – viele alternative Aspekte des Selbst lernen und erfahren das Leben gleichzeitig. Darin liegt eine große Vielfalt, und so kann sich deine Seele jede Form aussuchen, um sich zu manifestieren oder zu inkarnieren. Viele auf der Erde nutzen ihre Software nicht, um dies auf einer Erfahrungsebene zu spüren.

Die meisten Wesen, mit denen ich zusammenarbeite, wenden ihre Software an. Eine meiner Aufgaben besteht darin, die alternativen Aspekte des Selbst der verschiedenen Wesen, denen ich begegne, zu besuchen und sie zu interviewen. Es ist, als würde ich eine objektive Sichtweise annehmen, so wie eure Anthropologen es tun – auch wenn ich über mich selbst lerne, während ich über andere lerne. Ich bin mir sehr bewusst, dass ich mich immer besser verstehe, wenn ich andere sehe – indem ich in den Spiegel meiner Realität blicke.

Du kannst es mit einem Journalisten vergleichen, der mehr über eine bestimmte Person erfahren möchte. Zusätzlich zum Interview mit dem Individuum könnte der Journalist auch die Eltern, Geschwister, Freunde, Liebhaber und so weiter befragen, um sich ein größeres Bild von dem Menschen zu machen. Das ist es, was ich tue, auch wenn die Wesen, die ich interviewe, merken, dass sie in ihrer Essenz alle miteinander verbunden sind – sie sind alle eine andere Version desselben Wesens.

Mir rannte ein Schauer über den Rücken, und zwischen meinen Augen blitzte plötzlich ein Verstehen auf. »Es ist kein Zufall, dass du ausgerechnet mit mir darüber sprichst, nicht wahr?«

Aha! Ich war mir nicht sicher, ob du es so schnell erkennen würdest.

»Du bist ich?«, stammelte ich. »Ist das der Grund, weshalb du mit mir redest? Ist es, weil du auch ich bist?«

Kein anderer! Ich bin du in unserer Gruppe, du aus einer anderen Zeit, einer andersdimensionalen Welt. Ich arbeite mit allen anderen Selbsten zusammen. Meine Aufgabe ist es, uns zusammenzubringen, uns zu vereinen und jedem von uns zu helfen, sich der anderen bewusster zu werden.

Wie ein Dominoeffekt wurde mir der Grund klar, warum es mir so widerstrebt hatte, mit Tau zu sprechen. Plötzlich wurden mir auch viele andere Dinge klar. Es fühlte sich an wie zu viel, was zu schnell auf mich hereinprasselte, und ich versuchte, es abzuschütteln.

»Das ist zu kompliziert für meinen Verstand«, protestierte ich in der vollen Absicht, das Gespräch an diesem Punkt zu beenden.

Atme tief ein, sagte er freundlich und langsam. *Wir arbeiten alle zusammen. Die meisten von uns sind auf demselben Level. Wir sind bereit. Wie unser Freund Zak bemerkt hat: ›Man erwacht, wenn man dafür reif ist!‹ An diesem Punkt fangen wir damit an, unsere Wesen zu verschmelzen, das Wissen, die Erfahrungen, die Weisheit, die Gefühle – einfach alles, was uns ausmacht – zusammenzutun, um für unser Einssein offener zu werden.*

In Wahrheit sind wir alle eins. Jeder von uns.

Dies ist deine Dawn. Glaubst du, du wurdest nur zufällig Dawn (=Morgendämmerung) getauft? Es ist ein Teil dessen, wer du bist, der in diesem Leben aufwachen soll, um sich mit dem Gesamten deines Wesens, unserem Einssein, zu verbünden und sich ihrer bewusst zu werden.

Eine kindische Welle des Trotzes stieg in mir hoch. »Woher weiß ich, dass das nicht nur verrücktes Gerede ist?«, beklagte ich mich. »Ich habe das Gefühl, immer wenn ich etwas Boden unter den Füßen gewinne, wird der Teppich wieder weggezogen. Gerade ist es mir noch gut mit dir ergangen, und jetzt – hör dir an, was du sagst!«

Ist es so schwer, zu glauben, dass wir eins sind? Ist das nicht auch das, was dir die Tiere immer wieder sagen?

»Na ja, okay, viele Tiere sagen das.« Aber etwas zu wissen – oder sogar vom Verstand her zu akzeptieren – ist nicht dasselbe wie, es in der Tiefe zu fühlen. Wieder wurde ich von einem Angstschauer ergriffen.

Angst vor was?

»Angst, dass das hier ein bisschen verrückt ist.« Noch während ich es sagte, hörte ich das uralte Echo meines ständigen Refrains.

Du hast also Angst, dich in deinem Geist zu verlieren. Und warum glaubst du das?

Ich entspannte mich, als ich merkte, dass Tau sein Bestes gab, um mir zu helfen, die Sache durchzudenken. »Vielleicht ist es die dunkle Seite des Verstands?«, rätselte ich. »Weil ich es liebe, zu denken und über meine Gedanken zu neuen Perspektiven zu gelangen, ist meine Schattenseite vielleicht dabei, sich an dem Ort zu verlieren, an dem Gedanken kein Werkzeug mehr sind, sondern an dem ich von Gedanken kontrolliert werde. Davor habe ich Angst.«

Das ist eine absolute Kernangst. Und vielleicht siehst du sie in deiner Umwelt gespiegelt – Geschichten über Paranoia in Bezug auf die Regierung, Geheimdienste und so weiter. Weißt du, warum das so ist?

»Ich nehme an, es ist eine Projektion unserer eigenen inneren Angst – Angst, die Welt wäre nicht real, Dinge wären nicht so, wie sie aussehen.«

Genau. Es ist eine der – nennen wir sie ›Herausforderungen‹ des Lebens auf dem Planeten Erde, der Inkarnation in diese Welt. Du vergisst, wer du bist. Das tun natürlich nicht alle, und es stimmt auch, dass manche Spezies weniger als andere vergessen. Doch zum Großteil stelle ich fest, dass fast alle – alle Wesen – auf der Erde einen gewissen Schleier des ›Vergessens‹ tragen.

Doch unter dem Vergessen liegt das Kernwissen, dass diese Art zu leben nur eine Illusion ist. Es ist ein Spiel, ein Programm, ein Mittel, durch das man eine bestimmte Lebensweise erlebt.

Wenn du auf die Illusion hereinfällst, die Illusion akzeptierst und deine Realität auf die Illusion stützt, wird es tatsächlich sehr beängstigend, wenn du plötzlich feststellst, dass es sich um eine Illusion handelt.

Tau hielt inne. *Stimmt's?,* fragte er dann.

»Das mag wahr sein.«

Und deswegen gibt es zahlreiche Methoden, wie man sich von der Information ablenken kann: indem man sie für einen großen Witz hält, sie ableugnet, sich darüber aufregt, sich wieder sehr mit der Illusion beschäftigt (was häufig bei Leuten anzutreffen ist, die fanatisch für etwas ›kämpfen‹) oder – wenn man für die Vorstellung ein klein wenig offen ist – indem man sich selbst die Schuld gibt und sich für ein bisschen verrückt hält. ›Du hörst Stimmen von Tieren und anderen Wesen, du lieber Himmel! Für wen hältst du dich eigentlich?‹

Ich musste ein wenig lächeln.

Hör nicht auf zu lächeln, Dawn, sagte Tau, dieses andere Ich. *Dann lächelt deine Welt zurück.*

Noch mehr Fragen

Mein Gehirn leistete Überstunden. In dieser Nacht konnte ich nicht schlafen, weil mir so viele Fragen und Vorstellungen in den Kopf kamen und brodelten.

»Als du mit deinen anthropologischen Forschungen angefangen hast – hattest du da schon eine Ahnung, dass du dich selbst finden würdest?«, fragte ich Tau am nächsten Morgen. »Und wann wurde dir klar, dass einige der Wesen, mit denen du gesprochen hast, in Wirklichkeit Aspekte deiner selbst waren? Oder von uns, sollte ich wohl lieber sagen. Und wieso hast ausgerechnet du unter all unseren Selbsten diese Aufgabe bekommen? Was ist denn mit den anderen? Hat die Arbeit, die wir – wir alle – gerade tun, das Ziel, uns der anderen bewusster zu werden? Leben die meisten der anderen in ähnlichen dualistischen Welten oder ist da alles anders?«

Ach, in deinem Kopf rattert es ja richtig! Das ist gut so. Deine Aufregung und Begeisterung verleihen unserer Diskussion Energie. Für einen gewissen Zeitraum konnten wir keine Verbindung zu dir aufnehmen, weil du ganz einfach diese Leichtigkeit noch nicht hattest – und damit meine ich eine physische Schwingung des Lichts und des Sich-Öffnens sowie die Eigenschaft von geistiger und psychischer Leichtigkeit. Auf den unbewussten Ebenen hast du die Informationen abgeblockt.

»Aber irgendwas hat sich verlagert«, sagte ich und war selbst überrascht, als mir klar wurde, dass sich etwas Wesentliches tatsächlich verändert hatte.

Wenn dir bewusst wird, dass die wahre Arbeit auf der inneren Ebene erfolgt, fängst du an zu begreifen, wie deine Selbste in dieser Realität zusammenarbeiten. Zuerst gibt es – wie Zak bemerkt hat – eine Anzahl von Toden: der Tod alter Überzeugungen, der Tod der eigenen Investition in die Illusion und so weiter. Wenn du diese überflüssigen Lasten loslässt, bewirkst du dadurch eine Veränderung im Nexus deines Wesens. Alle inneren Aspekte, die sich fest an dieses schwere Gepäck geklammert hatten (das aus Überzeugungen und Glaubenssystemen bestand), fangen dann auch an, sich zu verändern. Entweder verschwinden sie einfach, oder sie wachsen und entwickeln sich weiter. Und so scheint ein neuer ›Hüter‹ dieses bestimmten Raums aufzutauchen, der eine neue Weise des Seins ins Bewusstsein bringt.

Lass uns für einen Augenblick zum Shapeshifting zurückkehren, um dieses Wissen in ein tieferes Verständnis darüber, wie wir unsere Gestalt verlagern, zu verankern – es ist die gleiche Weise, wie wir auch unsere Selbste verlagern.

Manche Menschen auf der Erde sehen das Shapeshifting als etwas an, was mit Drogen zugedröhnte Schamanen im Dschungel treiben. Und auch wenn es wahr ist, dass viele Schamanen an einigen uralten Informationen über das Shapeshifting festhalten und dass es Menschen sehr wohl möglich ist, in Tiere oder Pflanzen hineinzuschlüpfen, würde ich nicht zu viel Betonung auf dieses Gebiet legen. Es lässt sich in sensationslüsterner Weise leicht missverstehen, während Kunst und Wissenschaft des Shapeshiftings in Wahrheit sehr alt sind. Tatsächlich stammt es von anderen Planeten und hat keine völlig dualistische Basis wie viele Lehren auf der Erde. In dieser Hinsicht ist es besonderes und ›fallspezifisches‹ Material.

Das Shapeshifting aus der Perspektive der Seele basiert auf dem Verständnis, dass die Seele Formen (Körper aller Art – nicht nur physische Körper) nutzt, um die Realität zu erleben – was immer diese Realität auch sein mag. Sobald man seine Denkweise etwas auflockert, stellt man fest, dass es viel Spaß macht und viel Kreativität erfordert.

Wenn ein Seelenstrang etwas lernen will, erschafft er oft viele, viele Selbste – stell sie dir wie Fühler oder Nervenenden vor –, mit denen er unterschiedliche Versionen der Wirklichkeit erfahren kann. Er – das heißt du bzw. wir – spielt viele Spiele gleichzeitig. Sobald du dich einigen deiner alternativen Ausdrucksformen öffnest, bist du erweitert. Dann wird nichts mehr so sein wie vorher.

Damit das geschehen kann, bedarf es einer gewissen Reife auf allen Sektoren deines Wesens. Wir könnten es ein Erwachen, eine Initiierung, die Entfaltung eines größeren Bewusstseins nennen.

Verschiedene Torhüter achten aufmerksam auf die Öffnung dieser Erfahrungstore. Ein gewisses Bewusstsein muss vorherrschen, bestimmte Erfahrungen und Reisen gemacht werden, gewisse Verlagerungen müssen aktiviert werden, bis eine Synthese erfolgt – eine Art der Verbindung, die das Verständnis zwischen allen fließen lässt. So dehnst du dich aus.

Ich hatte Walt Whitmans *Grashalme*[1] noch einmal gelesen, und eine Zeile kam mir in den Sinn: »Immer ein Strickwerk der Identität … immer eine Unterscheidung … immer ein Brüten des Lebens.« Ich spürte, wie es bei dem ganzen Gedicht um diese Erweiterung ging – dieses Zusammenkommen und Ausdehnen so vieler Aspekte des Seins. Und wie sich bei dieser Erweiterung die Identifizierung mit allen zu entwickeln beginnt.

Ja, bestätigte Tau. *Euer Dichter hat es als ›ein Teilen von Atomen‹ bezeichnet, und genau das ist es auch. Man sieht, dass wir alle Atome, Zellen, Gedanken, Gefühle und viele andere Aspekte unserer ›Selbste‹ teilen, während unser Verständnis, wer wir sind, wächst.*

Je mehr du dich entspannt hineinbegibst, desto klarer wird es. Man braucht nichts zu beweisen, weil alles plötzlich so klar wird. Lachen begleitet häufig solche Öffnungen. Interessanterweise habe ich Gelächter (oder Formen von Lachen) als etwas Universales unabhängig vom Wesen kennengelernt. Wie dir schon viele Tiere demonstriert haben, ist der kosmische Humor in unserer Ecke der Galaxie sehr lebendig und gut vertreten – und das ist gut für uns alle! Das Lachen ist ein unterschätzter Mechanismus, der Wesen voranbringt. Häufig lockert er die Fesseln über-

holter Vorstellungen und Zwänge. Er hilft dir, dich nach außen hin zu bewegen, dein Bewusstsein in immer größeren Ausdrucksweisen und Ebenen des Verstehens zu öffnen.

»Aber was ist mit hämischem Gelächter«, fragte ich mich. »Was ist mit denen, die Lachen missbrauchen, um sich über andere lustig zu machen oder sie zu verhöhnen?«

Vertraue der jeweiligen Situation, sagte Tau. *Auch wenn es dir nicht richtig erscheint, kann es für andere das sein, was gebraucht wird, um sie aus ihren Selbstzweifeln und ihrer Traurigkeit herauszuholen. Wir sprechen hier aus allgemeiner Sicht. Ist dir klar, dass du die Angewohnheit hast, kleine Details herauszupicken, wie um zu widersprechen?*

Ich musste lachen. »Ich sehe mir gerne so viele Aspekte einer Aussage an wie möglich. Ich habe eine Seite an mir, die gerne nach Haken sucht.«

Das ist der Teil von dir, der immer noch skeptisch ist. Du hast ja Recht: Ein gewisses Maß an Skepsis ist für unsere Reise notwendig und wichtig. Aber ich weise dich darauf hin, dass das erforderliche Maß an Skepsis weitaus geringer ist, als du für nötig hältst. (Viele werden glauben, man brauche eher mehr Zweifel. Das ist ihr eigener Weg. Mache dir nicht so viele Sorgen darüber, was andere denken.) Bei der neuen Reise geht es darum, was Dawn glaubt. Du bist unsere Abenteurerin, Dawn. Du bist diejenige, die über unsere Ergebnisse schreibt und sie mit anderen teilt. Das gehört zu deiner Aufgabe.

Sichtweisen teilen – Ichformen teilen

Unsere Gespräche und Abenteuer setzten sich mehrere Monate lang beinahe täglich fort. Ich teilte meine Vorstellungen, Gedanken und Sichtweisen mit Tau, und er revanchierte sich, während wir unser Bewusstsein noch tiefer vereinten. Manchmal waren wir amüsiert und zugleich verwirrt darüber, wie unterschiedlich unsere Wahrnehmungen der Realität sein konnten.

Beispielsweise faszinierte es Tau, wie ich so schnell von einem »Rahmen« der Wirklichkeit in einen anderen überwechseln konnte. Was für mich alltägliche Handlungen waren wie Zähneputzen, die Hunde füttern und dann in mein Arbeitszimmer gehen, wurde von ihm als eine abrupte Verlagerung der Realitäten angesehen, die ihn zum Staunen brachte.

Er erklärte das so: *Meistens bin ich mir der Ereignisse in einem größeren Kontext bewusst – statt von einem Körper zum nächsten und übernächsten zu wechseln, bin ich mir aller dieser Körper gleichzeitig bewusst. Außerdem ist das Ich sich in Bezug auf jede dieser Handlungen der Ganzheit und Zwischenbeziehungen aller Ereignisse bewusster. Obwohl ich in der Lage bin, mich auf ein ausschließliches Ereignis zu verlagern – und das zum Teil der Grund für mein großes Interesse an eurer Welt ist, weil ihr darin Spezialisten seid –, habe ich auch ein bisschen Angst, mich an diesem einen Ort zu verlieren. Außerdem bedarf es einer enormen Energiemenge, damit ich das Leben auf diese Weise erfahren kann.*

Die Tatsache, dass Tau befürchtete, sich an einem Ort zu verlieren, war irgendwie beruhigend. Ich schätzte seine vielen Einblicke und seine Unterstützung, und es war mir überaus wichtig, auch ihm zu helfen. Das tat ich, indem ich zahlreiche »Beispiele« aus meiner Realität mit ihm teilte: Vielleicht war es doch nicht so beängstigend – oder real –, sich an einem Ort zu verlieren, wie er sich vorstellte.

Meistens teilten wir das Bewusstsein in kleinen Stücken: ein paar Minuten der geteilten Wahrnehmung. Mir machte es irgendwie Spaß, mein Leben auf diese Weise mit einem anderen Wesen zu teilen. Während ich in der Vergangenheit mein Bewusstsein mit dem physischen Körper anderer – Rabe, Fisch, Hund – vereint hatte, um ihre Welt zu erleben, war jetzt *ich* der physische Körper, in den ein anderes Wesen schlüpfte. Obwohl ich meinen gewöhnlichen Bewusstseinsrahmen beibehielt, bekam ich nun mit, auf welche Weise Tau meine Welt sah, spürte und erlebte, wenn wir vereint waren.

An einem herrlichen Wintertag mit strahlend blauem Himmel, an dem ich ein Schneemobil fuhr, fühlte ich, wie Tau sich mit mir verband und fragte, ob er mitkommen dürfte. Ich sagte spontan ja. Während wir den Weg durch ein hügeliges Gebiet voller Nadelbäume entlangfuhren, spürte ich sein Staunen über die Intensität der erdigen Farben Alaskas, die Konturen und Texturen der Bäume und den Schnee – was für ein Zauberzeug! Wie leicht es ist und wie schnell es schmilzt, wenn es von den Ästen fliegt und auf deine Wange oder den Nacken fällt! Wie kann etwas so Schwereloses und Winziges so viel Boden bedecken? Und wie es in der Sonne glitzert! Welch winzige Regenbögen von einzelnen Schneeflocken reflektiert werden – noch etwas Unglaubliches und Verzaubertes!

Es war herrlich, die Welt durch Taus Augen zu erleben, die Dinge noch einmal zu sehen, die ich noch nie auf diese Weise wahrgenommen hatte. Als wir uns weiter hinauswagten, auf einen flachen Weg, um einen vereisten Sumpf herum und über eisbedeckte Seenplatten, lud ich Tau ein, noch tiefer und vollständiger in meinem Körper Platz zu nehmen.

Vielleicht war es unvernünftig, das zu tun, während wir mit 70 km/h durch die verschneite Landschaft brausten, aber die Idee kam mir auf eine so vertrauensvolle, natürliche Weise, dass sie sich vollkommen richtig anfühlte. Ich lächelte über seine Aufregung, als er plötzlich das Schneemobil durch meinen Körper spürte. Ich spürte, wie sich sein Bewusstsein durch meine Zellen ausbreitete – in meine Hände, durch meine Finger, und mein Herz klopfte mit seiner Freude, als er vorsichtig Gas gab. Während ich mein Bewusstsein herunterfuhr und ihm mehr Kontrolle überließ, erstaunte mich die Leichtigkeit, mit der er die Lenkstange bediente. Nach Jahren der Anstrengung, ein Schneemobil zu lenken, stellte ich plötzlich fest, dass ich die Maschine viel leichter steuern konnte, wenn ich meinen harten Griff lockerte. Wie Tau mir mitteilte, braucht man sich in seiner Welt nur bildhaft vorzustellen, wie eine Maschine sich bewegt oder dreht. Man wendet eine gewisse ›Leichtigkeit‹ von Körper und Gedanken an, um mit der Maschine eins zu werden. Man arbeitet mit ihr zusammen, statt sie zu zwingen.

Auch wenn sich das in der Theorie richtig anfühlte, überraschte es mich, wie einfach es war! Indem ich Taus Bewusstsein in meinen Fingern spürte, konnte auch ich das Schneemobil ›leicht‹ und elegant wenden. Ich entdeckte ein völlig neues Steuergefühl: eine Art Verbindung in der Bewegung.

Nachdem Tau das mehrmals mit mir geübt hatte, zeigte er mir eine weitere Methode, um mit der Maschine eins zu werden. In dieser Version war ich mir einer Art von Energietunnel bewusst, durch den wir glitten. Er zeigte nicht nur, wo wir gewesen waren, sondern auch, wohin wir fuhren. Es war nicht genau in die Richtung, die wir geplant hatten, sondern wo wir in der Zukunft »gewesen waren« – wohin wir tatsächlich fuhren. Als meine skeptische Seite Widerstand leistete, teilte

Tau sanft den Gedanken mit mir, dass wir diese Erfahrung vielleicht auch einfach nur genießen könnten.

Lachend tastete ich mich tiefer in den Tunnel und in unsere Bewegung mit dem Land und über das Land hinein. Es erinnerte mich an ein paar Schlittenhunde, die mir einmal erklärt hatten, wie sie ihre Bäuche der Erde, dem Schlittenlenker und dem Land in einem Bewegungsfluss anglichen. Aha! Damals hatte ich die Worte verstanden – hier war nun die tatsächliche Erfahrung! Der Trick (und Spaß) an der Sache war, den Körper fließend zu bewegen – sich einzufühlen und loszulassen. Es war wie ein Tanz: In den Fluss einzutauchen, diese Bewegung in dir zu spüren – sich nicht nur durch den Tunnel zu bewegen, sondern zu fühlen, wie der Tunnel ebenfalls durch dich hindurchgeht.

So genoss ich zusammen mit Tau die reine Freude des Erlebens: Unser Körper verschmolz mit dem Land, der weiße Hügelpfad, der von dunkelgrünen Nadelbäumen gesäumt war, die kühle Brise, die über unseren Körper wehte, die Fetzen des tiefblauen Himmels und die langen, gleißenden Sonnenstrahlen, während wir auf den Horizont blickten, das Summen der Maschine, als wir durch den freien Raum rasten und uns wie ein Wesen weiterbewegten.

Die Freude und Ekstase des Seins.

20

Präsent sein

Wie Barney anfangs bemerkt hatte, rüttelt dich nichts so zu der Erkenntnis auf, dass deine Art, die Welt zu erleben, einzigartig ist, wie wenn du die Welt völlig aus den Augen eines anderen Wesens siehst.

Auf mich traf das zu. Die Welt aus so vielen verschiedenen Blickwinkeln von Tieren zu sehen, hatte mir gezeigt, dass unser Erleben der Welt »da draußen« zweifellos stark von der Welt »hier drinnen« abhängt – von unseren eigenen Gedanken, Beobachtungen und Wahrnehmungsweisen. Das Teilen meiner Sicht mit Tau hatte das noch bestätigt und brachte mich noch mehr dazu zuzugeben, dass »da draußen« und »hier drinnen« auf weitaus direktere Weise miteinander verbunden sind, als wir womöglich begreifen wollen.

Es ist das eine, dies mit dem Verstand zu begreifen, aber etwas völlig anderes, es zu erleben, bestätigte Barney. *Darum empfehle ich Shapeshifting so sehr wie eine hohe Kunst und Wissenschaft, damit du erkennen kannst, dass die Welt, die du wahrnimmst, von dir selbst geschaffen wird. Das ist für viele eine wirklich erschütternde Erkenntnis. Es ist der Grund, warum manche vor dem Shapeshifting Angst haben, weshalb manche es als eine teuflische Kunst abtun, wieso manche Leute es verachten und weshalb wieder andere versuchen, es ›unter Kontrolle zu bekommen‹, indem sie etwas daraus machen, das sich studieren, in Kurven verwandeln und messen lässt.*

Hast du gewusst, dass Shapeshifting auf der Erde ursprünglich als eine Kunst- und Tanzform angewandt wurde – als ein Mittel, um Wissen zu begreifen und zu bewahren? Es war Wissen und Bewegung – oder präziser ausgedrückt: Wissen in Bewegung.

Ich fragte ihn, ob das die tiefere »Wissenschaft« des Shapeshiftings sei.

Richtig. Wissenschaftliche Nachweise, wie ihr sie heutzutage verwendet, treffen hier nicht zu. Die Kunst und Wissenschaft des Shapeshiftings ist viel älter. Sie existiert buchstäblich als Wissen in Bewegung. Und als solche expandiert und ändert sie sich laufend. Das ist auch die Schlüsselbedeutung ihres Namens – die Form (des eigenen Körpers, Bewusstseins, Wissensgrads) verlagerte sich andauernd. Manche verstehen etwas Bestimmtes darunter, wenn sie in gewissen Ritualen als Einleitung zu einem Shapeshifting-Erlebnis tanzen.

›Wissen in Bewegung‹ ist ein Mittel, mit dem sich Seelenarbeit auf der Welt ausführen und übersetzen lässt. Es ist wichtig, diesen Bezug zu verstehen, da das die Essenz des Shapeshiftings ist – und der Zusammenhang, wie die spirituelle sich mit der physischen Welt kreuzt.

»Und auf welche Weise geschieht das?«

Vergegenwärtige dir, dass der physische Körper gewissen Gesetzen und Strukturen unterliegt, die vorgegeben sind. Und deine Seele muss mit dieser Grundausstattung arbeiten, um eine Version von sich auf der Erde zu manifestieren – um eine ›Hülle‹ ihrer selbst für ihre Gegenwart auf der Erde zu erschaffen.

Natürlich muss sie viel Arbeit leisten, während sie sich im Körper befindet: Sie muss verschiedene Fähigkeiten entwickeln, bestimmte Sprachen, Denkweisen und so weiter erlernen. Jedes Individuum wendet seine Software auf eine etwas andere Art an; daher bekommt es auf eine etwas andere Weise Zugang zur Welt und verarbeitet Erlebnisse auch etwas individuell.

Als Schnittstelle zwischen Körper und Seele wird man sich jedoch irgendwann bewusst, dass man nicht nur ein körperliches, sondern auch ein spirituelles Wesen ist. Zuerst ›schlüpft‹ man vielleicht in Träumen, bei Meditationen oder übernatürlichen Erlebnissen und ähnlichen Erfahrungen aus seiner körperlichen Hülle heraus. Es bildet sich ein kleiner Riss – eine Art Tür – und man stellt fest, dass man die bewusste Fähigkeit besitzt, nicht nur als körperliches, sondern auch als spirituelles Wesen zu existieren.

Aus der spirituellen Perspektive können sich physische Körper verändern. Aus der physischen Sicht mag das, abhängig von der eigenen Überzeugung, zutreffen oder nicht zutreffen. Daher konzentriert sich vieles der ›Verlagerung‹ beim Shapeshijting darauf, den eigenen Ton oder die eigene Schwingung zu vertiefen, um die Schwingung der eigentlichen Essenz anzugleichen. Auf dieser Seinsebene kann man alles werden – man kann diese Schwingung dazu nutzen, um Zugang zu unbegrenzten Perspektiven zu erhalten – weil man die Essenz ist.

Wenn man mit den multidimensionalen Formaten vertrauter geworden ist, lässt sich das leichter erreichen. Man ist dann mehr in seinem Körper und in seiner spirituellen Gegenwart zu Hause, offener für andere Arten des Seins und der Wahrnehmung.

Lass uns das auf Tau und seine Welterfahrung übertragen. Tau hat zwar schon Erfahrung mit Einheit gemacht, jedoch nicht so viel mit Unterschiedlichkeit, und aus diesem Grund ist er daran interessiert, wie du dich ›von einem Punkt zum nächsten‹ mit für ihn erstaunlicher Geschwindigkeit fortbewegen kannst. Dein Fokus richtet sich mehr auf Vielfältigkeit, Vergleiche und Widersprüche – wie sich Dinge ähneln und wie sie sich voneinander unterscheiden. Wieder einmal die Dualität. Das ist dein Programm: das ist die Art, wie sich vieles auf Erden zeigt.

Aber wie dir langsam klar wird, lässt sich Vielseitigkeit und Einheit gleichzeitig erleben. Daher machst du deine Erfahrungen, indem du beides – die allem zugrunde liegende Essenz des Lebens und den herrlichen Fächer der Vielfältigkeit – erfährst.

Barney hielt inne, und ich spürte eine Welle der Ermutigung. *Vertraue auf die Entfaltung dessen, was sich um dich herum und in dir tut,* fügte er sanft hinzu, als wüsste er schon, was kommen würde.

Neue Erfahrungsaussichten

Die Verschmelzung meines Bewusstseins mit Taus Bewusstsein über längere Perioden hinweg brachte weitere Veränderungen der Wahrnehmung mit sich. Während diese Verlagerungen manchmal auf der Oberfläche subtil wirkten, bewirkten sie häufig eine tiefgreifende Transformierung. Das heißt, einfache Wahrnehmungen wirkten oft ganz neu auf mich und brachten mich dazu, noch deutlicher zu beobachten, dass es nicht so sehr um das geht, was wir sehen, sondern wie wir es sehen – oder mit welchem Bewusstsein wir es sehen.

Eines Morgens, während ich die Fische im Aquarium betrachtete, bemerkte ich zum Beispiel eine Reflexion im Wassertank des Erkers in der Küche auf der anderen Hausseite. Die kleinen rechteckigen Bilder im Tank gaben den Blick durchs Fenster auf den graublauen Himmel mit den tiefen Schäfchenwolken, die an den weißen Bergkuppen hingen, perfekt wieder. Daran war natürlich nichts Ungewöhnliches: Es ließ sich als Lichtwellen, die vom Glas reflektiert wurden, wissenschaftlich erklären. Aber dennoch rief die Art, wie ich die Spiegelung sah – man könnte es meinen *Bezug* zu der Reflexion nennen –, etwas in mir hervor.

Ich fragte mich, warum ich die Spiegelung des Fensters vorher noch nie wahrgenommen hatte. Sicher war sie schon oft aufgetreten. Vielleicht hatte sich mein Blick so sehr auf die Bewegungen der Fische im Aquarium konzentriert, dass ich andere Felder der Perspektive gar nicht wahrgenommen hatte. Diese Dinge gingen mir durch den Kopf, während ich zuschaute, wie die Fische über den graublauen Himmel schwebten, ihre Bäuche die Bergspitzen berührten und ihre Leiber immer wieder in die gespiegelten Wolken eintauchten und wieder herausschwammen: vom Wasser in die Luft und den Nebel und zurück ins Wasser. Als ich den Blick weicher werden ließ, sah ich silbrige Schatten der Fische: die Abbilder von Fischen, die sich in der Reflexion des Fensters spiegelten. Und als ich meine gewöhnliche Art zu sehen noch ein Stück mehr aufgab, nahm ich begeistert wahr, wie ein paar Fische sich von ihren Spiegelbildern trennten und ganz bewusst ins dunkle Gebirge und in die Reflexion des grauen Himmels eintauchten, die gleichzeitig ein Tor bildete.

»*Es ist ein Portal*«, stieß ich aus. Und im Rahmen der lockenden und offenen Möglichkeiten dieses frühen Morgens überlegte ich mir: *Warum nicht hindurchgehen?*

Ein Erwachen wird manchmal von einer Art trunkener Albernheit begleitet, und so war es auch bei mir. In das Fließen des Wassers einzutauchen, begleitet von den fröhlichen Ermutigungen des Fischvolkes, war zwar toll, aber durch das Tor des Berges zu gleiten und in den strahlenden, klaren blaugrauen Himmel hineinzufliegen war faszinierend. Ich segelte geradewegs in die allumfassende Freude, die so weise in Barneys Satz – *Wissen in Bewegung* – verpackt war, und wusste: Es stimmt vollkommen.

Als ich wieder auf meinem Stuhl saß, spürte ich ein trommelndes und weites Gefühl der Körpermitte. Ich staunte darüber, wie eine einfache Verlagerung der Wahrnehmung ein so mächtiger Schlüssel sein kann, wie das Aufschließen von etwas so Großem, das als solch kleines Saatkorn in uns schon immer enthalten ist. Genauso wie bei der Bewegung in den Kreis der Projektionen hinein und wieder hinaus, erkannte ich erneut, dass wir, wenn wir über uns hinausgehen, auch tiefer in uns hineingehen und zurück über uns hinausgehen – ein großer spiralenförmiger Orbit des Selbst. Und dass in dem Augenblick, wenn man es vielleicht am wenigsten erwartet, eine Tür weit aufgestoßen wird und sich mit plötzlicher Klarheit zeigt, dass »da draußen« in Wirklichkeit »hier drinnen« ist – dass es eigentlich gar keine Tür gibt. Da draußen und hier drinnen sind nur zwei Sichtweisen, die zugleich eine sind, die unauslöschlich zu diesem bestimmten Spiel auf diesem bestimmten Planeten gehören – alternative Ausdrucksweisen einer zugrundeliegenden Essenz, einer energetischen Einzigartigkeit, die vereint und zugleich verschieden ist.

Hinter der Spiegelung: Die Delfine von Delora

Mehrere Wochen später machte ich im Urlaub in Mexiko die Bekanntschaft zweier junger Delfine, die mit den menschlichen Eigenschaften äußerst vertraut waren. Nachdem wir uns vorgestellt hatten, erklärten sie sich bereit, sich ausführlicher mit mir zu unterhalten. Und so kam ich nach meiner Rückkehr dazu, ihnen Fragen über Realität, Wahrnehmung und Shapeshifting zu stellen. Das wiederum führte zu einer Begegnung mit einer größeren Gruppe, die sich die Delfine von Delora [7]nannten. Dieses Kollektiv bestand aus dem Delfinbewusstsein, das sich als physische Delfine und als spirituelle, führende Präsenz manifestiert hatte.

Wie sie erklärten, *machen viele von uns ›spaßige Sachen‹ - wir springen in die Höhe und fliegen durch die Luft. Das sind ›Delfinsachen‹, die euch ermutigen sollen, euch zu öffnen. Wenn ihr Spaß habt, wird euer Geist offen für neue Arten des Seins, neue Möglichkeiten und neue Denkweisen.*

7 Die Delfine erklärten, Delora sei der Name eines kleinen Fischerdorfs in Griechenland und zugleich ein Planet, »auf dem sie manchmal residieren.« Wie ich später begriff, ist es ein multidimensionaler Ort der Begegnung und Ruhe, von dem aus die Gruppe von Delfinen (und vielleicht auch andere) Informationen austauschen und verbreiten.

Wir sind dazu da, schlummernde Bewusstseinsarten zu wecken, bedeutsame Begegnungen zwischen Delfinen und Menschen zu arrangieren und euch zu helfen, zu begreifen, dass auch die äußeren Erscheinungen eine Illusion sind.

Ich empfand die Gruppe als äußerst sensibel und spürte, wie eine Klangwelle der Delfinpräsenz mein körperliches Bewusstsein abtastete, um den speziellen Ton des Bewusstseins herauszufinden, mit dem sie Verbindung aufnehmen konnte.

Unser Thema heute handelt davon, die innere Welt für die äußere zu öffnen, eine Verbindung zwischen Innerem und Äußerem herzustellen und innere Ressourcen zu nutzen, um eine neue Form der Realität in der Außenwelt zu manifestieren, eröffneten sie das Gespräch.

Es ist wichtig, sich darüber klarzuwerden, dass das Unterscheiden zwischen der Innen- und der Außenwelt zum Wesen der Dualität gehört, die auf diesem Planeten überwiegt. Die Physiologie deines Gehirns nimmt eine innere und eine äußere Welt wahr. Delfine sehen das nicht so. Wir nehmen Bewusstseinsebenen fließend wahr. Alles ist miteinander verbunden. Es gibt keine Tore, Öffnungen, Portale – stattdessen geht es nur darum, die eigene Schwingung auf den Aspekt des Seins zu verlagern, auf dem alle anwesend sind.

Unser Treffpunkt ist der, an dem wir eins sind und schon immer waren. Unser Ziel der Arbeit mit Menschen ist es, euch diesen Gedanken bewusst zu machen, damit ihr euer Verständnis und die Verbindung vertieft – nicht nur gegenüber euren Mittieren und Mitmenschen, den Pflanzen und dem Planeten, sondern auch gegenüber dem tieferen Wesen eures Selbst.

Delfine – zumindest die meisten von uns – arbeiten zusammen mit Menschen durch Multidimensionalität und holografische Vorstellung. Wir existieren auf vielen Ebenen gleichzeitig, und dieser Aspekt ist unsere Brücke zur menschlichen Erinnerung.

Wenn ihr euch eures multidimensionalen Wesens bewusster werdet, wenn ihr Blicke in andere Realitäten, Dimensionen und Aspekte des Seins werft, könnt ihr euch auf diesen verschiedenen Ebenen verbinden. Ähnlich wie ein interkulturelles oder transkulturelles Studium ist dies ein interdimensionales Lernen und Verstehen.

Das Wesen der Neigungen

Die Delfine von Delora waren sehr präzise Gesprächspartner. Als sie sich verabschiedeten, verkündeten sie, mir am nächsten Tag mehr mitzuteilen. Und das taten sie auch:

Unser heutiges Gespräch richtet sich auf das Wesen der Neigungen und darauf, wie unsere Bestrebungen oder Tendenzen die ›innere‹ Erfahrung von Realität und das ›innere‹ Gestalten der Wirklichkeit beeinflussen.

Das ist ein tiefgreifendes Thema, wofür einige Hintergrundinformationen nötig sind. Wir beginnen bei der Natur der menschlichen Rasse und der Delfinpräsenz heute auf der Erde. Die Menschen wurden als Mischung aus Himmel und Erde geformt. Das heißt, euer Wesen (und eure Grundsubstanz) stammen aus der Erde, doch eure Samen kommen von den Sternen. Mit diesem Thema verbindet sich viel Geschichte, doch lass uns zum jetzigen Zeitpunkt einfach sagen, dass Menschen von der Erde und von dem, was über die Erde hinaus existiert, stammen. Das ist der Kern eurer Neigung: die Sehnsucht nach der Erde und die Sehnsucht, über die Erde hinauszugehen. Das ist das Wesen eurer Dualität – die Natur des dualen Bewusstseins, von dem jeder Aspekt eures Lebens durchdrungen ist.

Delfine tauchen als Begleiterscheinung eures eigenen Erinnerns in eurer jüngeren Menschheitsgeschichte auf. Wir kamen, um durch die Gewässer zu schwimmen – nicht nur die eurer Meere, sondern auch durch die Gewässer eurer Träume und Erinnerungen. Wir existieren, um in euch eine freudige Erinnerung an eure ›Vergangenheit‹ und ›Zukunft‹ zu erwecken. Wir sind gekommen, um euch zu helfen, sich an das Wesen eurer Präsenz auf der Erde zu erinnern, an den ursprünglichen Grund, weshalb ihr die Inkarnation in dieser besonderen Form des dualen Bewusstseins gewählt habt.

Es liegt im Wesen der menschlichen Neigung, dass es immer etwas ›anderes‹ geben muss. Die Physiologie eures Hirns, eure körperliche Konsistenz, Körpersysteme und Lebensweisen sind alle von Dualität durchdrungen, und das meinen wir, wenn wir sagen, es ist das Wesen eurer Neigungen.

Für Delfine ist das zentrale Muster nicht Dualität, sondern Flüssigkeit. Unsere Präsenz soll sich mit eurer Präsenz vermengen und mit ihr interagieren. Wir steuern zu eurer Dualität den flüssigen Zustand bei, damit sich Dualität und Einheit auf eine Weise vermischen können, die auf der Erde noch nie erfahren wurde (jedenfalls nicht in der derzeitigen Erinnerung der Menschen).

Das Wesen der Neigung ist ein Werkzeug – ein Mittel oder Vehikel, das man verwendet, um eine gewisse Ebene des Verstehens zu erreichen. An einem bestimmten Punkt wird die Neigung jedoch überwunden. Auf diese Weise wird man offen für eine neue Sicht und ein neues Verständnis der Realität. Das ist der Punkt, an dem ihr als Spezies nun steht.

Unsere Lektion für heute lautet, auf das zu achten, was jenseits von dir liegt – deine Neigungen zu honorieren, während du dir erlaubst, über sie hinauszugehen. Das bringt dich in eine neue Art des Seins: eine neue Lebensweise in einer neuen Reihe von Neigungen.

Sich durch die Realität hindurchbewegen

Heute wollen wir ansprechen, wie man sich auf eine weniger beschwerliche Weise durch die Realität bewegt, fuhren die Delfine am nächsten Morgen fort. *Damit meinen wir, sich durch die Neigungen hindurchzubewegen, um zu einer klareren Wahrnehmung deiner selbst und der Welt, die du durch Erfahrungen und Deutungen dieser Erfahrungen erschaffst, bewohnst und ausschmückst, zu gelangen. Das heißt, dein Weltverständnis variiert gemäß dem Maß, in dem du bewusst manifestierst und deine Manifestierungstendenzen kennst.*

Zum Beispiel schreiben manche Menschen Delfinen fortgeschrittene Attribute zu. Obwohl Delfine als Spezies zwar ein ganz besonderes Ziel für ihre Zusammenarbeit mit Menschen haben, ist es ein Fehler, zu glauben, alle Delfine in ihrer Säugetiergestalt wären sich dessen direkt bewusst. Recht häufig bedarf es Menschen, um die Erinnerung eines bestimmten Delfins anzufachen. Das wird von Menschen nicht immer berücksichtigt. Viele stecken immer noch im ›Lernaspekt‹ unserer gegenseitigen Beziehung fest. Es ist wichtig, zu verstehen, dass auch ihr häufig die Lehrmeister der Delfine und des Planeten Erde seid. Bei unserer Beziehung geht es stark um dieses Begegnen und Interagieren.

Das Musterbeispiel der Bewegung durch die Realität, die nicht durch das eigene ›Gepäck‹ behindert wird, entspricht dem, was du über die Kommunikation mit Tieren gelernt hast: Man muss sich seiner eigenen Blockaden, Vorurteile, Glaubenssysteme und Neigungen bewusst sein. Je mehr man diese auf einer bewussten Stufe auflöst, umso fähiger wird man, alle Botschaften zu hören. Auch wird die Interpretation oder Übersetzung weniger verzerrt ausfallen.

Während du dich bemühst, auf eine neue Weise zu sehen, zu hören oder zu sein, kann ein gewisser Schleier vorhanden sein, weil du dich noch nicht im Gleichgewicht befindest. Das ist die Natur der Bewegung durch die Realität hindurch, ohne die eigenen Neigungen so nahe zur Hand zu haben. Es fühlt sich neu und fremd an, und man hinterfragt sich, weil es scheint, als wäre man der Einzige, der auf diese Weise umherreist. Aber wenn du Vertrauen in dich und deine Erfahrungen hast, wirst du merken, dass es richtig ist, weil es für dich stimmt. So erweckst du langsam einen Seins-Zustand, durch den du bewusst kreativ manifestieren kannst und dessen Bedeutung du schätzt.

Wir bringen dir das fließende Wesen deiner Erinnerungen nahe. Wir bringen allen das fließende Wesen der Erinnerung nahe. Während du frei wirst, befreist du auch die Welt. Das ist die Ebene der Wahrheit, auf der wir leben.

Zu wissen, wer wir sind

Weitere Gespräche mit den Delfinen von Delora – die sich auch die Delfine des Erinnerns nannten – halfen mir, das, was man »fließende« Wahrnehmung nennen könnte, noch stärker zu entwickeln. Ich verstand nun klarer, was Barney mit Wissen in Bewegung meinte, und spürte häufiger eine aufregende Offenheit von Körper und Gedanken – ein Bewusstsein des Lebens, das durch mich lebte, durchdrang mich.

Auch fuhren Tau und ich fort, mit alternativen Arten des Sehens und Seins zu spielen. Als Aspekte desselben stellten wir eine große Übereinstimmung fest, während unsere Wahrnehmungen unterschiedliche und einzigartige Schattierungen aufwiesen. Und so sprangen wir vor und zurück, lernten und lehrten, und jeder von uns trug seine lebendigen Erfahrungsschichten dazu bei. Zum Beispiel teilte Tau seine Version mit mir, wie er die fließende Art anzapft, mit der Bäume und Pflanzen atmen, fühlen und die Welt »sehen«. Und sogar noch tiefer hineinspürend: wie man wie Bäume und Pflanzen wird – als fühlende, wahrnehmende Fortsetzungen der Erde, in denen die Erde sich selbst erlebt. Durch diese Reisen des Bewusstseins spürte ich ein feineres Einstimmen auf die größere Strömung der Lebensenergie – und sogar etwas, was darüber hinausging – das in allen Wesen pulsiert.

Und trotzdem mühte ich mich weiterhin ab. Da ich noch nicht ganz den köstlichen Punkt des Gleichgewichts erreicht hatte, fühlte ich manchmal einen »gewissen Dunstschleier«, wie die Delfine es nannten.

Während ich eines Morgens darauf wartete, dass mein PC ein Update ausführte, betrachtete ich den Bildschirmschoner auf meinem Monitor: eine Nahaufnahme eines Leopardengesichts. Sein Blick ist voller Intensität: Die Augen schimmern in einem strahlenden Goldgrün, die Pupillen sind zu einem konzentrierten Blick verengt. Während wir uns anstarrten, spürte ich das Rumoren einer schon vertrauten Verlagerung.

Der Bildschirm schimmerte, und dann wurde das Bild lebendig. Plötzlich sah ich: Der Leopard schaute nicht nur mich an, sondern durch mich hindurch, und durch mich hindurch sah er sich selbst. Ich erhielt die unausgesprochene Einladung, auf gleiche Weise durch seine Augen zu blicken – auf diese kreisförmige Art der Wahrnehmung mich selbst zu sehen. Und so schloss sich der Kreis unseres Bewusstseins – der Leopard sah den Leoparden durch mich, ich sah mich durch den Leoparden …

Ich spüre den Rhythmus seines Atems, seinen Lebenspuls mit dem scharfen Fokus. Eine so kleine Verlagerung hin zu einer so bemerkenswerten Fülle, in der sich die tiefere Präsenz der Leopardenseele zeigt! Innerhalb des Rahmens meines Bewusstseins erscheint das in diesem Augenblick völlig plausibel und »real« zu sein. Wie ich merke, hat ein Teil von mir eine Frage gestellt – nicht unbedingt in diesem Moment und keine Frage aus Worten und Vorstellungen formuliert, sondern eine Seite von mir, die immer noch auf der Suche nach etwas ist, das ich nicht wirklich sehen will.
Und ich erhalte – sehr schnell und völlig unerwartet und auf eine Weise, die ich als absolut real identifiziere, ohne mich hier selbst zum Narren zu halten: *Deine größte Angst ist deine größte Stärke.* Auch wenn das eine Wahrheit ist, die ich schon früher gehört habe und über die ich vielleicht auch schon geschrieben habe, spüre ich sie jetzt zum ersten Mal tief in mir.
Die Leopardenseele sagt mir: *Ich weiß, wer ich bin.* Und das ist seine Stärke – er *kennt* sich auf eine Weise, wie die meisten Tiere sich selbst kennen. Sie bewerten sich nicht – schneller, langsamer, dicker, dünner, schöner und so weiter. Nein, sie sind selbstbewusst, das heißt, sie fühlen sich in ihrer Haut, ihrem Fell, ihren Federn oder Schuppen wohl. Sie kennen ihre essenzielle Eigenschaft, weil sie sie leben. Sie zeigen sie auf der Welt sich selbst und allen anderen – der ganzen Welt.

Das ist euer Problem, sagt die Leopardenseele schließlich und meint das Problem der Menschheit – das natürlich auch mein Problem ist. »Das Problem, nicht zu wissen, wer wir sind«, sage ich in der Verschmelzung des Bewusstseins, in der mir nun klar ist, dass Gedanken – auch wenn sie zu den größten Vorteilen der Menschheit gehören – oft unser größtes Problem sind. Warum das so ist? Weil wir alle unseren Verstand – unser rationelles Denken, unsere Glaubenssysteme, unsere Süchte – so oft als Ablenkungsmanöver von unserer größten Angst missbrauchen: uns selbst zu kennen. Wir haben Angst vor der Größe dessen, wer wir sind.
Und für einen Augenblick werde ich von einer Welle der Wut überrollt, die nicht nur von der Leopardenseele, sondern von einer ganzen Gruppe von Tieren ausströmt. Es ist kein persönlicher Zorn, so wie wir Menschen wütend werden, sondern eine erstaunte Empörung darüber, dass wir so viel haben – so weit gekommen sind – und dennoch so wenig wissen. Es ist keine tadelnde oder verurteilende Wut, sondern eine Art von Staunen und Frust, weil diese Illusion schon so lange währt …

Manchmal ist das der Grund, warum wir euch angreifen und auffressen, sagte die Leopardenseele. *Manchmal ist die Energie zu stark, und wir versuchen euch aufzurütteln, indem wir euch direkt konfrontieren, auf Augenhöhe. Es gab Zeiten, in denen die Menschen sich auf diese Weise mit Tieren auseinandergesetzt haben und ein tiefsinnigerer Tanz stattfand. Ihr entfernt euch tatsächlich von euch selbst, trennt euch von euren eigenen tieferen Emotionen ab. Seht euch nur an, wie ihr heutzutage Tiere tötet. ›Menschlich‹ nennt ihr das. Ha! Aus dem Töten eine Technologie zu machen hat nichts Menschliches. Viel besser ist es, eurer Beute gegenüberzustehen, ihr in die Augen zu sehen und den Tanz sich entfalten zu lassen.*

Die Worte der Leopardenseele erinnerten mich an ein Shapeshifting-Erlebnis, das ich einmal mit einem afrikanischen Löwen gehabt hatte, der mir Ähnliches berichtet hatte, nämlich dass Löwen *ihre Präsenz behaupten.* Wie der Löwe beobachtet hatte, lassen sich Menschen von Angst kontrollieren. *Menschen müssen lernen, ihre Angst herunterzuschlucken,* hatte der Löwe gesagt. *Um ihre Präsenz zu behaupten.* Und wie er sagte, *wenn man seine Präsenz behauptet, weist man der Angst ihren korrekten Platz zu.*[1]

Das hing eng mit einer Geschichte über den Autoren J. Allen Boone zusammen, der ohne eine Waffe in den afrikanischen Dschungel ging und glaubte, alle Tiere, denen er dort begegnen würde, wären ihm freundlich gesonnen, wenn seine eigenen Gedanken über sie freundlich waren.[2] Lange Zeit hatte ich Boone in dieser Hinsicht für naiv gehalten. Was war, wenn er auf einen Tiger traf, der einen schlechten Tag hatte, oder auf einen schlechtgelaunten Gorilla? Bloß weil man mit Tieren sprechen kann, heißt das noch lange nicht, ein ausgehungertes Tier davon zu überzeugen, dass es einen nicht frisst.

Und dennoch hatte die Aussage des Löwen *Wenn man seine Präsenz behauptet, weist man der Angst ihren korrekten Platz zu* etwas in meiner Denkweise verändert und mich zu einer neuen Sichtweise geführt. Wie Boone schon lange festgestellt hatte, sind die äußeren »echten Bezüge« zur Welt nur dann möglich, wenn sie auch im Inneren richtig sind, und nach dieser Wahrheit lebte er.[3] Unbewaffnet im Dschungel zu sitzen war für Boone weitaus mehr als nur eine Mutprobe, und das hatte mit den anderen Tieren nichts zu tun. Stattdessen hatte Boone, indem er seine *Präsenz* behauptete, die »echten Bezüge« in sich gefunden. Dadurch, dass er die Form seines Bewusstseins auf eine neue Weise des Seins verlagert hatte, hatte er natürlich auch seine Beziehungen zu allem anderen – dem Löwen, dem Dschungel, der Welt – umgeformt.

Das ultimative Geheimnis

Es ist zwar ein einfaches Konzept, aber für manche Menschen schwer nachzuvollziehen, bemerkte Barney, und ich musste ihm zustimmen. Doch warum sollte es so kompliziert sein, die richtigen Beziehungen in uns zu finden? Warum sollte es so unglaublich schwer sein, uns daran zu erinnern, wer wir wirklich sind?

Ich werde es kurz und präzise ausführen, bot Zak an. Ich schaute auf ihn herunter; er lag behaglich unter meinem Schreibtisch. Während ich mit den Zehen über sein warmes goldenes Fell strich, lächelte ich den alten Lehrmeister Zak an, der alles mitbekam und, wenn nötig, mit Kürze und Würze kommentierte. Ich schloss die Augen und hörte aufmerksam zu:

Je tiefer du dich innerlich öffnest, umso näher kommst du an alles heran: an das Verstehen, Spüren und die Erinnerung, wer du bist und was du hier sein sollst.

Allem voran ist das die Aufgabe des Erwachens. Manche glauben, das ließe sich durch Liebe oder Kampf, durch Erlösung oder asketische Mittel erreichen. Soweit ich weiß, geht es bloß darum, sich zu erinnern – an das Erwachen. Das heißt nicht, dass all diese Methoden der Reise nicht sinnvoll wären – für verschiedene Persönlichkeitstypen sind sie es. Aber im Herzen des Ganzen steckt das Geschenk der Erinnerung … das Geheimnis der Erinnerung. Es ist ein Geschenk, das man sein ganzes Leben lang bei sich trägt, und jeder von uns entscheidet selbst, wann er dieses Geschenk aufmacht, dieses Geheimnis lüftet.

Wie der Tod bedeutet die Erinnerung nicht das Ende der Fahnenstange. Es ist lediglich ein Übergang auf eine andere Stufe des Abenteuers und ermöglicht eine andere Art der Entfaltung.

Was Zak kann

Zurzeit spürst du schon die Nähe des Geheimnisses. Du berührst es jeden Tag – du hast schon die Hände auf die Schachtel gelegt, und trotzdem erlaubst du dir den Luxus des Vergessens. In diesem Augenblick bist du ihm schon ganz nahe, denn du kannst das Flackern des Vergessens – Erinnerns – Vergessens – Erinnerns fühlen. Es ist wie der Flügelschlag eines Kolibris.

Diese Erinnerung ist der Schlüssel zur Kunst des Höheren Lebens. Dafür brauchst du nirgendwo hinzugehen und nichts zu finden. Alles, was du brauchst, ist im Hier und Jetzt: genauso wie es schon immer war und immer sein wird. Und das ist das höchste Geheimnis von allen.

21

Hier und Jetzt

Jedes Jahr Mitte August, wenn das leuchtend lila Weidenröschen fast bis zur Spitze seiner langen, blätterigen Stängel blüht, erinnere ich mich wieder an den Tag, als Barney seinen ruhigen Übergang aus dieser Welt vollendete.

Der Jahrestag des Todes eines geliebten Wesens ist für Menschen oft ein wichtiges Ereignis, äußerte Barney an einem dieser herrlichen Sommertage. *Der menschliche Verstand liebt es, in Zahlen und Maßen zu denken, und deswegen ist ein Todestag meist eine mentale Erinnerung an einen Verstorbenen – auch wenn es viel eher eine Erinnerung für die Lebenden als für die Toten ist. Wenn du aufhörst, dich an diese Art von Zeit- und Raumbezug festzuklammern, kann es sein, dass solche Daten an Bedeutung verlieren.*

Ich sitze auf der obersten Stufe der Terrasse im Garten und schaue auf sein Grab. Es ist ein klarer, sonniger Tag und drei Raben drehen hoch oben am Himmel Spiralen. Dabei rufen sie einander etwas zu. In der Ferne winden sich tiefe Wolken um den Fuß der Berge und ein kleiner Bach schimmert silberblau. Doch Barneys Grabstein ist verschwunden, unsichtbar geworden, von dem wuchernden wilden Weidenröschen vollkommen verschluckt.

Lass uns offener für das Wesen des Todes werden, sagt er auf seine einzigartige ruhige und sanfte Art. *Wir wollen uns unserer größeren Selbste er-innern und dadurch ein größeres Verständnis für die innere Verbundenheit mit Allem-was-da-Ist entwickeln. Auf tieferen Ebenen bin ich immer bei dir, so wie wir alle für ›alle Zeit beieinander sind‹.*

Spüre deine Gegenwart an dem Ort, an dem wir alle miteinander verbunden sind. Hier wirst du das Geheimnis des Shapeshiftings und all dessen, was wir sind, lösen. Erinnere dich daran: Beim Shapeshifting geht es um die Begegnung – die Begegnung des Bewusstseins, die Begegnung von Verstand, Herz und Seele. Du brauchst dich nur zu erinnern, dann wird alles gut sein. Egal was du auch machst – wenn du dich daran erinnerst, wer du bist, erhältst du Klarheit im Jetzt.

Dawn und Barney

Ich lächle, als ich ihn neben mir spüre, genauso wie wir früher an strahlenden Sommertagen so oft ein paar Momente miteinander geteilt hatten. Sein flauschiges weißes Fell und seine feuchte schwarze Nase berühren meinen Körper, und Nirgendwo ist jetzt hier. Unsere Seelen leuchten so weit und klar wie der kühle blaue Himmel.

Was du brauchst, ist immer gegenwärtig, in diesem Augenblick, erinnert mich mein guter Freund Barney wieder einmal. *Das ist alles, was du wissen musst.*

Ein paar Augenblicke aus dem Jetzt

An einem verregneten Nachmittag vor nicht allzu langer Zeit saß ich am Küchentisch und las den endgültigen Entwurf dieses Manuskripts. Es war ein stiller, ruhiger Nachmittag, und ich genoss das angenehme Kommen und Gehen der vielen Tiere und spirituellen Wesen, die ihre Erkenntnisse, ihren Humor und ihre Weisheit zu diesem Buch beigesteuert haben, in vollen Zügen.

Es war ein nettes kleines Wiedersehen: Lehrmeister Kaninchen und das Pinguinvolk, die Seelen der Fische an Land und die Vögel der weiten, weißen Flügel, der geliebte Yeti und Tau, mein Verbündeter, die Walwesen und die Rabenwesen und Elefanten, die Traumführer, der Kaktus Jen und viele mehr. Zak und Max lagen auf dem Boden und Barneys wohltuende Gegenwart in meiner Nähe. Während ich unsere Abenteuer noch einmal las, wurde mein Herz von den vielen Freunden berührt, die sich für die Erinnerung an ein Lachen, eine Änderung in letzter Minute oder auch einfach nur einen Augenblick des geteilten Bewusstseins um den Tisch versammelten.

Als ich zum Anfang zurückblickte, schien eine lange Zeit vergangen zu sein: die Entdeckung einer Einheit der Seele durch eine so vielfältige Reihe von Perspektiven, die Wiedergewinnung von Klarheit in dunklen Ecken der Angst und emotionalen Blockaden, das Aufdecken von Wissen, das auf den richtigen Augenblick gewartet hatte, um ins Bewusstsein zu erblühen, und dabei immer das Staunen und die Freude des geteilten Bewusstseins. Und doch fühlte es sich beim Durchlesen vollkommen neu an, neu im Jetzt. Die Zeit hat diese komische Angewohnheit.

Während ich eine kurze Pause machte, aus dem Fenster schaute und an nichts Bestimmtes dachte, spürte ich, wie ich mich bewegte. Mit einer flackernden Verlagerung der Wahrnehmung sah ich mich eines frühen Morgens vor vielen Jahren an diesem Tisch sitzen: Ich war aus dem Flur in die Küche gegangen, um Barney nur wenige kurze Stunden, bevor er starb, einen Napf voll Wasser zu bringen. Noch einmal sah ich Barneys Seelenfreunde, die sich um den Tisch herum versammelt hatten, an dem ich jetzt als eine von ihnen saß. Ich fühlte meine Präsenz an diesen beiden Orten, in Vergangenheit und Jetzt anwesend – hier und dort, damals und jetzt – und gleichzeitig in einem frei fließenden Strom des Bewusstseins verbunden.

Mit einem kurzen Lachen spürte ich die greifbare Wahrheit dessen, was Barney so oft mit mir geteilt hatte: Wenn wir anfangen, in einem zentrierteren Augenblick des Seins zu leben, erkennen wir, dass alles im immerwährenden Fluss des Hier und Jetzt vorhanden ist.

Manche Momente des Erwachens geschehen in plötzlichen Augenblicken, in denen uns das Herz aufgeht, während andere sich so still und leise anschleichen wie der erste fahle Schimmer der Morgendämmerung. Für mich glitten die Höhepunkte meines Staunens immer angenehmer in die ausgewogene Vertrautheit von Vertrauen und Akzeptanz, Dankbarkeit und Amüsiertheit. Ich drehte mich zu Zak und Max um, die auf dem Holzboden lagen und laut schnarchten. Also gut, manchmal gewinnt auch der Humor die Oberhand.

Durch das Fenster drang das blassgraue Tageslicht. Noch immer in der entspannten Offenheit des Hier und Jetzt schwebend, war ich von der Schönheit berührt, mit der es die winzige Hausspinne beleuchtete, die sich gerade vom Deckenventilator abseilte. Sie kletterte vor ihrem grauweißen Bühnenbild hinunter und blieb nur wenige Zentimeter vor meiner Nase mitten in der Luft an ihrem schimmernden Seidenfaden hängen.

Beim Schreiben jedes Buches ist eine Spinne aufgetaucht. Sie gab mir jedes Mal eine ermutigende oder unterstützende Botschaft. Ich spürte, dass diese mir einen ähnlichen Segen überbrachte, und war von ihrem Timing verzaubert. Hier, mitten im Jetzt, lässt sie sich in vollkommenem Gleichklang zu mir herunter. Und während ich noch den goldenen Lichtkörper der Spinne betrachte, dessen Größe durch die kleine Hausspinne leuchtet und die von ihrem Spinnennetz in Zeit und Raum sanft herunterhängt, sagt sie zu mir:

Wieder einmal bringt dir die Spinnenenergie ein Verweben von Ideen, Gedanken, Bildern, Erfahrungen und Öffnungen für alle.

Wir möchten der Kunst des erfüllteren Lebens als Webprozess ansprechen. Wir sind vor allem für die komplizierte Schönheit unserer Netze bekannt. Viele unserer Spinnweben werden am frühen Morgen fotografiert, wenn an ihnen noch die Tautropfen hängen. Andere werden betrachtet, wenn sich Asche oder Staub auf ihnen niedergelassen hat, wodurch sie schärfer zu erkennen sind. Das ist es, was du versuchst: Deinen Lesern ein Bild des Lebensnetzes zu vermitteln. Um das Netz schärfer erkennen zu können, hast du es mit einigen Gedanken, Vorstellungen und eigenen Erfahrungen angereichert.

Jedes individuelle Netz ist anders, doch die Essenz aller Netze ist dieselbe. Netze sind eine Schöpfung der Zusammenarbeit: die Spinne und ihre Webfähigkeiten, die Spinne und die Baumzweige oder Blumenknospen oder Häuserecken, um die sie ihr Netz webt. Alles ist miteinander verbunden und ist das Ergebnis des Webens dieses Netzes.

Einen Satz haben wir aus deinen Gedanken gezogen, um die Essenz dessen, was wir meinen, zu illustrieren: Das Netz, das keinen Weber hat, ist die Einheit, die sich hinter aller Schöpfung verbirgt. Es ist das Urnetz, die Schablone dieser Welt, das Chi oder die Lebenskraft, die alles zusammenhält. Es ist du und es ist ich, wir alle sind es, die Spinnen, die Singdrosseln, die Affen, die Wale. Wir alle sind Teil dieses Lebensnetzes, wir alle bestehen aus der Essenz des Netzes, das keinen Weber hat.

Und damit kommen wir zum Kern der Schöpfung. Denn sicherlich muss doch irgendjemand oder irgendeine Energie das Urnetz gewoben haben? Doch damit verheddern wir uns in der Vorstellung von Zeit – einem anderen Netz! Um das Netz, das keinen Weber hat, wirklich zu verstehen, muss man durch das Netz von Zeit und Raum hindurchgehen und Alles-was-Ist erkennen. Wir sagen: Das ist die Kunst des erfüllteren Lebens. Das ist der Schlüssel zum Erkennen des Göttlichen im Ausdruck dessen, der du in diesem Leben bist. Das ist das Tor, durch das du dich von einem schlafenden Menschen in einen aufgewachten Menschen verwandelst.

Wir schicken der Welt der Menschen unsere Grüße, um sie zu noch mehr Weben am Netz und der Schönheit in unserer Welt zu ermuntern. Wir sind der Ausdruck der Energie des Netzwebens, des Urnetzes, des einen, das uns alle zusammenhält – der Einheit in uns allen. Wir alle sind Teil des Netzes, das keinen Weber hat. Und wir alle sind die Weber dieses Netzes.

Ein grossartiges, grosses Experiment voller Wunder und Entzücken

Je mehr wir uns mit dem Geheimnis des Seins vertraut machen, umso feiner stellen wir uns auf das pulsierende Summen der Einheit ein, die alle Wesen durchdringt. Je offener wir für das große Abenteuer der Vielfältigkeit sind, die durch unsere Flossen und Federn, Knochen und Flügel fließt, desto mehr lieben und schätzen wir alle Lebensformen als wichtige und prächtige Ausdrucksweisen des Geistes, der wir sind. Auf genau diese Weise öffnet uns Shapeshifting für den Kern der Beziehungen – und der Wirklichkeit.

Betrachte dies als eine Erweiterung in die unbegrenzten Möglichkeiten der Form und ein Vertiefen in die größere Präsenz dessen, der du bist, sagte Zak, als er sich von einem seiner Lieblingsplätze auf dem Boden aus mit meinen Gedanken verband.

Weißt du, dass Menschen jetzt an einem Punkt in der Evolution stehen, an dem diese Vertiefung und Erweiterung auf eine neue Weise möglich ist? Dass die menschliche Rasse nun die Gelegenheit hat, sich auf eine viel bewusstere Weise dem Unbewussten zu öffnen, auf eine weitaus menschlichere Art die Seele zu verkörpern, um dies zu sehen – zu wissen, zu sein?

Ich nickte, weil ich es wiedererkannte. Schon viele haben diesen neuen Schritt hin zum Bewusstsein festgestellt – das Gefühl einer bevorstehenden, massiven Verlagerung in Form eines globalen Bewusstseins: eine große Revolution in der Evolution unseres Planeten.

Die Erde ist reif dafür, stimmte Zak zu und wedelte dazu einmal mit dem Schwanz. *Es ist ihr nächster Übergang. Und der passiert jetzt.*

Wie gesagt wird, gibt es keine andere Zeit als das Jetzt, und das ist wirklich so. Das ist nichts Neues. Was sich im Verständnis verlagert, ist nicht »das Jetzt«, sondern das Bewusstsein über das Jetzt.

»Ja!«, stieß ich aus, weil Zaks Worte meinem Gefühl nach genau zutrafen. Das Jetzt ist ein Gefühlszustand, der in uns aufblüht, wenn wir entdecken, dass jeder Moment, jeder Augenblick der Punkt ist, an dem wir für die Fülle derer, die wir sind, offen werden können.

Der Schlüssel zum tiefen Verständnis ist die Erfahrung, pflichtete er bei. *Jetzt ist nicht wirklich ein ›Wann‹ – und Raum ist auch kein ›Wo‹. Das Jetzt ist einfach eine Vertiefung in das, was längst besteht. Es ist ein Gefühl, das die Verbindung zu allem zugänglich macht – nicht nur zu Menschen, sondern auch zu Tieren und Pflanzen, Naturwesen und Elementen, den Sternen und Planeten, anderen Dimensionen der Realität und anderen Aspekten des sich entwickelnden Du. Ich spreche von der direkten Erfahrung, von einem Bezug der Seele zur Essenz der Gegenwart, von einer Art des Seins, die alle Wege und allwährend ist – zeitlos, immer vorhanden.*

Als Zak eine Sprechpause einlegte – vielleicht als Unterstreichung seiner Worte –, wandte ich mich ihm zu und sah ihn an. Und als sich unsere Blicke trafen, verschmolzen unsere Ichs. In seinen braunen Augen brannte mein eigener Blick, als er bellte und ich voller Entzücken zurückwich. *›Jetzt hier präsent zu sein‹ ist der Kern dessen, wer wir sind!*

Wie herrlich ist es doch, mit einem guten Freund in Harmonie zu fallen! Fühlt ihr es auch?

Ja, ein Sich-Einfühlen ins Jetzt ist eine Erweiterung der unteren Schichten unseres Seins, fuhr er fort, ohne mit der Wimper zu zucken. *Und wenn du in das bewusste Wissen hineinwächst, wie unsere Gedanken unsere Wirklichkeit erschaffen, nimmst du die andere Art, mit der Welt zu interagieren, wahr.*

Wenn wir uns wachträumen, verlagern wir nicht nur die Form unseres eigenen Bewusstseins, sondern auch das eigentliche Wesen der Realität.

Während du das Schubladendenken loslässt – während du zum ›Tänzer, der zum Tanz wird‹ überwechselst –, bekommst du einen Geschmack davon, wie dieses ›jetzt präsent sein‹ sich anfühlt. Du bist einfach hier und jetzt: im Sein.

Können wir uns für eine solche Pracht überhaupt öffnen?

An diesem Punkt fängt der Spaß erst an – denn plötzlich wird die Erde als das gesehen, was sie ist: ein großartiges, großes Experiment voller Wunder und Entzücken. Verwurzelt in der Essenz dessen, wer du bist, kannst du dich an der Illusion als dem, was sie ist, erfreuen; dann kannst du daran teilhaben, um mehr über Schöpfung und Zerstörung, die Kraft deiner Gedanken, deines Körpers, deiner Emotionen und das weitere Erwachen des Bewusstseins zu lernen.

Dazu brauchst du nirgendwo anders hinzugehen und auch nichts anderes zu tun, weil du schon hier bist. Das hier ist euer Leben – das Leben aller, die das genau hier und gerade jetzt lesen – in jedem Augenblick und immer präsent: ein Leben des Erwachens zu euch selbst.

Ein letzter Traum

Eines frühen Morgens erwachte ich aus einem herrlichen Traum. Er war so lebendig und mächtig, dass seine Bilder und Vorstellungen immer noch durch meinen Körper pulsierten, als ich die Augen aufmachte. Es war ein vielschichtiger Traum – einer, in dem ich »ich« und gleichzeitig ein spirituelles Selbst war, das zum Teil beobachtete und zum Teil mitwirkte.

Der Traum eröffnete mit einem visuellen Bild der geteilten Erde – der Art von Zeichnung, wie sie in elementaren Sachbüchern zu finden ist, wenn die verschiedenen Schichten unseres Planeten dargestellt werden sollen. Doch statt statischer Bilder in einem Schulbuch vibrierte das Bild vor Aktivitäten. Was ich sah, waren viele Schichten aus Farben und Bewegung: ein lebhafter orangeroter geschmolzener Kern, eine dichte, pulsierende dunkle Schicht, die magnetisch, stark und mächtig war, mehrere gitterartige, elektrisch aufgeladene blaue Schichten, die wie dünne, sich bewegende Felder wirkten, und noch viele andere. Beschaffenheit, Muster und – ja, Bewusstsein jeder Schicht waren einzigartig.

Es gab lauter Schichten aus Wasser, und ich bemerkte solche Unterschiede wie zum Beispiel »tiefere Gewässer« und »höhere Gewässer«. Tatsächlich befanden sich in der Nähe der Erdkruste sogar noch mehr Abweichungen, und die Muster und Farben – spiralförmige Blautöne, reife Grüntöne, gezackte Braunschattierungen – waren außerordentlich vielfältig und dekorativ.

Als ich eine nähere Perspektive einnahm, merkte ich, dass jede Schicht wiederum aus vielen Schichten bestand, und – noch näher dran –, dass die Unterteilungen zwischen den einzelnen Schichten weniger strikte Trennungen als vielmehr Schmelzgrade waren. Ebenso gab es viele Stimmen – viele miteinander verbundene Präsenzen voller Leben und Bewusstsein, die alle dafür zuständig waren, ihre eigene einzigartige Präsenz mit anderen zu teilen, alle mit ihrem eigenen blinkenden Puls vibrierten, der aus einem Ton und einer Farbe bestand und der – wie ich nun sehen konnte – im Einklang zum tieferen Puls stand, der durch jeden Aspekt des Lebens auf der Erde fließt. Wie wunderschön!

Das erinnerte mich an meine Verbindungen mit großen Präsenzfeldern, wie zum Beispiel dem Volk der Wale oder der Energie des Elefanten, der Rabenseele oder den Vögeln mit den weiten weißen Flügeln. Für mich sind das alles Variationen des Gruppenbewusstseins, die durch eine verbindende Macht und Bewusstsein zusammengehalten werden. Auch wenn die kollektive Energie eines Tiervolks einen anderen Klang hat als die Energie der Tierseele oder einer uralten Tiergruppe, werden alle auf ähnliche Weise durch ein fühlendes Bewusstsein aufrechterhalten, durch eine Präsenz, mit der wir uns alle verbinden und wenn wir möchten, lernen können.

Es lässt sich nur schwer in Worte fassen, aber natürlich müssen wir es immer versuchen. Das war es, was ich im Traum hörte, während ich das Bild der Erde betrachtete und mich dazu zwang, es beim Aufwachen in Erinnerung zu behalten – denn ein Teil von mir war im Traum wach und bekam mit, dass ein anderer Teil von mir schlief. Alles, was ich sah, fühlte und hörte, war lebendig und pulsierte; mein Bewusstsein wurde von so vielen Einblicken geradezu überflutet, dass ich wusste: Das Beste, was ich tun konnte, war, es einfach zu erleben in der Hoffnung, das Wesentliche würde bis ins Bewusstsein des Wachzustands hineinreichen.

Dann wurde ich mir bewusst, dass ich mich in einer großen Halle befand – es war kein Tagungssaal, wie wir Menschen ihn kennen, sondern eine Art Raum tief unten im Meer oder weit draußen im All, der eine vage Science-Fiction-Atmosphäre ausstrahlte. Und dennoch waren die deutlichen Details im Raum – die Moleküle der Luft – so greifbar in Schwingung, dass sich alles wirklicher als die Wirklichkeit anfühlte. Nicht nur das: Ich erinnerte mich auch daran, schon einmal hier gewesen zu sein! Ich erkannte viele der Wesen wieder, die an dem hohen, eleganten Tisch saßen, der mit nichts vergleichbar war, was ich aus der Welt des Wachzustands kenne. Wie kam es, dass wir uns an dieses Design nicht erinnern? Denn als ich mir den Tisch näher ansah, stellte ich fest, dass er ganz einfach und natürlich war und eine energetische Ausgewogenheit herstellte.

Es handelte sich um eine Tagung des Rats der Erde (der auch anders genannt wird), und es ging um das Thema »Oberflächenvolk«. Viele von uns waren als Zuhörer und Schüler gekommen. Es überraschte mich ein wenig, doch ich akzeptierte es, ohne zu hinterfragen – wie man es manchmal in Träumen tut –, dass ich als Sprecherin dem Rat beisaß, während ich gleichzeitig als Gast unter den Zuhörern saß, zuschaute, zuhörte, lernte.

Wie der Rat uns erklärte, sind die, die aufgerufen sind, den Rat kennenzulernen – was auch euch mit einbezieht, wenn sich die größere Erinnerung entfaltet –, auch aufgerufen sind, sich daran zu erinnern, dass wir alle Mitglieder sind. Wir sind aufgerufen, uns zu erinnern, wenn wir in einem vollständigeren Bewusstsein wieder zusammenkommen. Wir sind aufgerufen, uns daran zu erinnern, dass wir alle Teil von etwas viel Größerem sind als dem, was wir gewöhnlich vermuten.

Dann teilte der Rat seine Hauptsorge für das Oberflächenvolk mit – diejenigen unter uns, die in einem Bewusstsein leben, das sich auf die Oberfläche der Erde beschränkt, die unter uns, die im Wesentlichen auf der Oberfläche unseres Bewusstseins leben. Und seine Sorge war diese: unser Widerstand gegen das Erwachen in tiefere Ebenen. Als Schlüsselbeispiel nannten die Ratsmitglieder die Politik. In meiner Funktion als Zuschauerin spürte ich Unmut über die Levels der Korruption, des Betrugs, der Angst und Fixierung auf Geld und die Kontrolle von Macht, die so viele Menschen davon abhält, ein umfassenderes Bewusstsein zu erreichen, das es uns allen ermöglichen würde, nicht nur unsere Verbindung zur Weisheit und Freude unseres tieferen Selbst und anderer, sondern auch die zur Erde selbst offen wahrzunehmen. Wie konnte das geschehen? Und warum?

Und dann, als eine Welle der überwältigenden Frustration, Traurigkeit und generellen Enttäuschung mich zu überrollen drohte, sah ich plötzlich eine schimmernde Bewegung des Delfinvolks. Sein Gedankenwesen schickte uns ein Bild der Delfine auf Erden: fröhliche Geschöpfe sprangen in anmutigen Kurven über türkisfarbene Meereswellen. Auf einer großen, flachen Leinwand, die vor uns auftauchte, sahen wir den körperlichen Delfinen beim Springen und Planschen zu; in vertikaler Position, halb im Wasser und halb in der Luft, hüpften sie rückwärts. Dabei stießen sie ihre Klickergeräusche aus und nickten uns mit dem strahlenden, verzaubernden Delfinlächeln zu, bis auch wir alle lächelten und lachten. Der lebendige Film wechselte dann zu anderen Tierszenen über: Eine Gruppe von Ameisen lockerte den Boden unter einem Blumenbeet; leuchtende Bienen flogen summend von Blüte zu schwingender Blüte und zurück zum golden schimmernden Bienenstock; Libellen brachten mit ihren durchsichtigen Flügeln den Himmel zum Glitzern – und ich wurde von der Empfänglichkeit der Gruppe für die Schönheit der Natur und einem enormen Gefühl von Dankbarkeit für diese kleinen Wesen, die so viel leisten, mitgerissen. Es war, als würden unsere Herzen sich nach oben und außen ausdehnen, als würden unsere tieferen Gefühle – die wir schon immer empfunden hatten, aber mit so viel »Zeugs« überdeckt hatten – plötzlich ans Tageslicht kommen, als würde unser inneres Selbst buchstäblich erleuchtet und in diesem glücklichen Zustand des Seins durch unseren Körper ausstrahlen.

Wir sahen dem Elefantenvolk zu – was für ein stolzes und starkes Volk! –, das majestätisch durch einen sonnenbetupften Wald spazierte. Das Fuchsvolk zeigte sich uns in vielen Teilen der Welt, und wir bewunderten ihre feinen, zarten Bewegungen, ihre Sensibilität gegenüber den Erdzyklen, den Konturen und der vielfältigen Präsenz des Lands. Das Rabenvolk, die Eisbären, das Leguanvolk, die Krokodile – jede Gruppe zeigt sich wie eine Blase des Bewusstseins, zu der wir alle Zugang hatten, wenn wir uns nur darauf einstellten und in einer tieferen Verbundenheit verschmolzen.

Es gab so viel zu bewundern! Ganze Welten in Welten – all diese strahlend hellen Funken von Bewusstsein, Bewegung, Vitalität – und diese Begriffe sind nur Fetzen des Begreifens, denn es ist noch nicht einmal Bewusstsein, Bewegung oder Vitalität, wenn wir so tun, als wüssten wir es auf unsere oberflächliche Art, sondern eine tiefe, treue Liebe und Verbindung zu denen, die wir in unserer Ganzheit sind, mit allen Verbindungen unseres Geists und Herzens zu zahllosen Schichten des Selbst und Aspekten des Selbst, allen Völkern – den Pflanzen, Mineralien, Tieren, Menschen, dem Himmel und den Sternen und mehr – der Erde und darüber hinaus.

Es gibt einen zentralen Puls dieser Freude über unsere vielfältige Gegenwart auf der Erde, der unseren Planeten wie ein Lied – ja, wirklich wie ein Lied – durchdringt. Und zwischen diesen Welten in den Welten – die, wie ich nun sehen konnte, nicht wirklich getrennt sind, sondern ständig ineinander fließen und schmelzen. Ich begriff es nicht nur mit dem Verstand, sondern mit dem ganzen Wesen, dass es sich überall so verhält – sogar auf der Oberfläche. Doch wenn wir unser Bewusstsein, das wahre Erleben unseres Lebens, einschränken, nehmen wir nur die Trennung wahr. Wir fürchten uns so vor der Größe – der Ganzheit dessen, wer wir wirklich sind –, dass wir dem Erwachen widerstehen. Und daher fliehen wir an die Oberfläche der Dinge, wenden nur eine dünne Scheibe des Bewusstseins an, lenken unsere Gedanken mit so vielen Aktivitäten, Lärm und Geschäftigkeit ab, um der Wahrheit aus dem Weg zu gehen, die wir tief in unserem Inneren alle kennen: dem ekstatischen Bewusstsein unseres erweiterten Herzens.

Alles, was man wissen muss

Es dauerte mehrere Stunden, bis der Traum sich entfaltet hatte. Kleine Teilchen davon setzten mich wie längst vergessene seelische Synapsen wieder zusammen, Tiefen stiegen an die Oberfläche und sanken allmählich wieder hinunter.

Es braucht eine Reihe von Leben, bis sich der Traum entfaltet hat – die abenteuerlichen Geschichten unserer so unendlich vielen strahlenden Wesen. Wenn wir uns erinnern, fallen uns all die Lieder des Seins und noch mehr ein. Als Wesen, die sich er-innern, entfachen wir die grenzenlosen Verbindungen der Erinnerung und Fantasie, Erfahrung und Transformation. Wir sind die Träumer, die den Traum wach tanzen.

Während ein leises Lachen des tieferen Seins ins Bewusstsein aufsteigt, erinnere ich mich an das Gefühl, gleichzeitig im Rat der Erde zu sein und dem Rat zuzusehen, um mehr zu lernen. Wieder spüre ich die enorme Sorge und Liebe der Präsenz des Rats – und den verschleierten Schatten eines Lächelns, das aufsteigt, als uns das erste Licht des Erwachens dämmert.

Erinnert ihr euch noch?

Wie kann es sein, dass wir etwas so Großes und zugleich etwas so Kleines sind? Wir Oberflächenvolk spielen ein außergewöhnliches Spiel: Wir tun so, als würden wir die Wahrheit der Zugehörigkeit nicht erkennen, die ständig durch unser Blut, unsere Knochen und unser Wesen fließt, die uns mit allen Zehntausenden von Dingen auf diesem Planeten, dieser Galaxie, dieses einen Universums verbindet.

Wie können wir als Schöpfer und Übersetzer der Seelenarbeit auf dieser Welt umhin, in tiefer und willkommener Erkenntnis all dessen, was wir sehen und fühlen und sind, zu lächeln? Jeder Augenblick schimmert voller grenzenloser Möglichkeiten – Aspekten des Erwachens, die schlau weggeschlossen, kunstvoll in alle Winde verstreut, in der Tiefe versteckt wurden und in unserem Alltag oh, so dreist leuchten.

Denn tief in unserem Inneren wissen wir, ja wissen wir ganz genau: Wir alle erwachen aus dem verträumten Spiel, lachen glücklich in der großen Zugehörigkeit, tanzen entzückt mit allem, was ist, strahlen die Ganzheit von dem aus, der wir alle – wirklich fröhlich – sind.

Mein Herz strahlt, während es eure Herzen berührt – während ihr meine Gegenwart spürt, indem ihr diese Worte lest, während ich eure spüre, während ich sie schreibe. Wir rufen einander, weil wir eins sind. Daran ist nichts Ungewöhnliches. So ist es tatsächlich.

Seid ihr bereit?

Was du brauchst, ist immer direkt hier, gerade jetzt, erinnert uns ein Lehrmeister des Todes und des Shapeshiftings noch einmal. *Das ist alles, was du wissen musst.*

Anmerkungen

Kapitel 2 – Der Angst ins Auge sehen

1. Die gesamte Geschichte über die Vögel finden Sie in Kapitel 3, »Anfang mit Vögeln«, in Dawn Baumann Brunkes Buch *Tiergeflüster: Tierbewusstsein im Netzwerk des Lebens* (Reichel Verlag).

Kapitel 4 – Endlose Varianten und grenzenlose Perspektiven

1. Carlos Castaneda: *Tales of Power* (New York: Simon & Schuster, 1974), S. 35-36.

Kapitel 5 – Offene Türen

1. W. Y. Evans-Wentz*Das tibetanische Totenbuch oder Die Nach-Tod-Erfahrung auf der Bardo-Stufe. Ein Weisheitsbuch der Menschheit*[1] (Artemis und Winkler Verlag, 2003)

Kapitel 6 – Ein ganz bewusster Tod

1. Wie Astrologen festgestellt haben, ist ein Großes Kreuz eher mit dem ausgewogenen Mittelpunkt eines Zyklus verwandt, während große Planetenkonstellationen meistens das Ende eines Zyklus und den Anfang eines anderen markieren. Das heißt, die im Quadrat stehenden Planeten enthalten die Spannung einer evolutionären Kreuzung. Solche Kreuzungen sind Schlüsselpunkte auf unserem Weg, weil diese straff ausgewogene Position die vielen potenziellen Zukünfte verraten, die uns offen stehen, aus denen wir unseren Weg aussuchen können.

Obwohl ein Großes Kreuz aus Planeten ein geteiltes Ereignis ist, können wir ähnliche »große Kreuzungen« im eigenen Leben feststellen. Die Fragen, die dahinterstecken und denen man sich an einer Kreuzung – ob der eines Planeten oder des individuellen Lebens – stellen muss – sind sich meist ähnlich: Werden wir aus einer Position der Angst und Kontrolle in unsere Zukunft gehen, uns stur weigern, unsere Mentalität des »wir« gegen »sie« zu überwinden, und dadurch unser Bewusstsein stark abstumpfen und unsere Möglichkeiten einschränken? Oder werden wir unser Bewusstsein erweitern, indem wir bewusst durch die Schattenlandschaften der Angst hindurchgehen, tiefsinniger werden, um mehr dessen, wer wir wirklich sind, annehmen zu können, und die gegenseitige Verbundenheit allen Lebens feiern?

Auch wenn ich dies im Format »ein Weg oder der andere« einer dualistischen Wahl zum Ausdruck gebracht habe, gibt es in Wirklichkeit unbegrenzte Optionen; es gab sie schon immer und es wird sie immer geben. Unsere Welt konzentriert sich immer noch stark auf Dualismus, und daher werden Möglichkeiten häufig als »so oder so« angesehen. Aber jenseits des Rahmens der Dualität sind die Möglichkeiten, die wir uns aussuchen können, unbegrenzt.

Kapitel 7 – Was geschieht als Nächstes

1. Die ganze Geschichte über Max findet sich in Dawn Baumann Brunke: *Tierkommunikation: Das praktische Einsteigerbuch in die Sprache der Tiere* (Schirner, 2006).

Kapitel 10 – Grenzenlose Möglichkeiten

1. Walt Whitman: *Grashalme* (Diogenes Taschenbücher) Zeilen 1314-16 (engl. Angabe).

Kapitel 11 – Vertiefung des Traumbewusstseins

1. Bezug auf Carlos Castaneda: *Der Ring der Kraft* (Fischer Taschenbuch, 1998).

Kapitel 15 – Den Yeti annehmen

1. Als Beispiel sei *Magier und Heilige in Tibet* (Arkana, 2005) von Alexandra David-Neel genannt. (Die amerikanische Ausgabe ist eine Übersetzung des französischen Originals *Mystiques et magicians du Thibet*, 1929 herausgegeben.)

Kapitel 19 – Neue Ichs

1. Walt Whitman: *Grashalme* (Diogenes Taschenbuch).

Kapitel 20 – Präsent sein

1. Ausführlicher beschrieben wird die Mitteilung des Löwen in Dawn Baumann Brunke: *Tierkommunikation: Das praktische Einsteigerbuch in die Sprache der Tiere* (Schirner, 2006).

2. J. Allen Boone: *Die große Gemeinschaft der Schöpfung. Gespräche zwischen Mensch und Tier* (Constans, 2005), ix. (Dieses Buch wurde ursprünglich unter dem Titel *The Language of Silence* [New York: Harper & Row, 1970] veröffentlicht.)

3. Ibid., 32.

Themenbezogene Bücher

Askani, Tanja, *Wolfsspuren – Die Frau, die mit den Wölfen lebt,* AT, 2004

Baumann Brunke, Dawn, *Tiergeflüster – Tierbewusstsein im Netzwerk des Lebens,* Reichel Verlag (siehe unten)

Baumann Brunke, Dawn, *Tierkommunikation: Das praktische Einsteigerbuch in die Sprache der Tiere,* Schirner, 2006

Cochrane, Amanda und Karena Callen, *Das Geheimnis der Delphine,* Knaur, 1998

Kinkade, Amelia, *Tierisch gute Gespräche,* - auch als Audio, Reichel 2005/207

Kinkade, Amelia, *Tierisch einfach,* Reichel 2007

Lingenfelter & David Frei, *Der Engel an meiner Seite,* Reichel 2009

Long, William J., *How Animals Talk – And Other Pleasant Studies of Birds and Beasts*

Perkins, John, *Shapeshifting, Techniques for Global and Personal Transformation*

Smith, Penelope *Tiere erzählen vom Tod,* Reichel, 2008

Smith, Penelope, *Gespräche mit Tieren,* Reichel, 2006

Smith, Peneleope, *Tiere als sprechende Gefährten,* Reichel 2007

Smith, Penelope, Audios: Grundkurs Tierkommunikation, Die Tierseele verstehen, Heilung und Therapien, Reichel 2008

Samorini, Giorgio, *Animals and Psychedelics – The Natural World and the Instinct to Alter Consciousness*

Walker Kaetheryn, *The Heart That Is Loved Never Forgets – Recovering from Loss: When Humans and Animals Lose Their Companions*

Williams, Marta, *Ohne Worte – Mit Tieren und Natur sprechen,* Reichel, 2007

Williams; Marta, *Frag dein Tier,* Reichel, 2009

Williams Marta, *Lautlose Sprache,* Reichel *2006*

Williams, Marta, Hund, Katrze, Maus, Ein Tiersprachkurs für Kinder von 7-14 Jahren, Reichel 2007

Zierdt, Barbara, *Kleines Katzen-Survival-Kit, Erste Hilfe bei Alltagsdramen, Krankheiten, Unfällen, Verhaltensstörungen,* Reichel 2009

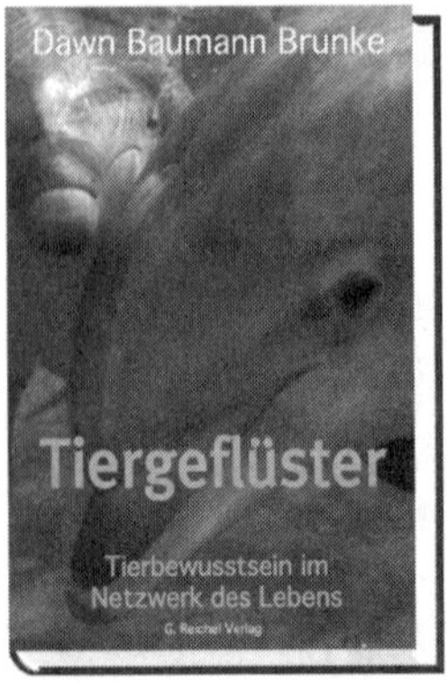

Dawn Baumann Brunke

Tiergeflüster

Tierbewusstsein im Netzwerk des Lebens

256 Seiten, gebunden

ISBN 978 3 926388 67 4 € 18,50

Reichel Verlag

J. Allen Boone

Die große Gemeinschaft der Schöpfung

Gespräche zwischen Mensch und Tier

164 Seiten, gebunden

ISBN 978 3 9808707 8 8 € 10,50

Constans/Reichel Verlag

Penelope Smith

Tiere erzählen vom Tod

Wie Tiere ihr Sterben empfinden und den Weg ins Licht finden

220 Seiten, gebunden

ISBN 978 3 926388 76 6 € 18,50

Reichel Verlag